Diagnose: Mingle

Martina Leibovici-Mühlberger
Diagnose: Mingle

www.edition-a.at

Lektorat: Anatol Vitouch
Cover: Kyungmi Park
Gestaltung: Hidsch

Gesetzt in der *Premiéra*
Gedruckt in Europa

1 2 3 4 5 — 17 16 15 14

ISBN 978-3-99001-099-0

Martina Leibovici-Mühlberger

DIAGNOSE: MINGLE

Warum wir nicht mehr fühlen.
Wie wir wieder lebendig werden.

edition a

If God is a DJ
Life is a dance floor
Love is the rhythm
You are the music
You get what you're given
It's all how you use it

Liedtext »If God is a DJ« – PINK

Inhalt

Einleitung

Die größten Abenteuer sind im Kopf und werden durch das Herz begründet. Jene Interaktionen zwischen Denken und Fühlen, die in Menschen zu Überzeugungen und inneren Wirklichkeitskonstruktionen führen, bilden die Grundlage, auf Basis derer sie dann ihre äußere Realität schaffen. Wer davon überzeugt ist, dass die Welt ein gefährlicher, vertrauensloser Ort ist, schafft es auf magische Weise immer wieder, in Situationen zu kommen, die ihm dies beweisen. Wer mit Kraft und Grundvertrauen durch die Szenerie seines Lebens marschiert, dem erscheinen die härtesten Stolpersteine, die ihm das Leben in den Weg legt, wie kleine Herausforderungen. WIE Menschen diese, ihre Wirklichkeit erschaffen, das hat mich immer fasziniert. Als Kind in der Uniformität eines Gemeindebaus aufgewachsen, in der so ziemlich alle gleich viel hatten und mit den gleichen sozialen Problemen des Aufsteigen-Wollens kämpften, waren die so unterschiedlichen Formen »gücklichen und unglücklichen« Lebens, die sich in den zahllosen Boxwohnungen dieses Labors abspielten, für mich Gegenstand intensiver Beobachtung und Fragestellung. Später, noch als Studentin der Medizin, habe ich zu einem Zeitpunkt, als Psychotherapie noch psychologische Beratung hieß und mit einem am Magistrat formlos zu lösenden Gewerbeschein möglich war, mich in noch viel intensiverer Weise mit dem Innenleben von Menschen auseinanderzusetzen begonnen.

Heute überblicke ich als Psychotherapeutin einen langen Zeitraum und bin alarmiert. Die Menschen scheinen sich in den letzten Jahren rasant in ihrem innersten Kern verändert zu haben. Früher hat das Zusammenspiel zwischen Herz und Hirn, geschaffen aus den frühen Erfahrungen des betroffenen Menschen, eine mehr oder weniger zuversichtliche oder leidensbereite Wirklichkeitskonstruktion und Lebensrealität geschaffen. Die Übereinkunft, »einen Partner lieben zu wollen«, erfuhr eine korrespondierend mehr oder weniger geglückte oder leidvolle Umsetzung.

In den letzten Jahren aber erscheint es mir so, als lebten wir zunehmend in einer Welt, in der die »Hardware« Herz beschädigt ist, nicht mehr ihren Dienst und Beitrag zu leisten vermag. Irgendetwas, ein ganzes Bündel an Ursachen, vergiftet unser Herz immer mehr, lässt es klamm, steif und auch hart werden. Das Fühlen-Können und damit unsere Liebesfähigkeit sind in dieser Gesellschaft im Absterben begriffen, mit allen schrecklichen Konsequenzen und Facetten von Unabhängigkeitswahn bis Bindungsflucht. Denn was ist das für eine Gesellschaft, in der nicht mehr Herz und Hirn die Wirklichkeit bestimmen, sondern nur mehr der nüchternen Ratio mit ihrer Maximierungswut der rote Teppich kluger Gültigkeit ausgerollt wird? Unsere Welt, die Welt der reichen Technologiegesellschaften, mit ihren ausgefeilten Sicherheits- und Kontrollsystemen, in der nicht einmal der privateste Raum unausgeleuchtet bleibt, ist kalt geworden. Gefühlt wird anderswo. In Holly- und Bollywood oder in den gierig verschlungenen TV-Serien. Wir lassen fühlen und bleiben, sehnsuchtsvoll oder resigniert, im Zuschauersessel. Für jene, die Unverbindlichkeit in der Beziehung zelebrieren, gibt es das Wort »Mingles«, von »mixed Singles«. Mingles gibt es in allen Generationen. Während der Begriff ein Modewort ist, der die jüngeren Generationen zu charakterisieren scheint, ist die Unverbindlichkeit in den Beziehungen altersunabhängig geworden. Selber zu fühlen, sich auszusetzen, sich einzulassen auf sein Herz, mutet immer mehr Menschen als zu gefährlich und risikoreich an. Die »Fühltaubheit«, wie ich diese Erkrankung nenne, geboren aus einem Zusammenwirken der gesellschaftlichen Veränderungen der letzten 20 Jahre und einer nahezu jedem von uns inhärenten, primären narzisstischen Traumatisierung, breitet sich wie ein Flächenbrand als neues Betriebssystem eines neuen und sehr mutlos wirkenden menschlichen »Miteinanders« aus. Doch damit stirbt die Liebe und mit ihr die Lebendigkeit, denn Liebe und die ihr innewohnende Bindungskraft hält buchstäblich alles zusammen und am Leben.

Eine Bilanz der Reduktion auf das Materielle ist ernüchternd. Selbst die Masse unserer eigenen physischen Existenz, jene unseres Kohlenwasserstoff-Organismus, passt in sich zusammenfallend auf eine Stecknadelspitze. Was uns zusammenhält und Form gibt, sind alleine die Bindungskräfte zwischen den Atomen, die den vielen leeren Raum mit Sinn zu füllen vermögen. Es ist also die Bindungskraft, die »Liebe« zwischen den Atomen, die unsichtbar und dennoch äußerst kraftvoll wirkt. Erst dieses »Nichts« verleiht uns Fülle, lässt uns zu dieser Gestalt werden, die wir unseren Körper nennen. Und erst unsere Fähigkeit zu fühlen und zu lieben und dabei durchaus auch durch Schmerz und Irrtum zu gehen, macht uns zum Menschen. Die Fühltaubheit entmenscht uns, sie tötet unsere Lebendigkeit sukzessive ab und reduziert uns damit auf das kleine, kalte Massepaket, das auf die Nadelspitze passt.

In dieser grauen, ängstlichen, von Kälte geprägten Welt, in der ich Gefühle nur auf einem Flachbildschirm betrachten oder aus zweiter Hand in einer mit maximalen Reizen versehenen Eventkultur konsumiere, will ich nicht leben. Mir graut vor dem Mingle-Dasein. Ich will bereit sein, dann, wenn das Leben mich unvermutet und außer meiner Kontrolle ruft, mein eigenes Herz wild in meiner Brust schlagen zu fühlen. Ich will das Zittern meiner eigenen Knie wahrnehmen, wenn es die Situation erfordert, will den Mut finden, das, was ich fühle zu bekennen, und will auch den mir auf diesem Weg gegebenen Schmerz ohne Wehleidigkeit ertragen und als den Boten eines für mich notwendigen Lernschritts erkennen lernen. Ich will diesen Weg des fühlenden, vom Lebensstrom und nicht am Designerschreibtisch eines Programmierers geschriebenen Lebens, diesen Weg einer neuen, freien, aus der eigenen Person begründeten Liebe, die der Lebendigkeit verpflichtet ist. Ich will ihn für mich und meine Kinder, für ihre und unser aller Zukunft. Und ich wünsche mir, dass viele den Mut finden, ihn mitzugehen. Denn dieser Text soll eine Liebeserklärung an die Lebendigkeit sein.

Warum wir nicht mehr fühlen können – Ein böser Verdacht

Eigentlich nahmen alle Überlegungen für mich damit ihren Anfang, dass ich begann, mit dem ICD-10 auf Kriegsfuß zu stehen. Der ICD-10 ist, entgegen seinem Namen, kein Schnellzug, sondern das Diagnosemanual für uns Mediziner. Eine Art Bibel, mit der wir die Erkrankungen jedes Fachbereichs, also auch psychische, in einen vierstelligen Nummerncode pressen können. Eine tolle Sache in einer Gesellschaft, der Einrasterung und Klassifizierung sakrosankt ist. Eine Leitlinie, die Objektivität und Realität abzubilden vermag, die eine Krankheitswertigkeit festlegt und somit Orientierung zwischen krank und gesund anzubieten vermag. Damit tritt sich dann auch eine ganze Lawine von handlungsanweisenden Leitlinien für die Behandlung los, und alle sind glücklich. Die behandelnden Ärzte und Therapeuten, die wissen, was sie nun lege artis zu tun haben, und auch die Patienten, die endlich ein fassbares Etikett für ihre Probleme bekommen. In früheren Jahren meiner Tätigkeit hatte ich das befriedigende Gefühl, punktgenau ins Schwarze zu treffen, wenn ich zum Beispiel das F 34.0 nach Zusammenschau und Abwägung aller Anamnesedetails eines Patienten auf den Diagnosebogen malte. In den letzten Jahren überwog mehr das Gefühl, gerade einmal die Zielscheibe getroffen zu haben.

Immer mehr befiel mich der Eindruck, dass bei vielen Patienten ein wesentlicher, ja fundamentaler Aspekt ihres Leidens in der gängigen Diagnostik keine Abbildung findet. Bei vielen meiner Patienten war eine eindeutige Verflachung ihres Gefühlsspektrums, eine deutliche Abnahme der Intensität der Gefühlsqualität, die zwischenmenschliche Prozesse auszulösen vermochten, ja sogar eine Art Fühltaubheit zu bemerken. Diese Schwäche des Gefühls bezog sich eindeutig auf den Bereich der Bindungsprozesse zu anderen Menschen, im Speziellen auf das, was man im allgemeinen Sprachgebrauch als Liebesbeziehungen bezeichnet. Es schien mir, als würde es zu einem zunehmenden Abzug von Bindungsenergie und Bindungsqualität gegenüber anderen Menschen kommen. Stattdessen konnte ich eine Verlagerung der emotionalen Besetzung auf andere, stark »selbstzentrierte« Bereiche und Objekte bemerken. So sehr, dass andere Menschen zu »Selbstobjekten« instrumentalisiert wurden. Gleichzeitig schien diese Strategie von wenig Erfolg im Sinne einer beglückenden Konzeption des persönlichen Lebens gekrönt zu sein. In vielfacher Weise war sie mitverursachend für jene Leiden, die mir die Patienten in der Sprechstunde zur Therapie anboten. Immer häufiger befiel mich das Gefühl, dass hier etwas grundsätzlich und allgemein faul sein müsse, wenn immer mehr Menschen keine Bindungsbesetzung für andere Menschen aufzubringen vermochten und sich, bewusst oder unbewusst, der ständig wachsenden Schar der Mingles anschlossen. Immer mehr bekam ich den Eindruck, hier zwar noch vor einer Nebelwand zu stehen. Aber ich spürte die Gewissheit, dass sich hinter diesem zunehmenden Phänomen weit mehr als das erklärbare persönliche Lebensdisaster von ein paar Individuen verbarg. Die Fühltaubheit oder pragmatische Beziehungsführung schien mir zu etwas wie einem gesellschaftlichen Grundphänomen geworden zu sein. Die Entsorgung der Liebe und damit all dessen, was uns erst Tiefe und Fülle, ja Sinn für jene kurze Zeit zu verleihen vermag, in der wir als flüchtige und verletzbare Kohlenwasserstoffverbindung diesen Planeten bevölkern.

Wurde hier, in dieser Besetzungsverschiebung, die letztendlich das höchste Liebesobjekt immer wieder nur in sich selbst erblickt, die Entkulturalisierung unserer Menschlichkeit eingeläutet? Zahlreiche Fälle aus meiner Praxis gaben dazu beredtes Zeugnis ab. Auch von den damit verbundenen, jedoch in ihrem Zusammenhang oft nicht erkannten Konsequenzen.

Ralf sucht mich zum Beispiel wegen hartnäckiger Schlafstörungen auf. Diese quälen ihn nun schon seit Jahren, allerdings hat das Ganze die Tendenz, immer bedrängender und häufiger zu werden und geht mit einem sich ewig wiederholenden Albtraum einher. Dabei steht mit Ralfs Leben eigentlich alles zum Besten. Er ist einer, der es wirklich geschafft hat, wie man so sagt. Als junger Doktor der Technik hat er vor knapp 30 Jahren eine kleine, aber bemerkenswerte Neuerung in einem Spezialzweig industrieller Fertigung geschaffen und mit dem damit verbundenen Patent Millionen gemacht. Als einer, der gerade von der besseren in die schlechtere Hälfte des Jahrzehnts zwischen 50 und 60 gewechselt hat, könnte er sich behaglich zurücklehnen und sein Leben in vollen Zügen und mit beträchtlichem Wohlstand genießen. Ist ihm das Wetter in Wien zu trüb, so fliegt er für eine Woche zum Golfen nach Thailand oder in sein Haus nach Fort Lauderdale. Doch leider fliegen seine Schlafstörungen und der mit ihnen verbundene Albtraum immer mit, egal an welchem Jet-Set-Point des Globus er sich befindet. Jetzt ist er bereit, tiefer zu graben. In seinem Albtraum fährt er auf einem Motorrad auf einer langen, sonnenbeschienenen Straße. Plötzlich beginnt sich das Wetter zu ändern, und die Straße, die zuerst perfekt glatte Asphaltierung zeigt, bricht an immer mehr Stellen auf, so als würde im Untergrund ein großes Tier wüten. Ralf vermag unvermutet auftauchenden Schlaglöchern und Querrillen nur mit großer Mühe und in letzter Sekunde auszuweichen. Gleichzeitig beschleunigt das Motorrad ganz von alleine. Auftauchender Nebel behindert die Sicht zunehmend. Siedende Angstgefühle durchfluten Ralf und stehen in scharfem Kontrast zu der immer schneidenderen Kälte des Fahrtwinds. Am Ende taucht eine graue Granitwand vor Ralf auf. Der Zusammenstoß ist unvermeidbar, und schweißgebadet wacht er an dieser Stelle des Traums auf. »Jedesmal bin ich dann vollkommen erschöpft und total fertig, brauche eine gute Stunde, um mich wieder emotional zu orientieren und dieses Todesgefühl abschütteln zu können«, berichtet er. In den meisten Nächten, in denen dieser Albtraum auftritt, ist danach an weiteren Schlaf nicht mehr zu denken. Ich sehe ihn mir genauer an. Eine elegante Erscheinung, sportlich, dynamisch, natürlich gebräunt und strahlendes Lächeln, nackte

Füße in Wildledermokasins der teuersten Sorte, genauso wie das restliche Outfit, in dem ein gut trainierter und sorgfältig gepflegter Body steckt. In der Bewegung wirkt er etwas steif, manieriert könnte ich es mit weniger Gutmütigkeit, geckenhaft mit Spottlust nennen. In seinem Tagesablauf ist er gut durchbeschäftigt. Die zwei Stunden Bodybuilden habe ich ihm schon vorweg angesehen, sonst Zeitungen und News zur Orientierung, ein wenig tägliche Verfolgung von Aktienkursen, Mittagessen mit dem einen oder anderen Freund oder manchmal mit seinem Sohn. Ausstellungen, Einladungen Folge leisten oder selber in kleiner Runde einladen, sonstige Veranstaltungen, eine Aufsichtsratssache, seine Hobbys und nicht zu vergessen die »Hasenjagd«. Attraktiv, jung und unkompliziert müssen sie sein, um in Ralfs Beuteschema zu passen. Er ist großzügig aber lässt sich auf nichts wirklich Festes mehr ein, wie er mit seiner sehr wohlklingenden Stimme ausführt. Seinen Panzer wird keine mehr zu durchdringen vermögen. Auch das stellt er sogleich klar. Das Lehrgeld seiner Ehe war ein bitterer Nachgeschmack. »Zwei Jahre Glück habe ich mit nachfolgend 20 Jahren Verfolgung und dem Verlust meiner Kinder bezahlt«, beschreibt er mir seine Lebenserfahrung zum Thema Liebesbeziehungen. Seine Bemühungen um die Kinder waren fruchtlos und teuer. Das zu einer Zeit, wo er das Geld dringend in der Firma gebraucht hätte. Als Ergebnis vermag er heute nur eine emotional sehr distanzierte Beziehung zu seinem Sohn vorzuweisen, seine Tochter verweigere, von der Mutter indoktriniert, nach wie vor jede Kontaktnahme. Eine zweite tiefere Beziehung, ein paar Jahre nach der ersten Scheidung, ist an den parallel laufenden Kämpfen mit der Ex-Frau gescheitert. Leidenschaft lässt er seit Jahren nur mehr bei seinen Hobbys zu. Golfen, Old-Timer sammeln und Rennen fahren. Er hat sich dazu auch eine eigene Werkstatt eingerichtet, in der er stundenlang herumschraubt, poliert, adjustiert oder Teile erneuert. Früher waren es auch Motorräder, aber mit denen hat er wegen des Albtraums aufgehört.

Doch Ralf ist nicht mein einziger Patient, der diesen Weg der »Gefühlsvertaubung« gegenüber zwischenmenschlichen Liebesbeziehungen für sich als Lebensstrategie gewählt hat.

Da gibt es Klaus, der seine Frau während der Schwangerschaft, in der sie wegen vorzeitiger Wehen nicht mit ihm schlafen kann, damit konfrontiert, seinen Hormonspiegel mit Unterstützung einer früheren Freundin abbauen zu müssen. Und der meint, nur auf diese Weise über genügend Energie zu verfügen, um sich auf ihr gemeinsames Kind unbeeinträchtigt freuen zu können.

Oder auch die Volksschuldirektorin Elisabeth, die nun, am Ende ihrer 40er, endlich mit Hilfe von Internetforen und einer Freundinnenschar einen klaren Katalog all jener Bedürfnisse angelegt hat, die ihr zukünftiger Traumpartner befriedigen muss. Den kann sie heute im Schlaf und kompromisslos herunterbeten. Die durch entsprechende Plattformen herangeschafften Kandidaten werden rigoros, wenngleich in den letzten beiden Jahren ergebnislos, vermessen. Ein frustrierendes Unterfangen, das ihren abendlichen Alkoholkonsum immer mehr verstärkt hat.

Hartmuth, ein habilitierter Neurologe, in dessen Hände ich meinen Schädel mit blindem Vertrauen legen würde, hat es scheinbar viel besser gemacht. Jedenfalls hat er viele Neider wegen seiner 25 Jahre jüngeren Frau, die er von einer Urlaubsreise aus Rumänien mitgebracht hat. In äußerst bescheidenen Verhältnissen aufgewachsen, ist sie das sexuelle Haushaltspaket seiner mittleren und späteren Jahre. Sie verbindet den Vorzug von Unterlegenheit mit jenem mangelnder Sprachkenntnisse. Sogar einen kleinen Sohn hat er sich auf diese Weise noch anschaffen können, wie er es mir gegenüber nennt. Damit ist auch für die Beschäftigung der bildhübschen jungen Frau aus dem nordöstlichsten und ärmsten Teil von Rumänien gesorgt. Mehr ist da nicht, keine tieferen Gefühle, wehrt er meine Nachfrage fast entrüstet ab. Seine wirkliche Leidenschaft gilt seiner Karriere und Motorradtouren im wilden Gelände, die früher gut gegen seine Depressionen gewirkt haben.

Die erfolgreiche Versicherungsmaklerin Regina wiederum setzt auf die Lebensfreundschaftsbeziehung statt auf eine Liebesbeziehung zu einem Mann. Mit Karl, einem regionalen Immobilienmakler, den sie noch aus Jugendjahren kennt, hat sie den idealen Konterpart gefunden. Sie teilt viel an gemeinsamer Freizeitaktivität, beruflichem Austausch und wechselseitigem Beistand in den unterschiedlichsten Lebensanliegen mit ihm. Aber sicher nicht Sexualität und Liebe. Alles, was im Leben der 52-Jährigen über Freundschaft hinausgehen könnte, ist tabu. »Dafür bin ich einfach zu alt«, hat sie entschieden. Bei mir auf der Couch liegt sie wegen ihrer zwanghaften Hypochondrie.

Nun ließe sich an dieser Stelle sicher gut einwenden, dass es sich hier um ein altersgruppenspezifisches Phänomen handeln könnte. Die mittleren Lebensjahre eben, mit ihren Stromschnellen, die die schon viel weiter oben im Strömungsverlauf angelegten Schwierigkeiten zu Tage treten lassen. Eine Überlegung, die auch für mich beim ersten Hinsehen großen Charme ausstrahlte. Handelte es sich hier etwa nur um das Problem einer kleinen, speziellen Randgruppe von Patienten, die ihre Midlife-Crisis nicht erfolgreich zu überwinden gewusst hatte und so in das Mingle-Schema der totalen Unverbindlichkeit gerutscht war? Die schon aus der Kindheit mit schlechten Bewältigungsstrategien ausgerüstet und eventuell bereits traumatisiert nun psychisch oder psychosomatisch auffällig wurde? Und die als vielleicht neu zu beschreibendes »Gruppensymptom« die Fähigkeit von tiefer emotionaler Bezugsfähigkeit auf ein Partnergegenüber vermissen ließ? War es eventuell auch ein durch die Emanzipationsbewegung erklärbares Generationsproblem der heute 45 bis 60-Jährigen? Jener Frauen also, die schon mit dem vollständigen Konzept, was es bedeutet, eine emanzipierte Frau zu sein, in ihre jungen Frauen- und Beziehungsjahre gegangen waren, nur um auf jene weiterhin in Sachen Emanzipation verschlafen sozialisierten jungen Männer zu treffen, die sich im Zweifelsfall doch besser am patriarchalen Rollenmodell festhielten? Stand hier die Wiege des Mingle-Daseins? Da hatte es sicher genügend Möglichkeit gegeben, einander in Rollenunverträglichkeit ausgiebig an die Kehle zu gehen und Blessuren zu schlagen. Die zarter Besaiteten landeten dann eben auf der Couch und gaben in Sachen Liebe in der einen oder anderen Weise auf.

Wie sah es dagegen bei meinen jüngeren Patienten, also jenen »Millennials« aus, die allesamt ein Geburtsdatum jenseits von 1980 aufweisen? Welche Bedeutung und welchen Stellenwert in ihrer Selbstkonstruktion nahmen Beziehungen für sie ein? Diese Frage beschäftigte mich als nächstes.

Nina ist irgendwo im Umfeld von Linz aufgewachsen. Ihre Mutter ist Volksschuldirektorin, ihr Vater Jurist in einem großen Unternehmen. Nina besucht das lokale Gymnasium, genauso wie ihre zwei Jahre ältere Schwester. Die Beziehung der Eltern ist schwierig und konfliktreich. Der Vater unterhält über Jahre eine Beziehung mit einer Arbeitskollegin, die Familie weiß davon. Die Eltern können sich weder voneinander trennen, noch für den permanent schwelenden Konflikt eine Lösung finden. Irgendwann gibt es einen kleinen Halbbruder für Nina und ihre Schwester und eine Depression für die Mutter, doch an der Grundkonstellation ändert sich nichts. Nina empfindet für beide Eltern nur Verachtung. Als sie am Milleniumssilvester ihren 18. Geburtstag gefeiert und im darauffolgenden Jahr die Matura hinter sich gebracht hat, geht sie nach Wien und studiert Betriebswirtschaft. Ihre eigenen Beziehungen sind flüchtig, explorativ, situationsbezogen, wie sie es nennt. Ihr Studium ist ihr wichtig, und nach einem ersten Job bei einem Handynetzprovider winkt nach fünf Jahren ein Angebot in London, das sie begeistert annimmt. Dort wird ein Arbeitskollege aus Malaysia ihr ständiger Begleiter, mit dem sie, auch um die hohen Londoner Mietkosten teilen zu können, eine Beziehung eingeht. Doch das junge Glück ist von starken kulturellen

Spannungen und Revierkämpfen überschattet. Und in der Karriere zurückstehen, um den Beziehungsraum gestalten zu können, will keiner wirklich. Nina leidet unter den Spannungen der sexuellen Wohngemeinschaft mehr als ihr Partner. Immer häufiger verschafft sie sich mit Shopping-Touren Stressabbau und Glücksmomente. Die Situation wird zunehmend unerträglich. Turbulenzen in der Firma führen letztendlich dazu, dass sie vor knapp einem Jahr zurück nach Österreich kommt. Jetzt lebt sie alleine und ist wegen ihrer Kaufsucht bei mir in Behandlung. Männer lässt sie aus Überzeugung nur mehr als One-Night-Stand in ihrem Leben zu.

Mark hat dagegen ein ganz anderes Problem. Er ist 31, gelernter Tontechniker und lebt bei seinen Eltern in deren Haus in Perchtoldsdorf. Der Vater ist ein pensionierter, cholerischer Forstrat, die Mutter eine verhärmte, depressive Hausfrau, wie Mark es beschreibt. Das ist ein feines Arrangement, zumindest aus seinem Blickwinkel, denn die Einliegerwohnung mit ihrem separaten Eingang bietet ihm genügend Privatsphäre, und gleichzeitig sind alle Infrastruktur- und Versorgungsthematiken über die Eltern mitabgehandelt. Er spart enorm Kosten und Energie, weil er sich um Gemeindeabgaben, Strom und Heizung nicht kümmern muss und die Wäsche von Mutters Zauberhand versorgt wird. Rebecca ist Marks Dauerfreundin, seit sechs Jahren, etwas Fixes würde man sagen. Es ist nett mit ihr, angenehm, so beschreibt er die bisherige Beziehung, doch im letzten Jahr hat sich nach Marks Einschätzung ein problematischer Unterton eingeschlichen, der die Leichtigkeit bedroht. Rebecca drängt ihn. Sie will mehr. Die netten Abende in ihrer Wohnung oder bei ihm, die gemeinsamen Urlaube, die Partys und zusammen absolvierten Kino- oder Veranstaltungsbesuche sind ihr zu wenig. Und das, obwohl er sich doch eindeutig dazu bekennt, mit ihr zusammen zu sein. Sie will eine richtige Beziehung, wie sie es nennt, und Mark entwickelt spürbar zunehmende Fluchttendenzen vor der geforderten Verbindlichkeit. Gemeinsam etwas aufbauen ist nicht sein Ding. Das klingt nach Mühe, täglicher Abstimmungsnotwendigkeit und eindeutiger Festlegung auf einen Menschen. Im schlimmsten Fall sogar nach einem gemeinsamen Kind. Wie soll ich wissen, ob ich das morgen noch will, kontert Mark und verschanzt sich hinter der pseudophilosophischen Worthülse, dass das Leben ein Fluss sei, dessen Lauf man sich eben frei anzupassen hätte. In Marks Fall muss man allerdings konstatieren: ohne das Risiko eingehen zu wollen, sich nass zu machen.

Birgit und Phillip scheinen da eindeutig weiter zu sein, denn unter Birgits braunem Schlauchrock wölbt sich bereits eine ansehnliche Schwangerschaft, die irgendwo zwischen dem fünften und sechsten Monat angesiedelt sein muss. Schließlich demonstrieren sie auch damit Ernsthaftigkeit, dass sie zur Auseinandersetzung und Beratung gemeinsam in meinem Sprechzimmer sitzen. Bei Phillip sind die Segel auf Familiengründung gesetzt. Der 32-Jährige, hoch aufgeschossene junge Mann mit einer Figur wie ein Cornetto, hat sich bereits sehr erfolgreich seine Sporen bei einem internationalen Personalentwickler verdient und möchte nun den Hafen Familie anlaufen. Aus Birgits Blickwinkel sieht die Sache jedoch gänzlich anders aus. Für Sie, gerade 30 geworden, passt der Zeitpunkt, um ein Kind, nämlich IHR Kind zu bekommen. Doch sich Phillip »ausliefern«, wie sie es nennt, möchte sie nicht. Sie hat ein klares Konzept vor Augen, wie sie ihre Mutterschaft als autonome und auch wirtschaftlich unabhängige Frau leben möchte, was sie ihrem Kind alles geben möchte. Mit Hinweis auf die »beschissene Ehe« und den jahrelangen nachfolgenden Rosenkrieg ihrer Eltern, von dem nahezu ihre gesamte Kindheit überschattet war, vertritt sie ihr Recht, dieses Risiko mit Mark gemeinsam nicht eingehen zu wollen. Pragmatische Verhältnisse sind ihr lieber. Klare Grenzen, klare Aufgabenverteilungen, kein Zusammenwohnen. Natürlich soll ihr Sohn, das Geschlecht ist schon per Ultraschall festgestellt worden, eine gute und intensive Beziehung zu seinem Vater aufbauen. Phillip soll sich also nicht nur als »Zahlvater« einbringen, aber bitte mit seperatem Lebensterrain. Wie es zwischen ihr und

Phillip als Paar weitergehen soll? Das sieht sie gelassen. Mit dem zukünftigen Kind fühlt sich Birgit nun emotional vollkommen auf der sicheren Seite des Lebens angekommen. Denn ihren Sohn wird sie absolut und hingebungsvoll lieben, das spürt sie schon jetzt. »Das ist eine ganz andere, viel sicherere Ebene«, argumentiert sie mit großer Überzeugung, »denn ein Kind liebt einen absolut und enttäuscht sein Gegenüber darin nicht.« »Mit der anderen Ebene hast du recht«, denke ich mir. Doch genau darin liegt die Problematik. Eine schwierige, mit großen Erwartungen beladene Kindheit wartet auf diesen noch ungeborenen Sohn.

Auch die Reihe meiner jüngeren und jungen Patienten, bei denen diese seltsame, spezifische »Fühlschwäche«, diese grundsätzliche Abnahme der Wichtigkeit von Liebesbeziehungen, ja sogar Entwertung derselben, feststellbar ist, ließe sich beliebig fortsetzen. Alles lauwarm, alles cool ist die Devise. Ganz ohne Pulsbeschleunigung soll es sein und sich als taktischer Baustein in ein streng eigenorientiertes Lebenskonzept ohne Anpassungsbereitschaft fügen. Wenn dies allerdings nicht für beide involvierten Teile gilt, sprengt die Konfrontation mit dieser Haltung für den emotional involvierten Partner einen tiefen Krater in die derart geschundene Seele. »Schwangerschaftsberatungen« wie die von Phillip und Birgit sind heute in meiner Praxis keine Seltenheit mehr. Mal ist es der weibliche mal der männliche Teil, der sich für eine verbindliche Beziehung auf der Elternebene nicht wirklich bereit fühlt. Bisweilen wirkt es fast so, als ob vor dem Eintritt der Schwangerschaft in einer Art stillem Arrangement ein mit viel anderen Inhalten und persönlichen Zielen aufgepolstertes und abgelenktes Leben nebeneinander geführt wird. Die Schwangerschaft wird dann zum Offenbarungszeitpunkt, denn sie erfordert Bekenntnis und endgültige Klärung, ob man bereit und fähig ist, sich aufeinander einzulassen und für dieses Kind eine neue soziale Einheit als Basis zu schaffen. Liebesgefühle werden vielfach als bedrohlich erlebt, eine damit einhergehende »Auslieferung« assoziiert und diese als zu hohes Risiko bewertet. Konsumieren in Leichtigkeit, in einem abgesteckten Rahmen, der gleichzeitig Unverbindlichkeit garantiert oder zumindest Hintertüren offen hält, das suchen diese Patienten. Die Dämpfung des Fühlens repräsentiert eine neue Form des strategischen Beziehungsmanagements, das jedoch, wenn ich mich unter meinen Patienten so umblicke, gerade das nicht zu erfüllen scheint, was es anstrebt: nämlich, die Menschen glücklich zu machen.

Zu diesem Zeitpunkt meiner Beobachtungen bewegte ich mich mit meinen Überlegungen noch im Feld meiner Patienten. Ich war der Überzeugung, in dieser Fühltaubheit, dieser Reduzierung der affektiven Besetzung eines Gegenübers, einen Mechanismus zu erblicken, der Ausdruck eines pathologischen Grundgeschehens war. Menschen, die auf Basis unsicherer frühkindlicher Bindungsangebote und entsprechender Traumatisierungen einen »fehlerhaften« Zugang zu einer befriedigenden zwischenmenschlichen Beziehungsgestaltung entwickelt hatten, waren zwar nichts Neues. Ja, sie sind sogar die Grundmatrix der psychotherapeutischen und psychiatrischen sowie psychosomatischen Sprechzimmer. Doch schien es mir eindeutig, dass eine tektonische Verschiebung im Untergrund der Bewältigungsstrategien dieser schmerzhaften Lebenssituation der Einsamkeit und Isolation erfolgte. Denn die Liebesbeziehung als grundsätzliches emotionales Lebensziel war in den früheren Jahren nicht infrage gestellt worden. Mit einem unzureichend reifen Bindungs- und Beziehungsinstrumentarium ausgerüstet, hatten meine früheren Patienten durchaus ihr »Scheitern am Gegenüber oder an sich selber« in heißen Kämpfen, frustrierenden Rückzugsschlachten und zähen, letztendlich ergebnislos verlaufenden Verhandlungen erlebt. Doch am Grundprinzip, am Streben nach einer befriedigenden Partnerschaft, war nicht gerüttelt worden. Nach einer unterschiedlich langen Periode, die sie brauchten, um sich vom Boden zu erheben, Wunden verheilen zu lassen und den Staub der letzten Niederlage aus den Kleidern zu klopfen, waren sie, wie von einem inneren Uhrwerk angetrieben, ganz selbstverständlich wieder aufgestanden. So hatte sich jener starke, auf einen anderen Menschen gerichtete Wunsch nach Nähe und Bindung wieder ganz von selbst eingestellt. Wie Kinder, die beim Laufenlernen unermüdlich nach jedem Sturz wieder aufstehen und weitermachen. Das schien sich jedoch in den letzten 20 Jahren grundlegend geändert zu haben, gerade darin schien die Veränderung zu liegen. Die Menschen schienen aufzugeben. Einen anderen Menschen überhaupt noch tief und rückhaltlos lieben zu wollen, kam aus der Mode. Das war neu. Wo war die Kraft hingekommen? Es schien mir, als hätten meine heutigen Patienten im Gegensatz zu meinen früheren auf ihrem Weg den Glauben verloren, als würde die analoge Erfahrung aller Betroffenen: »Scheiße, das war nicht der/die Richtige, das tut verdammt weh!« nicht mehr zu einem »Okay, dann muss ich etwas ändern, dazulernen, verbessern, auf etwas beim nächsten Mal mehr aufpassen« führen, sondern zu einem bitteren Erkenntnisprozess. Zu einer Grundhaltung von: »Also Beziehungen sind grundsätzlich scheiße, ich mach jetzt gar nichts mehr und kümmere mich nur mehr um mich, der/die Nächste wird sich bei mir gehörig anstrengen müssen, aber ich lass keine/n mehr wirklich an mich ran.« Eine Rücknahme der Besetzungsenergie auf sich selber, ein überzogenes Ausmaß von Beschäftigung mit sich und im Untergrund ein Eisberg an Enttäuschung und Frustration schienen die Folge dieser Schwäche zu sein. Resignation des psychischen Apparats, ein Motivationssystem, das nicht mehr genügend motiviert, die Hand mit Mut nach dem Gegenüber auszustrecken, sondern rät, nur ganz bei sich zu Hause zu bleiben. Bei meinen jüngeren und jungen Patienten schien mir die Sache noch viel grundsätzlicher zu verlaufen. Es mutete an, als würden viele von ihnen bereits an der Basis mit diesem Mangel an Begeisterungsfähigkeit für ein Gegenüber ausgerüstet sein. Schon von Beginn an schienen sie so geprägt in das zwischenmenschliche Beziehungsfeld einsteigen, ganz so, als würde ein zentrales Dogma das sich offen gebende, vertrauensvolle Lieben als gefährlich, unsicher und daher als zu vermeiden entwerten. Ein für die zwischenmenschliche Begegnung bereits zu invalidisierter psychischer Apparat, dem die Brille des Egos aufgeschweißt ist. Aber es ging ihnen allen schlecht damit und, auch wenn dies das rationale Wachbewusstsein mit lautem Pathos abstritt, so hoffte doch jeder ganz im Geheimen, in der letzten tiefsten und von zahlreichen Schlössern abgesicherten Kammer irgendwann dem Traumprinzen oder der Prinzessin zu begegnen. Dem Menschen, der sie mit ihrer Liebe wie das Sterntalerkind überschütten würde. Allerdings frei nach dem Motto: »Geliebt werden will ich schon, aber lieben nicht!« Doch unsere Biologie ist nicht zu betrügen. Der Mensch, das aristotelische zoon politikon, ist als homöostatisches System, sprich als ausgeglichener, gesunder, befriedigter Mensch unter solchen Vorzeichen nicht lebensfähig. Es lebt dann in einem kalten, allein mit Spiegelwänden ausgekleideten Kosmos und verbraucht einen Großteil seiner Energie mit der beständigen Verleugnung und Ablenkung von seiner einsamen Situation. Leben kann so nicht aus seiner Lebendigkeit heraus gestaltet werden. In einem strengen Konzept der Selbstinszenierung, das nur jene Begegnungen und Abläufe zulässt, die diesem kleinen, verunsicherten »Ego« genügend Kontroll- und Steuerungsgefühl vermitteln, wird konsumiert. Güter, Beschäftigungen, Hobbys oder auch andere Menschen. Wenn die Grundgeborgenheit im Lieben aber nicht gegeben ist, können weder genug Kleingeld, skurrile Sammlerleidenschaften, rastlose Selbstbeschäftigung, noch endloses Fitnesstraining helfen. Und auch die sexuelle Trophäensammlung vermag keine ausreichende Wärme zu entwickeln, um die existentielle Einsamkeit nachhaltig zu überwinden.

Nun, hier bewegte ich mich immerhin beruhigenderweise noch im Fahrwasser des Patientenmodells. Es mochte sich also um einen Mechanismus handeln, dessen Erforschung möglicherweise durchaus interessant sein konnte, der allerdings nur auf Personen mit einer entsprechenden Zuordnung zu psychischer

Beeinträchtigung zutraf. Zwar waren es immerhin stolze 38% der europäischen Bevölkerung, die irgendwann einmal eine klinisch relevante psychische Störung aufwiesen. Aber dennoch war das eine Minderheit, per definitionem eingerastert und abgesondert gegenüber der psychisch gesunden Normalbevölkerung.

Wenn man sich für Motorräder interessiert ...

... dann sieht man sie plötzlich überall. Ist Ihnen dieser Mechanismus unserer selektiven Aufmerksamkeit schon einmal aufgefallen? Wenn wir uns für ein Ding oder eine Sache interessieren, dann fällt sie uns plötzlich viel stärker auf. Dies gilt für Motorräder, wenn wir gerade Motorrad fahren gelernt haben, genauso wie für Kinderwägen mit Babys, wenn wir vor wenigen Tagen einen positiven Schwangerschaftstest gemacht haben. Plötzlich ist die Welt voller Motorräder oder Kinderwägen mit schnuckeligen Babys. Natürlich nimmt weder die Zahl der Motorräder noch die der Babys in unserem Umfeld von einem magischen Mechanismus angetrieben auf einmal zu. Alles bleibt so, wie es das statistische Auftreten für Motorräder oder Babys in unserem Umkreis vorgibt. Was sich ändert, ist unsere Aufmerksamkeit dafür. Motorräder oder Babys werden durch den inneren Bezug, den wir zu ihnen entwickelt haben, einfach interessant und fallen uns deswegen mehr auf. Wir gehen nicht mehr achtlos an ihnen vorüber und vergessen sie sofort wieder, sondern sie treten sehr klar als Gegenstand der Auseinandersetzung in unser Bewusstsein. So in etwa begann es mir mit dem Phänomen der »Fühltaubheit« und der damit einhergehenden starken Rücknahme von Bindungsenergie gegenüber anderen Menschen zu gehen. Ich begann, den Beziehungskosmos, die Liebesbeziehungen der Menschen um mich herum, auf ihre Feinmechanik hin zu durchleuchten. Wie legten meine Freunde und Bekannten, wie Menschen, denen ich in Alltagskontexten und nicht im Therapiezimmer begegnete, ihr Lieben an? Welche Rolle spielte es in der Gesamtkonstruktion ihres Lebenskonzepts? Was waren ihre Schlüsse und Resümees zum Thema Liebe?

Mathilde lerne ich bei einem Galaabendessen kennen, der Auftaktveranstaltung für ein großes Frauenevent am nächsten Tag, zu dem ich als Podiumsdiskutantin geladen bin. Jede Menge Small Talk also, während wir Häppchen auf überdimensionalen Tellern nach dem Protokoll einer zwanghaft kreativen Speisekarte verzehren. Jeder Gang wird extra angekündigt und die Verlesung braucht ungefähr so lange, wie es dauert, sich das Kunstwerk einzuverleiben. Doch mit Mathilde wird es wirklich interessant. Eine dynamische, attraktive Frau, im Styling erste Sahne, gerade noch unter der 40er-Marke, über die hinaus erfolgreiche Frauen nicht altern dürfen. »Talkative« nennt man den Typ. Darum hat sie es in der Medienbranche auch weit gebracht. Bis nach dem »Gruß aus der Küche« und der »Kaltschalensuppe«, die mich irgendwie an den viel würzigeren Gurkensalat der Badeausflüge meiner Kindheit erinnert, haben wir ihren beträchtlichen Karriereweg durchgekaut. Die Branche ist hart, verlangt einem viel ab, da darf es kein Zaudern geben und permanenter Einsatz ist eine Grundvoraussetzung, aber noch lange nicht Garantie für Erfolg. Als das »Wolllämmchen in Kürbiskruste« auf einem exotischen Gemüse serviert wird, sind wir in den privaten Bereich vorgedrungen. Mit Kindern hat Mathilde nichts am Hut, viel zu aufwändig, viel zu unsicher als Zukunftsinvestition, also eine klare Behinderung. Als sie erfährt, dass ich vier Kinder habe, mutiere ich zur Bewohnerin einer anderen Galaxis. Das bringt uns dann zum Thema Beziehungen. Auch hier winkt Mathilde ab. Selbst in der besten Verpackung steckt ein fauler Inhalt, das ist ihr Resümee. Alltag, Interessenungleichheit, abschlaffender Sex, schlechte Angewohnheiten. Schmetterlinge im Bauch, die nach kurzer Zeit nur mehr fad herumknotzen statt heftig zu flattern. Zähe Verhandlungen über Zahnpastatuben und Haushaltsaufteilung haben sie eindeutig kuriert. Heute sind Männer nur mehr »Appetithäppchen« für sie, durchaus auch mal ein geregelteres »Sexualkombinat« für mehrere Monate, weil das Mühe spart. Aber nach klaren Spielregeln und ohne Herzflattern oder Verbindlichkeit. So richtig nahe lässt sie keinen Mann mehr ran. Und wenn grad keiner an der Hand ist, stört es sie auch nicht, wie sie mir über das bauchige Rotweinglas hinweg konspirativ erklärt, denn selbst ist die Frau. Ansonsten legt sie für ihre Altersvorsorge zurück, was sicher vernünftig ist und mir mit meinen vier Kindern so ziemlich verwehrt bleibt. Sie treibt rasend viel Sport, weil auch dies vorsorgend ist, und macht sich Sorgen ums Älterwerden. Ihre wirkliche Leidenschaft sind romantische Soaps. An Wochenenden bunkert sie sich manchmal ein und zieht sich ganze Staffeln mit Prosecco und Chips hinein. Was natürlich weniger gesund ist, aber irgendwie unvermeidbar, fast zwanghaft, wie sie bekennt. »Dann heul ich Rotz und Wasser«, gesteht sie mir beim vierten Rotweinglas. »So schön, so innig, aber leider alles nur im Kino!« Mathilde lehrt mich an diesem Abend einiges zum Thema »akzeptierte Desillusion als Lebenskonzept«. Doch ich lasse mich, ganz außer Dienst, über ein unspezifisches »Hm« hinweg dazu verführen, ihr heftig darin zu widersprechen, dass all das, was sie da sieht, nur Fiktion ist und mit realem Leben nichts zu tun hat. So fragt sie mich nach dem Dessert nach meiner Karte.

Ein paar Wochen später ergibt es sich, dass ich in meiner Praxisküche mit meiner ältesten Tochter sitze und Kaffee trinke. Ich habe gerade eine Arbeitspause eingeschoben, und sie wartet auf eine Freundin, die sie zum Sport abholen kommt. Ein feines Privileg, bereits eine so erwachsene Tochter zu haben, denke ich mir und freue mich auf eines dieser in seinem Verlauf ungeplanten, aber immer sehr persönlichen und innigen Gespräche, wenn alle anderen Geschwister noch in der Schule sind. Wir plaudern über ihr Studium in Berlin, ihre Firma und ihre nächsten Arbeitsprojekte. Plötzlich sagt sie dieses »Mutter«, mit seiner bedeutungsschweren

Pause, bevor sie fortfährt. Das ist genau der Ton, der mir sagt, dass jetzt ein Anliegen kommen wird. Diesmal bezieht es sich auf Gigi, jene Freundin, die sie gleich abholen wird. »Die ist total fertig, völlig durch den Wind«, beschreibt sie mir. »Es hat sie gerade wieder ein Typ gedumpt, echt fies, wie der das gemacht hat, und das nach sechs Monaten.«

»Hm«, ich rutsche etwas unbequem auf meiner Küchenbank hin und her, »sowas kommt vor«, versuche ich mich rauszuwinden. Doch meine Tochter winkt ab. »Sie ist echt fertig, aus, game over, die macht jetzt völlig zu.« Dabei fährt sie zur Bekräftigung mit der flachen Hand wie mit einem Messer hart über die Tischplatte. »Verstehst du, Mutter, aus dem vollen Honeymoon heraus. Völlig ohne irgendwas davor, einfach so. Das ist nicht zu packen. Wie soll man da noch auf die eigenen Gefühle vertrauen können? Kannst du nicht ein wenig mit ihr reden?«

Wenig später sitzt Gigi, eine dampfende Kaffeetasse vor sich, bei uns am Tisch und zündet sich ihre erste Zigarette mit zitternden Fingern an. Es werden noch einige mehr werden. Es geht ihr tatsächlich miserabel, sie sieht schlimm aus. Eigentlich kenne ich sie als zielorientierte, arbeitsame, gut organisierte junge Frau, ein paar Jahre älter als meine eigene Tochter, so um die 27, die sich in der harten Filmbranche als versierte, zuverlässige Cutterin etabliert hat. Ein Kerl zum Pferdestehlen, eine Frau, die viel Einsatz für ihre Projekte zeigt und positives Klima in ein Team zu bringen weiß. Heute ist von ihrem Strahlen nichts zu bemerken. Sie hat sicher eben noch geweint. Tiefe Augenschatten zeugen von schlaflosen Nächten. Im Blick liegt jene gewisse Leere und Ferne, die Resignation in ein Gesicht malt. Das mit dem »Sport« war wohl ein »therapeutischer Vorschlag« meiner Tochter gewesen, um sie irgendwie rauszureißen.

Doch was sie erzählt macht auch mich etwas ratlos. Alles hatte super angefangen. Filipe war engagiert, keiner der mit seiner Faszination für Gigi hinter dem Berg hielt. Der Sex war traumhaft und immer passend, so als würde man mit einem geheimen Signalsystem aufeinander abgestimmt sein. Unzertrennlich waren sie die letzten Monate gewesen, zärtlich, romantisch und bis über beide Ohren verliebt. Schon nach drei Wochen war es selbstverständlich, dass sie gemeinsam entweder bei ihm oder bei Gigi die Nacht verbrachten. Diese Beziehungskiste hatte alle Insignien von echt und verbindlich gezeigt, und Filipe hatte dies gerade in intimen Momenten auch seinerseits und ohne Nachfrage oder Drängen von Gigi immer wieder thematisiert. Nun war er vor ein paar Tagen und ohne, dass der Idylle die geringste Erschütterung vorausgegangen wäre, damit gekommen, dass es nun genug sei. Ein emotionales Horrorszenario für Gigi. Der Moment, als er plötzlich vollkommen distanziert und verschlossen vor ihr gestanden war und gemeint hatte, dass es jetzt aus wäre, einfach weil es genug sei. Keine andere Frau, nichts was ihn störe, aber eben genug, lang genug, genug Zeit miteinander verbracht, genug Sex miteinander gehabt. Jetzt wolle er einfach wieder frei sein und schauen, was ihm das Leben so Neues bringt. Unter neu fällt Gigi nun mal nicht mehr.

»War das alles nur eine Show?«, fragt sie mich mit tiefer Verzweiflung in der Stimme. »Da war gar nichts, was mich hätte warnen können. Wenn er wenigstens eine andere hätte, könnte ich mich damit abfinden, aber so ohne Grund. Einfach, weil es genug ist und nicht mehr neu? Was war denn das, was so wie Liebe ausgesehen hat?«

Ich weiß auch nicht recht, welchen Trost ich ihr anbieten kann, außer, dass dieser junge Mann wohl ein schwerwiegendes Problem mit Nähe haben muss. Doch das hilft ihr nicht wirklich weiter, denn sie ist nachvollziehbarerweise tief in ihrem Werte- und Evaluierungssystem verunsichert und vermag ihrer eigenen Wahrnehmung nicht mehr zu vertrauen. »Ich werde nie mehr jemanden an mich ran lassen, egal wie toll es sich anfühlt«, schließt sie ihre Erzählung, »das muss einfach vorbei sein.«

»Scheiße«, denke ich mir, »sie könnte nun zu einer ›coolen Jägerin‹ mehr auf der Bahn werden, die prompt jenen jungen Männern, die sie wirklich lieben werden, nur mehr mit Kälte entgegentreten kann.«

Wie gerne hätte ich Gigi damals als Lösung angeboten, dass es sich bei Filipe ganz sicher um einen bedauerlichen Einzelfall handelt, etwas, das ihr ganz sicher nie mehr im Leben würde passieren können. Doch es waren mir viel zu viele Fälle bekannt, in denen nach dem Abschwellen der ersten Verliebtheit einer der Partner, oder bisweilen sogar beide, in pragmatischer Akzeptanz auf Basis des nachlassenden »Kicks« beschlossen hatte/n, neue Wege zu gehen. Die Suche nach dem Neuen, Besseren schien in der Kriterienhierarchie zunehmend an Bedeutung zu gewinnen, ja sie bekam mehr und mehr den Charakter einer logischen Konsequenz. Psychodynamisch fragte ich mich, ob in all diesen Konstellationen überhaupt wirkliche Bindung gegeben war oder ob sie nur als Simulation existierte? Die Anziehung wurde ausgelebt, durchkonsumiert, ausgeschöpft, der narzisstische Gewinn der Selbstbestätigung eingefahren. Aber wenn es um tieferes Sich-Einlassen, den Aufbau von Gemeinsamkeit und die Abstimmung von Interessen ging, es also anstrengender, weniger spektakulär und unmittelbar befriedigend wurde, wenn die Notwendigkeit von eventueller Bedürfnisverschiebung oder gar ein Stück Selbstverzicht an der Reihe waren, dann zerbrach das Konstrukt, das als oberflächliches Sofortbelohnungssystem konzipiert war. Für jenen Partner, der über grundsätzliche Bindungsbereitschaft verfügte und zu emotionaler Investition fähig war, entwickelte diese Erfahrung eine desasteröse Dimension für seinen Selbstwert und sein Vertrauen in seine Einschätzungsfähigkeit emotionaler Prozesse eines Gegenübers. Jene Konstellationen, in denen beide Partner sich zu einem derartigen Strichcode eines Ablaufdatums bekannten, muteten mehr wie Geschäftsbeziehungen an. Die »Liebe« als klarer Deal. Man kauft Sex, kuscheln, gemeinsame Unternehmungen unter der Devise, dass es cool ist, und entsorgt das Ding, wenn es nicht mehr den Erwartungen entspricht, erste Abnützung zeigt oder man Lust auf etwas Neues hat.

Meine Überraschung war vor etwas mehr als eineinhalb Jahren noch recht groß gewesen, als ich in Alpbach gemeinsam mit einer deutschen Soziologin zum Thema »Beziehungen der Zukunft« ein Planspiel mit einer Schar junger »High Potentials« durchführte, in dem es um die Entscheidungsfindung betreffend eines interessanten Jobangebots in Übersee ging. Einbeziehen eines Beziehungspartners in die Entscheidung rangierte ganz unten, genau genommen hatten nur zwei der einen ziemlich großen Saal füllenden TeilnehmerInnen dieses Kriterium überhaupt in Betracht gezogen. Auf meine Nachfrage hin wurde mir nahezu entrüstet geantwortet, dass Beziehungen ja grundsätzlich unberechenbar und unsicher und außerdem ja wieder ersetzbar seien, das große Jobangebot aber von bleibendem Wert, da es der eigenen Selbstentwicklung und Karriere diene. Es klang zwar logisch, ja im Sinne einer strategischen, auf materielle Werte und Sicherheit ausgerichteten Lebensführung bestechend sinnvoll, doch spürte ich gleichzeitig, wie ich Gänsehaut bekam. Wie wird es all diesen »High Potentials« in zehn Jahren gehen, wenn sie in ihren mittleren oder sogar oberen Führungspositionen sitzen werden, wenn sie abends in ihre leeren Designerwohnungen an irgendeinem der Top-Wirtschaftsstandorte in Asien oder Südamerika kommen oder einen rasch abgeschleppten, vorübergehenden Sexualproviant hinter sich herschleifen? Irgendwann ist auch der längste und produktivste Arbeitstag zu Ende. Wo werden sie das Gefühl von Geborgenheit finden? Wie werden sie es anstellen, die auf sie wartende Stille nicht als Leere zu empfinden? Skypen, endlos in Bars abhängen, bis sich die notwendige Bettschwere einstellt, hundert Programme durchzappen, Fotos auf Facebook hochladen und sich über das Einsammeln von »Likes« Community vorspiegeln? Werden sie sich »irgendetwas Gutes gönnen«, viele Gläser Rotwein als Schlaftrunk oder auch härteren Stoff? All diese Lösungsstrategien waren mir bereits heute von meinen Patienten bekannt und standen letztendlich nicht wirklich für eine befriedigende, ausgeglichene Lebenskonzeption, auch wenn sie »trendy« waren und als »cooles Leben« etikettiert wurden.

Meine nächsten Monate verliefen als heroische Feldforschung, im Zuge derer ich so ziemlich jeden mit meiner ewigen Einstiegsfrage: »Welche Bedeutung haben Liebesbeziehungen für dich?« verfolgte. Ich erhielt sehr unterschiedliche Antworten. Oft entwickelten sich erstaunliche und umfassende Gespräche, nicht immer ohne Kontroverse. Mehr und mehr kam ich zur Einsicht, hier einen sehr heiklen Punkt zu treffen, den Finger in eine schwelende Wunde zu legen, eine Wunde, an deren Heilung viel nicht mehr so recht glaubten. Eine Wunde auch, für die gerade die unterschiedlichsten palliativen Behandlungsmethoden in Erprobung waren, bis hin zu einer Vogel-Strauß-Politik ihrer Verleugnung.

Da war Maria, meine ehemalige Studienkollegin und gut positionierte praktische Ärztin, die sich auch hervorragend auf Homöopathie verstand. Wir sind seit Studienzeiten miteinander bekannt und halten unseren jeweiligen Lebensweg aus dem Augenwinkel in Observanz. Aus ihrer zehnjährigen Ehe waren ihr zwei Kinder und ein großer Sack Frustration geblieben, nachdem sie feststellen musste, dass ihr Ehemann durch seine geheime Spielleidenschaft eine Menge Schulden angehäuft hatte. Die hatte sie zu einem großen Teil bei der Scheidung auch mitübernehmen müssen und jahrelang die ersten beiden Arbeitswochen des Monats mit bitterem Unterton als »dem Andenken meines Ex gewidmet« bezeichnet. Ihre Antwort auf meine neue Standardfrage mutete für mich fast mathematisch an: »In meinen frühen Jahren als junge Frau habe ich einfach keinen Mann getroffen, der sich als genügend attraktiv für eine Lebensbeziehung erwiesen hat. Ich war zu unerfahren und wusste auch nicht, wie Beziehungen zu führen sind. Nach der ersten Verliebtheit ist das Gefühl einfach immer abgeschwollen, und das Ganze hat sich irgendwie verlaufen. Dann kam Felix, und da hat es mich echt und richtig umgehauen. Zwei Jahre total in den Wolken, dann die Heirat und die Kinder und im Anschluss zehn zähe Jahre, in denen wir mehr und mehr auseinandergedriftet sind. Dann noch zehn Jahre mühseliges Ackern, um die Kinder alleine aufzuziehen, die Praxis sicher zu etablieren und die Schulden abzuzahlen. Ehrlich gesagt hatte ich nie mehr den Mut, einen Mann nochmals so nah an mich heran zu lassen. Fazit: Zwei Jahre meines Lebens habe ich gemeint, die wirklich große Liebe zu spüren. Das wiegt sich mit einem Gegengewicht von gut 20 Jahren ziemlicher Bitterkeit auf. Ich liebe meine Kinder, meinen Hund, den Moment, wenn ich die Praxistür am Abend hinter mir schließen kann, meine Hobbys und Reisen. Das ist mir heute genug. Mit romantischer Liebe bleib mir bitte vom Hals, davon will ich in diesem Leben ganz sicher nichts mehr wissen.«

Klaus und Brigitte, ein befreundetes Paar, wirken hingegen wie ein wirklich feines Ehepaar. Gemeinsam mit ihren zwei Kindern, der gerade fünfzehnjährigen Luise und ihrem zwei Jahre jüngeren Bruder Thomas, machen sie sogar den Eindruck einer harmonischen Bilderbuchfamilie. Doch der Schein trügt, denn unter der mit Spitzendeckchen ausgelegten Idylle herrscht eisiges Schweigen. Klaus hat Brigitte knapp nach der Geburt von Thomas betrogen. Der daraus resultierende Konflikt wurde, auch nachdem er das Verhältnis eingestellt hatte, nie von dem Ehepaar aufgearbeitet. Seit dem fatalen Seitensprung von Klaus existiert kein gemeinsames eheliches Bett mehr. Klaus treibt exzessiv Sport, weil ihn dies fit hält, er damit viele Stunden außer Haus sein kann und sich gemeinsame Abende vermeiden lassen. Brigitte hat sich zu einer virtuosen Köchin entwickelt, weil sie gerne isst, sie dies beruhigt und Klaus ihre beständige Gewichtszunahme auf den Geist geht. Ein pragmatisches, von zahlreichen Sticheleien durchsetztes Familienmanagement ist die Lebensroutine. Liebe, Zärtlichkeit oder tiefe Anteilnahme aneinander sind für beide so weit von ihrem Leben weg, wie der Planet Venus von der Erde.

Norberts und Monas Beziehung dagegen verursacht nahezu beständig einen im beachtlichen Dezibelbereich liegenden Geräuschpegel. Mona habe ich bei der Geburt ihrer Tochter kennengelernt, als ich ebenfalls gerade mein erstes Kind bekam. Ihre heute knapp 23-jährige Tochter Safira, ein hochgewachsenes, elfenhaft anmutendes Geschöpf, siedelt nach klassischen Kriterien eindeutig im Bereich der Anorexie, wird aber von ihrer Facebook-Community wegen ihres ultracoolen Bodys gefeiert. Sie vermeidet nichts mehr, als eine auf Kontinuität ausgerichtete Beziehung. Die Liste der Bewerber wäre lang, denn neben ihrem unwiderstehlichen Flair von eroberungswürdiger Zerbrechlichkeit, lauert hinter langen Wimpern ein erotisches Kraftwerk. Manchmal wünsche sie sich einen Mann, mit dem sie wirklich alles teilen könnte, gibt sie mir gegenüber zu. Einen, dem sie vertrauen und auch zeigen könnte, dass sie hinter ihrer ewig perfekten und beneideten Fassade auch Momente von Schwäche verborgen hält. Doch das Risiko einer Enttäuschung erscheint ihr viel zu hoch. Die kontinuierlichen Machtkämpfe, Abwertungsduelle, Tage, in denen die wechselseitige Verachtung der Eltern füreinander die Grundatmosphäre des Familienlebens bestimmt hat, haben ihr eindeutig die zu erwartende Beziehungsrealität von klein auf vor Augen geführt. Selbst wenn sie ihre Eltern als Extrembeispiel sähe, hätten sich die Ehen der Eltern ja bei den allermeisten ihrer Freundinnen genauso entwickelt. Von liebevoller Verbundenheit zwischen den Partnern sei nichts zu spüren gewesen. Und ihre eigenen ersten Beziehungserfahrungen mit Männern, die sie letztendlich immer hatten besitzen wollen, hätten sie auch gleich eines Besseren belehrt. Also lieber nicht. Ich kenne Safira, seit sie ein Baby war, und habe den wechselhaften, aber immer lauten Werdegang der Beziehung ihrer

Eltern aus nächster Nähe verfolgen können. Auf meine Frage nach der Liebe meint meine Freundin Mona, dass es seit vielen Jahren der Hass und die enge wirtschaftliche Verflechtung des gemeinsamen Unternehmens wären, die sie und Norbert noch zusammenhielten. In diesem Punkt zumindest herrscht Einigkeit zwischen den beiden.

Robert wiederum, ein Arztkollege, der am Beginn seiner 40er steht, hat lieber den Weg nach draußen gewählt, als in einer mühseligen, konfliktreichen Ehe zu verbleiben. »Sie ist mir einfach nie so nahe gestanden«, beschreibt er die emotionale Ebene seiner Ehe, »um die Energie aufbringen zu wollen, mich ernsthaft auseinanderzusetzen. Heute glaube ich, dass ich sie einfach deswegen geheiratet habe, weil sie gut aussah und ich ›Heiraten‹ zu diesem Zeitpunkt irgendwie auf meiner Lebenserledigungsliste hatte. Ausbildung fertig, etablierte Praxis, da gehört dann auch noch eine Ehefrau ins Bild, du verstehst«, beschreibt er mir seine Gefühlslage.

Seit seiner nicht ganz billigen Scheidung beschränkt sich Robert auf Affären mit Ablaufdatum. Das ist bequem, gibt Kick, ist ein bisschen aufregend und möbelt den Praxistrott auf.

»So ein wenig Jäger«, meint er mit einem Zwinkern. »Das eigentlich Bedeutende an all diesen Frauen ist, dass sie unbedeutend bleiben.«

Gerade das gibt ihm ein Machtgefühl, denn seine Gefühlskälte, die hinter seiner galanten und intelligenten Fassade sowie seinem intensiven Werbungsspiel liegt, versetzt ihn immer in die stärkere Position und ermöglicht ihm im Finale den Triumph, die betreffende Frau zu kränken.

Meine Freundin Judith wohnt seit dem Auszug ihrer Tochter, die sie nach einer »blutigen Scheidung« seit ihrem vierten Lebensjahr unter permanenter Ausgrenzung des Kindesvaters alleine aufgezogen hat, mit ihren fünf Katzen, ihrem Fernsehgerät und dem Kochtopf, den sie immer gut zu füllen weiß, in stiller Symbiose.

Für einen Mann würde sie nicht mal den kleinen Finger mehr krumm machen, erklärt sie mir verbissen. Obwohl sie andererseits bereit ist, wöchentlich Tonnen von Futterdosen und Katzenstreu in ihr Appartement zu schleppen. Ihre Gewichtszunahme hat bereits medizinisch bedenkliche Formen angenommen.

Thomas lebt dagegen in einer kalten Ehe, in der es seit 14 Jahren keinerlei Sexualität, dafür ausgeprägte Revierkämpfe gibt. Seine Liebe gilt der Aquaristik. Er züchtet bunte Guppys, deren strahlende, gigantisch überdimensionierte, regenbogenfarbene Schwanzflossen er stundenlang verträumt beobachtet. Als er Lisa, die selber in einer unglücklichen, berührungsarmen Ehe lebt, kennenlernt und, wie er es beschreibt, ein Gefühl ungewohnter Wärme in seine Brust einzuziehen droht, wird die Angst so stark, dass sein rationaler, Gregor Mendel verpflichteter Verstand das Risiko als zu hoch einschätzt und er die ersten zarten Beziehungsfäden zu Lisa wieder durchtrennt.

Irgendwann am Ende dieser Monate sitze ich mit meiner Freundin Laura, die selber eine »distanzierte Seelenfreundschaft mit Sexualoption ohne Vermischung der Lebenssphären« unterhält und in ihrem Brotberuf eine wohldotierte Managerin ist, gemeinsam in der Sauna. Während der Saunaofen zischt, nerve ich auch sie mit meiner schon mantrisch anmutenden Fragestellung nach ihrem Verhältnis zur Liebe. Vielleicht war der Moment schlecht gewählt, vielleicht hatte die Wärme es auch vermocht, die Tagespanzerung erfolgreicher Frauen abzuschmelzen. Jedenfalls bewirkte die Frage eine für mich unerwartete Reaktion. Sie, die mir gerade eben mit wohldurchdachten Formulierungen und in so sachlichem Tonfall die Vorteile und die damit verbundene Ehrlichkeit ihres »losen Beziehungsverhältnisses« referiert hatte, rastete plötzlich und unvermutet nahezu aus. Eine starke innere Kraft schien sie förmlich von der Liege zu reißen, und sie begann mich anzuschreien: »Was fragst du all den Scheiß? Davon will doch keiner reden. Schau dich doch um, wie wir alle leben! Wir rennen in einem

Wahnsinnstempo durch einen rein auf Konkurrenz ausgerichteten Alltag. Jeder und zwar absolut jeder sieht nur mehr sich und seinen Vorteil. Und die wenigen, die es anders tun, können sich sowieso nicht durchsetzen. Die Hälfte aller Ehen wird wieder geschieden und dabei heiraten schon viel weniger als früher. Heute musst du ›es‹, was immer das bedeutet, in einer Beziehung bringen, sonst wirst du entsorgt. Du musst immer gut drauf sein, gut aussehen, deine Sache beim Sex gut machen, super Job haben, gut zuhören können oder tolle Köchin oder Super-Mami oder spritzige Partybegleiterin sein. Oder was der Teufel sich der andere halt gerade wünscht. Und Frauen machen es mit Männern genauso. Wir haben in unserer Gesellschaft einen Reglementierungs- und Zertifizierungswahn im Namen von Qualitätssicherung entwickelt. Und heute sind wir sogar da angekommen, dass wir unser Gegenüber in der Beziehung eigentlich beständig evaluieren. Wenn es die ›Benchmark‹ in den vorgegebenen Kontrollsegmenten nicht mehr erreicht, kommt die Abberufung. Ganz logisch, ganz cool und ganz unpersönlich. Trotzdem ist es wie eine beständige leise Drohung. Die ganze Beziehungskiste gleicht mehr einer Auktion als einem Gefühlsprozess zwischen zwei Menschen, der Verlässlichkeit oder Kontinuität im Grundabkommen einschließt. Das, was du da zu ›Bindung und Beziehung‹ wissen willst, das ist gänzlich out. Das kann sich keiner mehr leisten! Das ist zu gefährlich, denn das Fallbeil für die Beziehung kann überall auf dich warten und ganz besonders dann, wenn du es am wenigsten brauchst. Anja, eine Assistentin von mir, du hast sie vor einem Jahr bei einer Veranstaltung kennengelernt, hat vor einem halben Jahr ihre Brustkrebsdiagnose bekommen, 45 Jahre, Peng, Untersuchungen, Operation, Chemotherapie, eben die ganze Latte, die dann über einen hereinbricht. Ihrem neuen Partner, den sie seit ihrer Scheidung vor fünf Jahren seit zwei Jahren kennt, ist jetzt bereits die Luft ausgegangen. Das Ganze ist ihm zu belastend. ER packt es nicht. Muss, wie er begründet hat, auf sich schauen, da er ja auch noch zwei

Kinder aus einer früheren Ehe zu versorgen hat, wie er offiziell sagt. Und viele geben ihm in seiner Argumentation Recht, können es gut nachvollziehen. In Wirklichkeit ist ihm das viel zu anstrengend mit Anja, mit der er jetzt kein super Freizeitleben inszenieren kann, weil sie einfach fertig ist und Angst hat. Und sie weiß es, und es geht ihr deswegen noch schlechter.«

Langsam schien Laura, die während ihres Auftritts durch das Glühen der Kohlen des hinter ihr stehenden Saunaofens und ihr wildes Gestikulieren wie eine Rachegöttin vor mir gestanden war, wieder zur Ruhe zu kommen. Ich fühlte mich sehr betroffen, durch das, was ich mit meiner Nachfrage bei ihr bewirkt hatte. Ihre Reaktion hatte mich vollkommen überrascht. Sie setzte sich wieder auf die mir gegenüber liegende Saunabank und schien in sich zusammenzusinken.

»Laura, entschuldige«, setzte ich an, »ich wollte dir nicht zu nahe treten ...«

Sie hob das Gesicht, und im rötlichen Halbdunkel sah ich die Tränen, die über ihre Wangen hinunterliefen.

»In manchen Momenten fühle ich mich so total einsam«, brachte sie mit leiser Stimme langsam hervor, »ich hätte so gern jemanden, der ganz zu mir steht, auf den ich mich wirklich verlassen kann, einen Mann, mit dem ich mich sicher und geborgen fühle und dem ich das auch geben kann, die ganze kindische romantische Geschichte. Aber es klappt irgendwie nicht, das gibt es nicht mehr, es funktioniert einfach nicht, überall ist ein Haken. Alle sind vorsichtig, taktierend, können sich nicht mehr rückhaltlos einlassen, das ganze Fühlen wird durch Ängste und Überlegungen wie in Watte gepackt.« Eine gedankenschwere Pause, die nur vom wiederanspringenden Heizelement der Sauna unterbrochen wurde, füllte für einige Zeit den Raum zwischen uns. »Und ich«, setzte sie nun sehr leise und mit resignierter Stimme fort, »ich bin genauso ... sag mir, warum es in unserer Gesellschaft so zugeht, du bist doch der Shrink!«

Ich erinnere mich an mein Gefühl von Hilflosigkeit, an das in mir aufsteigende Bild, auf einem Wrackteil eines Schiffs gekauert zu sein und mit diesem untauglichen Floß auf einem dunklen Ozean unterwegs sein zu müssen. Die Antwort auf Lauras Frage wusste ich damals nicht zu geben, aber ich fühlte eine immer stärker werdende Beunruhigung und zunehmende Verpflichtung, noch genauer hinsehen zu müssen. Und dann gab es da noch ein Brathuhn, das mir klar machte, dass ich mich diesem Thema der sterbenden Liebesfähigkeit nicht entziehen würde können. Ich musste ihm einfach auf den Grund gehen.

Ein Brathuhn zum Verlieben

Schon während der Teenagerjahre meiner ersten Tochter habe ich die Erfahrung gemacht, dass mein Grundberuf als Frauenärztin gemeinsam mit dem mir aufgeklebten Etikett »Psycho« dazu führt, dass die pubertierenden Freundinnen meiner Töchter informelle Sprechstunden in familiärer Atmosphäre suchen. Und zwar, um jenen neu zu erobernden Lebensbereich rund um Periode, Verhütung, die zulässige Vielgestaltigkeit möglicher vaginaler Ausflüsse in Abgrenzung zu den Besorgnis erregenden, Sex, Herz und Männer diskutieren oder auch gemeinsam reflektieren zu können. Gemeinsames Herumlungern auf dem großen Mädchenbett ist dafür ein gutes Ausgangsszenario. Oder auch ein Abendessen, zu dem man noch schnell ein oder zwei Teller dazustellt, weil das eine oder andere der Girls, das zum Aufgabenmachen oder »Chillen« rübergekommen ist, entschieden hat, noch ein wenig länger bleiben zu wollen. Diesmal war es ein Zitronenbrathuhn mit Reis, das in einer leicht suppenähnlichen Sauce friedlich vor sich hin schmorte, das zum Abendessen auf dem Programm stand. Gott sei Dank waren es eigentlich zwei davon, denn drei Freundinnen meiner mittleren Tochter, allesamt in der Hochblüte pubertätsbezogener

Lebensthemen, hatten sich kurzfristig angesagt. Ich mag Kerzenlicht, es verleiht dem gemeinsamen Tisch mehr Wärme und eine Qualität von Langsamkeit, die Gespräche gut in Gang zu bringen vermag. So fanden wir uns allesamt über Brathuhnkeulen und -brüste hinweg rasch in einer angeregten Diskussion zum Thema Nummer eins. Dabei gilt es natürlich die vorgeschützte Erfahrenheit und den souveränen Wissensstand zu respektieren und nur sanft zu korrigieren, dass es zum Beispiel doch weniger vordringlich der Sex während der Menstruationsperiode ist, der zu Schwangerschaft führen kann, als jener in der restlichen Zykluszeit. Das Gespräch hatte dem üblichen Ritual zu Folge von allgemeinen Fragestellungen wie AIDS und Hausmittel für gesunde Scheidenflora bereits seinen Bogen zu den mehr persönlichen individuellen Fragestellungen genommen. Nun konnte es in jene Endstrecke höchsten Interesses und aufgeregter Brisanz einzumünden, in der ich dann auch meine »Psycho-Kompetenz« einbringen sollte: Jungs, Mädchen und Sex. Wie weit geht man als Mädchen mit einem Jungen? Und wie lange soll man warten, bis man es tut? Was darf man nicht tun, wenn man an einem Jungen ernsthaft interessiert ist? Sind Jungs einfach weniger treu als Mädchen? Soll man beim Sex alles tun, was der Junge will? Kann man einem Jungen sagen, wie er es tun soll? Wie geht man vor, wenn man sich in denselben Jungen verguckt wie die beste Freundin? Diese und ähnliche Fragestellungen jener Stromschnellenphase des Eintritts ins Beziehungsleben hatten wir bereits vor etwas mehr als sieben Jahren mit meiner ältesten Tochter und ihren Freundinnen ausgiebig diskutiert. Nun waren meine mittlere Tochter und ihre Freundinnen meiner Einschätzung nach ebenfalls an diesem Konjugationspunkt der Planetenbahnen von Mann und Frau angelangt. Sie befanden sich gerade in der Geburtsstunde der eigenen Beziehungs- und Sexualphilosophie ihrer Generation. Und dann sagte Gina, deren wogender, lasziver Gang in den letzten Monaten gerade seine letzte Unbewusstheit verloren hatte, jenen Satz, der mich seither schlichtweg nicht mehr losließ: »Get sex and stay detached!«, strahlte sie mir mit jener vollkommenen Treuherzigkeit entgegen, die nur wirkliche Überzeugung zu Wege bringt. Dabei warf sie ihre blonde Mähne mit einer eleganten Bewegung zurück. Die letzten Bissen meines Huhns würden an diesem Abend auf meinem Teller bleiben. Das wurde mir schlagartig bewusst, während ich mich in der Runde der Freundinnen umsah. Niemand machte Anstalten, einen Einwand formulieren zu wollen. Meine eigene Tochter schien mich, nach der allgemeinen, kurz aufgeflammten Heiterkeit, die kraftvolle Ansagen unter Jugendlichen zumeist nach sich ziehen, mit ihrem Blick zu fixieren und meine Reaktion abzuwarten. Die anderen Mädchen begannen bereits, die Vorteile dieses Zugangs zum Thema heftig zu diskutieren.

»Wie meinst du das, Gina?«, versuchte ich nachzuhaken. »Was soll das heißen? Get sex and stay detached!«, wiederholte ich.

»Genau das!« Ihr Tonfall war jetzt von großer Ernsthaftigkeit. »Sex ist einfach fun, fühlt sich super an und macht Spaß, aber wenn du dich dann an einen Typen hängst, wird alles immer total schwierig, und am Ende tut es weh. Es ist einfach viel besser, das gar nicht zu machen«, erklärte sie mir sehr sachlich.

»Okay, du meinst, wenn du irgendwie an einen Jungen gerätst und dann merkst, dass es nicht der richtige ist, dann ziehst du dich rasch von ihm zurück«, versuchte ich ihre Aussage ins für mich richtige Fahrwasser zu bringen. Doch Gina machte mir deutlich, dass es sich hier nicht um eine Notfallstrategie nach einer Fehleinschätzung in der Wahl eines Jungen, sondern um ein Grundkonzept handelte. »Ich mach das mit jedem so«, beharrte sie.

Ihre Freundinnen nickten. Ich bekam das Gefühl mit einer neuen Kulturnorm konfrontiert zu sein. »Aber entschuldige«, widersprach ich, »wie ist das mit dem Sich-Verlieben? Kommt das nicht vorher oder zumindest dann, wenn man miteinander geht?«

»Nein«, bekräftigte sie ihren Ansatz, »das lass ich gar nicht aufkommen.«

Ich schob meinen Teller endgültig von mir weg, zündete mir eine Zigarette an und dachte kurz nach. Gina kannte ich seit dem Kindergarten. Auch Anna und Zora, die jetzt ihrerseits dieses Konzept zu verteidigen begannen. Sex und Liebe hat schlichtweg nichts miteinander zu tun. Sex ist fun, Sex konsumiert man, das war die Aussage. Sie verabredeten sich bisweilen auch dazu, ganz cool und nüchtern, nachmittags nach der Schule. Natürlich wussten das die Eltern nicht, die kein Zitronenbrathuhn servierten. Zur Bekräftigung der Theorie erzählte Anna von einem »süßen Typen«, der einfach echt super aussah und den sie deswegen haben wollte. Sie hatte sich mit ihm ein Date abgemacht, das schon in seiner Planung ganz offen die Zielsetzung, miteinander zu schlafen enthielt. Genau genommen war sie nach der Schule zu ihm gekommen, sie hatten sich ausgezogen und es gemacht, und dann war sie wieder gegangen. Peng, das wars. Erledigt. Annas Beschreibung ihres Nachmittags und vor allem des Zugangsmodus schien hier am Tisch niemanden wirklich vom Sessel zu hauen. Ich sah mir die Mädchen so an, wie sie vor mir saßen. Ich kannte auch ihre Eltern, lauter »normale Familien«, wirtschaftlich zumeist etwas besser aufgestellt, engagierte Eltern, die für ihre Kinder immer das Beste wollten. Natürlich die üblichen Schwierigkeiten von einer geschiedenen Ehe hier oder dort, beide Eltern berufstätig, allesamt gefügte Persönlichkeiten und in ihrem Erziehungsverhalten diskussionsbereit und reflektierend. Sie hatten versucht, von klein auf der Persönlichkeit ihrer Kinder Entwicklungsspielraum zu geben.

»Aber WIE, Gina, wie um alles in der Welt schaffst du das?«, entschied ich mich, das Krisenfeld Anna vorerst beiseite zu lassen und mich Ginas Dogma zuzuwenden. Sicher wirkte ich ziemlich entgeistert. »Wenn ich mit einem Mann schlafe, dann passiert dabei mehr als nur Erregung, und im Idealfall schwingt mein Herz schon mit, wenn ich es das erste Mal mit ihm tue. Es ist für mich ein Ausdruck eines Prozesses zwischen mir und diesem Menschen. Auch wenn das keine lange Beziehung werden sollte, weil sich herausstellt, dass er oder ich Einwände haben oder wir etwas in Folge des ersten Überstrahlens durch die leidenschaftliche Anziehung übersehen haben, so ist da doch diese Grundintention nach Bindung und Beziehung.«

Jetzt wirkt Gina vollkommen entgeistert. »Ich will ganz sicher mit keinem Jungen fix gehen. Das tut nur weh, und du hast ihn die ganze Zeit in deinem Kopf. Ich will da nichts entwickeln, ich will einfach Spaß haben und das alles machen und erleben, was es gibt.«

Auch hier nickten Anna und Zora bekräftigend. Ich war verunsichert, ob es sein konnte, dass es meine Tochter jetzt vielleicht nur deswegen unterließ, ihre Akzeptanz dieser Haltung auszudrücken, weil ich am Tisch saß.

»Aber WIE machst du das?« fragte ich nochmals nach.

»Ich sag mir einfach immer sofort danach, dass es jetzt aus ist, dass es nur Sex war und ich nichts von dem Jungen wissen will. Ich rede kaum mit ihm, und wenn ich merke, dass er mir gefällt, schlaf ich einfach mit einem anderen, um ihn aus meinem Kopf zu bekommen. Es ist ja nur Sex, das heißt doch nichts.«

»Hm«, kapitulierte ich und schob noch etwas in der Art nach, dass ich mir das schlecht als längerfristig taugliches Modell vorstellen könne, um über diese Einführung einer Zeitachse mit meiner Seniorität wieder Oberhand zu gewinnen. Als ob ich sagen würde: »Wart mal, Kleines, bis du so alt bist wie ich.« Im Prinzip im Kern eine unfaire Ansage, da ich ihr damit die Gleichwertigkeit ihrer Meinung zu rauben versuchte. In Wirklichkeit fühlte ich mich hilflos. Es spürte sich an, als würden sich Eiskristalle auf mein Herz legen und meine Brust einfrieren. Sexualität und Bindung voneinander abzuspalten, so früh, so jung, ganz am Anfang beim Eintritt ins Beziehungsleben, sozusagen als Grundmodus oder allgemeine Kulturnorm einer Entemotionalisierung. Sexualität nicht mehr als tiefe und sehr persönliche Kommunikation mit einem speziellen Menschen sehen zu können, besorgte mich in dieser Konzeptform. Hier ging es nicht darum, dass jemand von Leidenschaft überrannt wurde oder das Gegenüber falsch eingeschätzt hatte. Oder dass jemand sich vielleicht einmal so fühlte, wie es der Volksmund als »notgeil« benennt, und sich in einer sexuellen Situation wiederfindet, die sich auf der Bindungsebene dann nicht als tragfähig erweist. Hier ging es darum, diese Bindungsebene gar nicht mehr anzustreben, aus Prinzip. Diese grundsätzliche Abspaltung der Sexualität von Intimität und emotionaler Öffnung und die damit verbundene Reduktion auf ein Konsumerlebnis, eine Jagdtrophäe, fühlte sich für mich sehr unbehaglich an. Wo würden denn die Bindungsbedürfnisse dieser jungen Mädchen gestillt werden, wenn sie über dieses Konzept nicht hinauswuchsen? Wie würden sie ihre Geborgenheit finden? Was wären die Konsequenzen, was der Preis, für diese dahinterliegende Wehleidigkeit, sich den möglichen Schmerz des Verlassenwerdens ersparen zu wollen? Würde Anna, deren Stofftiersammlung mir meine Tochter nach einem Besuch erst kürzlich beschrieben hatte, ewig mit ihren Kuscheltieren zu Bett gehen? Würden sie Karriere machen und wie Mathilde ihre Wochenenden dann mit ganzen Staffeln von Soaps zubringen? Oder würden sie ewige Anhängsel ihrer Familien bleiben, so wie Mark es heute schon in Perchtoldsdorf bei seinen Eltern war? Würden sie noch in zehn oder 15 Jahren als gewiefte Jägerinnen nach Dienstschluss durch die Bars und Nachtlokale auf der Suche nach dem nächsten Blattschuss ziehen, sich die aufkeimende Einsamkeit mit Schuh- oder Handtaschenkäufen wegblasen wollen? Oder würden sie diesen Betriebsfehler, der ihnen, weiß Gott wie, verpasst worden war, doch überwachsen können?

In dieser Nacht schlief ich schlecht, obwohl Hühnchen der Nimbus von Schonkost anhaftet. Das abendliche Gespräch mit den Girls ließ mich nicht los. Gegen zwei Uhr Früh fand ich mich dann in meiner Küche wieder und versuchte die Puzzleteile meiner bisherigen Ergebnisse und Einsichten zu ordnen.

Die Stille der Nacht und die mich umgebende ruhende Stadt bildeten einen wirksamen Hintergrund, um all die Erlebnisse und

Gespräche der letzten Monate zu rekapitulieren und Patientenkarteien durchzugehen. Wie ließen sich die unterschiedlichen Teile in Bezug zu einander setzen? Wie stellte sich das Thema Lieb aus dem gesellschaftlichen Blickwinkel heute denn eigentlich dar? Bei Ralfs Lebensgeschichte oder auch der von anderen Patienten war jemand mit ungeübtem analytischem Blick doch eigentlich geneigt zu attestieren, dass seine tiefere emotionale Unerreichbarkeit eben die Auswirkung eines »blöd gelaufenen« Lebenskonflikts wäre. Dass aus der damit abzuleitenden emotionalen Enttäuschung und Erschöpfung ein solider Rückzug aus dem Gefahrenfeld tieferer Bindungen und möglicher Neuenttäuschungen resultierte, mutete aus der heutigen Perspektive eines rationalen, fest im Leben stehenden modernen Menschen doch fast nachvollziehbar, ja logisch an. Genauso wie die Tatsache, dass dieser Mann sich kurzweilig zu beschäftigen wusste, noch dazu auf Luxusniveau durch das entsprechende Kleingeld. Der ihn verfolgende Albtraum war vielleicht als ein bedauerlicher Kollateralschaden zu sehen, dem man am besten mit der Angebotspalette der Pharmazie beikommen konnte. Und auch für Elisabeth gab es eine anfeuernde Schar von Freundinnen, die es völlig in Ordnung fanden, den »Mann vom Reißbrett«, der es ganz nach ihren Erwartungen bringen musste, mit ihr zu designen, genauso wie Birgits »Dreierregel« in ihrem Umfeld auf durchgreifende Akzeptanz stieß. Da war kaum einer dabei, der ihr ins Gewissen redete, um ihr deutlich zu machen, dass ihre eigentlichen, tieferen Bedürfnisse nach Wärme und Geborgenheit mit dieser Strategie kaum realisierbar sein würden. Und gleichzeitig, so war mein Empfinden, offenbarte sich hier, an der Art und Weise, wie wir geneigt sind, Ralfs, Elisabeths oder Birgits Situation und die jeweilige Strategie als richtig, ja unvermeidlich zu akzeptieren, bereits ein haltungsmäßiger Drift hin zur Akzeptanz von Gefühlsdämpfung als Lebensmodell. Letztendlich ein erster Klang einer gesellschaftlichen Haltung der Resignation, was unseren kollektiven Glauben an Liebesbeziehungen betrifft.

Ist nicht der eigentliche Unterschied in Geschichten meiner Patienten, wie der von Ralf, von Elisabeth oder Birgit und den Lebenskonstruktionen meiner Freunde oder Bekannten nur der, dass bei den einen das Leiden an der Beziehungslosigkeit einen lauten, von Symptomen begleiteten Ton annimmt? Während es den anderen gelingt, zumindest unauffällig in ihrer Unzufriedenheit zu bleiben. Verbirgt sich in der Art, wie wir als Gesellschaft »Gefühlsschwäche im Lieben« einfach als normal hinnehmen, hier nicht eine allen gemeinsame Paradoxie? Sollte nicht der durch seine Lebensstürme gereifte Mensch, der gut in den mittleren Jahren angekommen ist, der seine wirtschaftliche Bewährung und seine soziale Position erfolgreich zu behaupten gewusst hat, gleichzeitig auch der sein, der begriffen hat, dass sein berühmtes letztes Hemd keine Taschen haben wird? Sollte nicht gerade der Mensch dieser Altersgruppe mit Mut und voller Kraft, mit entwickelter Großzügigkeit und beginnender Weisheit dem Lieben begegnen können, statt auf der Jagd nach seinem Handicap um den Globus zu touren und maximal »Frischfleisch« konsumieren zu wollen?

Überall ging es letztendlich darum, das Fühlen für ein Gegenüber möglichst draußen zu lassen, sich möglichst wenig selber einzulassen und möglichst viel von einem Gegenüber zu bekommen. Denn der Wunsch danach, geliebt zu werden, war durchaus und oft mit pampigem Unterton spürbar. »Seltsam«, dachte ich mir damals in dieser Nacht zum ersten Mal, »ein infantiles, trotziges, wehleidiges Konzept als Umgangsform mit dem Thema Bindung, Beziehung und Liebe macht sich in unserer Gesellschaft als Routinenorm immer mehr breit und erfährt immer stärkere Zustimmung.« Und bei den jüngeren, jetzt in der Altersgruppe der klassischen Familienbildung stehenden Menschen schien der psychische Apparat erst gar nicht richtig in die Gänge zu kommen. Dort hatte es den Anschein, als würden jene reiferen Ich- funktionen, die ein langfristiges gemeinsames Beziehungsleben ermöglichen, gar nicht mehr ausreifen. Das korrelierte gut damit, dass wir die Grenze der Jugendlichkeit in Studien klammheimlich bereits auf 29 Jahre hinaufgesetzt hatten. Es passte auch dazu, dass die nackte, nüchterne Datenlage des National Institute of Health jenen heutigen jungen Erwachsenen in ihren 20ern eine dreimal so hohe Rate an narzisstischen Persönlichkeitsstörungen bescheinigte, wie den 65-Jährigen. Auch das Faktum, dass Millennials ihr Leben gern als das eines Hybriderwachsenen oder auch JoJo-Erwachsenen anlegen, der sich immer nur periodisch für die eigene Wirtschaftsleistung zuständig fühlt und in engeren Zeiten auf eine Grundversorgung durch die Altvorderen zurück greift, passte dazu. Erwachsensein auf Probe, mit Rückgabegarantie sozusagen. Nur keine Verantwortung und schon gar nicht in einer so unkontrollierten Sache wie den Liebesbeziehungen. Gigis Erfahrung mit Filipe entsprach ganz dieser Gangart.

Ebenso das Verhalten meines Patienten Mark, der sich durch die Forderung seiner Freundin nach mehr Verbindlichkeit und Bekenntnis nach sechs Jahren Kennenlernen zu sehr in der Idylle seines Rollenpluralismus zwischen Sohn und Beziehungspartner gestört und eingeschränkt fühlte. Und auch die vielen Beratungen rund um das Thema Schwangerschaft als »geforderten oder verweigerten Beziehungsimperativ« fügten sich durch das ihnen innewohnende Thema der GEMEINSAMEN Verantwortung hier nahtlos ein. Aus dem Blickwinkel eines unreifen psychischen Apparats, der es in seiner Ausrichtung nicht vermag, über sich hinauszuwachsen, machten auch die Überlegungen jener »High Potentials« aus Alpbach und vieler Studienfreunde meiner ältesten Tochter durchaus Sinn, nur den eigenen Karrierehorizont vor Augen zu haben und Beziehungen in der Wertigkeit nachzureihen. Beziehungsneoliberalismus und pragmatischer Beziehungsrealismus als logische und rational gut durchdachte Form von Beziehungsmanagement begann hier als Haltung seinen Platz laut zu beanspruchen. Und nun waren da noch die ganz Jungen, die am Weg waren, diesen Modus a priori zur Methode der Wahl zu erheben, um »emotional bereinigt« und damit ohne Verletzungsgefährdung scheinbar sicher durchs Leben zu kommen. Doch der Preis dafür ist unwahrscheinlich hoch, wie jeder weiß, der diese Flamme wirklichen freien Liebens in sich brennen gefühlt hat. Denn dieses Gefühl reicht weit darüber hinaus, leidenschaftliche Anziehung für einen anderen Menschen zu empfinden. Lieben beseelt, ist jene Kraft in uns, die uns über uns selber hinauswachsen lässt, um Positives in der Welt beitragen zu wollen und trägt als eine unverzichtbare Facette auch die Ausrichtung auf ein spezifisches Gegenüber in sich. Wer nicht grundsätzlich die Fähigkeit zur liebevollen Ausrichtung auf ein Gegenüber in sich trägt, vermag nichts Positives in die Welt zu tragen. Der eigene Mangel, die Verhaftung im eigenen kleinen Ich, das nicht bereit ist, mehr als sich selber anzuerkennen, überschattet alles Tun. Eine kalte, farblose Welt tat sich hier auf, eine Abwürgung von Lebendigkeit und eine gähnende Einsamkeit, die mannigfache Konsequenzen nach sich zieht.

Was war denn nur mit der Liebesfähigkeit in unserer Gesellschaft geschehen?

Warum wir lieben

Wenn sich Atome ineinander »verlieben«, so bilden sie mittels Bindungskräften Moleküle und somit komplexere Einheiten. Sogar auf subatomarer Ebene ist dieses Wirken der Bindungskräfte, jener Aspekt, der alles zusammenhält, das Entscheidende. Wir können uns zwar nicht sicher sein, ob ein Elektron gerade ein Masseteilchen oder eine Wahrscheinlichkeitswelle ist. Aber das, was dafür entscheidend ist, dass wir es, sei es als Welle oder Teilchen, irgendwo um einen Atomkern herum auf einer Wahrscheinlichkeitsbahn vermuten dürfen, sind die Bindungskräfte. Bindung begründet die kleinsten Bestandteile unseres Universums bis hin zur höchsten Akkumulation und Komplexität und ist als das universelle Prinzip alles Seienden anzusprechen. Bindung, Anziehung und, wenn wir diese Energie emotional konnotieren, Liebe, sind der universelle Antrieb der Lebendigkeit. Über die ersten Hochzeiten der Atome zu anorganischen Molekülverbindungen, weiter zu den organischen Verbindungen, die ersten Einzeller und dann die höhere Komplexität von Mehr- und Vielzellern mit ihrer bereits arbeitsteiligen Struktur, über wirbellose hin zu den Wirbeltieren, den Fischen, Amphibien, Vögeln, Säugetieren und letztendlich bis zu uns Menschen – überall ist, über vielschichtige Komplexitätsstufen und verschachtelte Steuerkreise Bindung der ursprüngliche, große Regisseur im Hintergrund, der Leben erst möglich gemacht hat. Umgekehrt steht Bindungslosigkeit oder der Prozess des Zerfalls von Bindungen für den Tod, so wie auch wir dereinst mit unserem Tod wieder zu Staub und Asche werden. Es ist also Bindung und in einem höheren Sinn Liebe, jene immaterielle Kraft, die die Materie erst lebendig werden lässt und beseelt. Liebe benennt im üblichen Sprachgebrauch ein Gefühl, eine Emotion, und ist damit, wenn wir von rudimentären, von Primatenforschern vermuteten Ansätzen absehen, ganz stark an unsere Spezies Mensch geknüpft. Warum hat uns die Evolution damit ausgestattet? Warum war es nötig, ab einer gewissen Komplexitätsstufe von »Sein« diese Emotion, die doch augenscheinlich so viele Beschwerden verursacht, zu erfinden? Wir können getrost davon ausgehen, dass die Natur nichts umsonst anlegt. Emotionen dürfen als komplexe Integrationseinheiten vieler zuvor gewonnener Sinneserfahrungen gesehen werden und dienen unserem Überleben. Letztendlich mit dem Ziel, uns rasch zu einer Evaluation einer Situation zu führen, um uns entscheidungsfähig zu machen. Wenn ich zum Beispiel allergisch auf Bienengift bin und eventuell bei einem Bienenstich einen anaphylaktischen Schock erleiden könnte, der die Potenz hätte, mich ins Jenseits zu befördern, so macht es durchaus Sinn, wenn ich genau in dem Moment, in dem sich ein derartiges Insekt auf der Suche nach einer Blume durch das offene Fenster in mein Zimmer verirrt, Furcht verspüre. So bin ich alarmiert, sofort etwas zu unternehmen. Emotionen sind also als Integrationseinheiten höherer Ordnung anzusehen, die aus vielen zuvor gewonnen, uns teilweise gar nicht bewussten Sinneseindrücken eine übergeordnete Evaluation einer Situation oder Anforderung ableiten.

Nun, wozu ist also die Liebe gut? Sie hat damit zu tun, dass wir als die Krone der Schöpfung anzusprechen sind, also die bisher höchste Komplexitätsstufe verkörpern, die die Evolution zumindest in unserem Sonnensystem hervorzubringen im Stande war. Das sollte uns allerdings nicht arrogant, sondern demütig sein lassen, denn es bedeutet einen großen Auftrag. Wir haben als Spezies eine derart komplexe Systemik entwickelt, dass wir Vorstellungsvermögen haben, uns also Dinge, Handlungsabläufe, Prozesse und ihre Konsequenzen und möglichen Ergebnisse im Trockendock unseres Geistes vorzustellen vermögen, ohne uns sprichwörtlich dabei die Hände schmutzig machen zu müssen. Und darüber hinaus haben wir es sogar zu einem reflexiven Bewusstsein gebracht. Wir können also über uns selber nachdenken. Mit diesem Selbst-Bewusstsein ist es uns als Privileg sogar eingeschrieben, dass wir das universelle Prinzip der Bindung und der Liebe als das treibende Prinzip der Evolution erkennen und wertschätzen können. Doch dafür, dass es so weit kommen konnte, war das Prinzip der Bindung und des Liebens auch gleichzeitig wieder die Voraussetzung. Das hat, wie könnte es anders sein, mit unserem Hirn zu tun. Wenn wir unsere Grundausrüstung als Menschen betrachten, so ist sie gar nicht unbedingt beeindruckend. Wir müssen sogar neidlos attestieren, dass die meisten Tierarten besser ausgerüstet sind als wir. Keine scharfen Krallen oder Reißzähne, mehr als durchschnittliche Läufer, eindeutig schlechte Schwimmer, ganz sicher keine Ausdauer beim Hangeln von Ast zu Ast, und vom Klettern gar nicht zu reden. Nicht einmal ein wirkungsvolles Tarnkleid haben wir, Flucht durch Fliegen können wir gleich abhaken, und im direkten Kampf Faust gegen Faust sind wir, wenn es nicht gerade um die eigene Spezies geht, so ziemlich jedem, der mehr als 50 Kilogramm und etwas Entschlossenheit mitbringt, unterlegen. Trotzdem dürfen wir uns als die überlegene Spezies sehen, jene, der es gelungen ist, so ziemlich jeden Lebensraum bis zum arktischen Wendekreis und in der anderen Richtung bis in die Sahara hinein zu besiedeln. Dass wir den Globus heute dominieren und alle anderen sukzessive, wenn auch mit unklarem Ausgang ausrotten, ist ein Faktum. Das, was uns so erfolgreich gemacht hat, ist nämlich gerade, dass der Mensch so wenig differenziert ist, so unspektakulär.

Der Mensch ist ein klassischer Generalist. Im Unterschied zu allen auf ihr jeweiliges Habitat genauestens angepassten, ja zugeschnittenen Organismen und Tieren ist der Mensch einfach so, wie er eben ist, simpler Durchschnitt. Ein bisschen von allem. Ein bisschen Laufen, ein bisschen Muskel, ein bisschen Klettern, ein bisschen Schwimmen, ein bisschen Springen, ein bisschen Regulationsmöglichkeit an Temperatur und unterschiedliche Luftdruckverhältnisse. Das Spezifische des Menschen, so könnte man sagen, ist, dass er unspezifisch ist, dass er sich aber extrem flexibel an die jeweiligen Anforderungen anpassen kann. Und dies wird ihm durch sein großes Hirn mit seinem überragenden Vorstellungsvermögen, das »Probehandeln ohne Risiko« ermöglicht, erschlossen. Dieses Hirn und seine großartige Möglichkeit, situationsangepasst zu reagieren, Werkzeuge zu erfinden, Feuer zu kultivieren und Lösungen für die jeweilige Anforderung der Umgebungssituation zu entwickeln, hat uns zum Erfolgsorganismus gemacht. Es hat uns ermöglicht, nahezu jeden Lebensraum zu besiedeln und uns damit gleichzeitig befähigt, über uns nachzudenken. Doch ein Hirn, das derartigen Anforderungen gewachsen sein soll, braucht eine gewisse Größe. Da reicht ein einfaches Affenhirn von, sagen wir, Schimpansengröße und 460 Gramm nicht aus, um Reflexivität in gehörigem, erfolgversprechendem Ausmaß entwickeln zu können. Wir bringen immerhin heute rund 1290 Gramm auf die Waage. Das stellte die Evolution vor eine ziemliche Aufgabe.

Denn für das Unternehmen »zunehmende Komplexität« war auch der aufrechte Gang unerlässlich, weil dieser mehr Überblick und damit mehr Überlebenschancen im Busch und Savannenland versprach. Beim aufrechten Gang ist aus der Beckendynamik heraus der Beckendurchgangsöffnung ein Riegel vorgeschoben. Was man da durchbekommt, bei einer Geburt, ist an Hirngröße nicht allzu beachtlich. Damit ist kein Staat zu machen, zumindest im Sinne der Krone der Schöpfung, eines Organismus, der später einmal, wenn er erwachsen ist, innovative, neue Lösungen für komplexe Probleme finden soll. Mit so einem Hirn hätten wir weder die Dampfmaschine, noch die industrielle Revolution, Hip Hop, Quantenmechanik, Jazz, Hamlet oder die Relativitätstheorie erdenken können. Das heißt, dass es notwendig wurde, eine ziemlich lange postpartale also nachgeburtliche Periode einzuschieben, in der dieses Hirn in Ruhe wachsen und gleichzeitig optimal an die jeweiligen lokalen Gegebenheiten angepasst werden konnte. Doch die Lebensversorgung in Zeiten ohne Sozialversicherung, sozialem Wohnbau, Krankenversorgung, ausgebauten Helfersystemen, Karenzgeld und Mutterschutz, Supermärkten mit gefälligen Öffnungszeiten, Eltern-Kind-Treffpunkten und notfalls Kriseninterventionszentren waren schwer. So schwer, dass diese Bürde der Aufzucht bis zu einem realistischen Freisetzungs- und Selbstversorgungszeitpunkt für ein Weibchen alleine, beladen mit all den Versorgungs- und Nahrungsbeschaffungspflichten als Regelfall nicht realistisch bewältigbar erschien. Da musste der Erzeuger als im wahren Sinn des Wortes Nächstliegender und damit auch Engagiertester mit eingebunden werden. Und damit kam wieder der universelle Antrieb des Lebens, nämlich Bindung, ins Spiel. Es galt, in einer sozial komplexen Form Bindung einzuführen, das Lieben zu entwickeln, das zunehmend auch als solches bewusst werden und erkannt werden konnte. Von der strahlenden romantischen Hollywood-Liebe würde ich hier noch nicht sprechen wollen. Obwohl wir natürlich nicht wissen, ob jene fernen Vorfahren von uns auch schon damals unter dem glitzernden Sternenhimmel für einen Moment die Verschmelzung mit dem Universum erfahren haben, als sie einander in die Augen blickten, bevor sie neues Leben zeugten. Aber von Bindung und Zugehörigkeit in einer sehr klaren und pragmatischen Form, wenngleich vielleicht nicht einmal bewusst, kann hier ganz sicher die Rede sein.

Ich habe in einem Museum einmal die Ausgrabung einer Steinzeit-Familie gesehen, die allesamt an einer Vergiftung gestorben sein sollten, zeitgleich, im Schlaf. Hatten wohl die falschen Beeren zum Nachtisch erwischt. Die Anordnung der Skelette hat mich tief berührt. Da waren die Gebeine einer jungen Frau, die in ihren Armen im Tod wohl ein etwa eineinhalbjähriges Kind gehalten haben muss. Hinter ihr lag, sie umfangend, das Skelett eines Mannes. Etwas an der Seite fanden sich ein etwa siebenjähriger Junge und ein rund zehn- bis elfjähriges Mädchen. Und neben den beiden Kindern das Skelett einer älteren Frau. Eine Familie. Das habe ich mir damals, für einen Moment über die Jahrtausende mit ihnen verbunden, gedacht. Mann und Frau und das Kleinkind vereint, und daneben die schon autonomeren Familienmitglieder, die älteren Kinder und die Großmutter. Ob sie Liebe füreinander gefühlt haben, wie wir sie kennen, weiß ich nicht. Aber Bindung, Zusammengehörigkeit dürfen wir doch wohl als gesichert annehmen, allein aus der Gruppierung heraus. Es ist ein weiter und unausleuchtbarer Weg, von diesen Anfängen der Bindungs- oder auch Zugehörigkeitsgefühle bis zu dem, was wir heute unter Liebe verstehen. Ich bin der Überzeugung, dass er im Spannungsfeld der Individuation des Menschen, also der Wahrnehmung seines eigenen ICHS zu sehen ist.

Zum Zeitpunkt unserer Geburt existiert ein ICH-Bewusstsein noch nicht. Wir wissen also nicht, dass wir wir sind. Dieses ICH muss sich erst konstituieren, muss erst erbaut werden. Ein spannender Prozess, bei dem während der Schöpfung von materieller Struktur durch Wachstum des Hirns und Ausbildung von Synapsenschaltungen auch erst jenes Bewusstsein schrittweise entsteht, das jedes Kind irgendwann zum überwältigten Ausruf »ICH« befähigt, wenn es sein Spiegelbild zum ersten Mal als eben jenes ICH zu erkennen vermag. Zu Beginn unseres Lebens befinden wir uns in einem Raum-Zeit-Kontinuum und in enger, fast symbiotischer Vernetzung mit unseren nächsten Bezugspersonen und der uns umgebenden Umwelt. Wir sind getrieben von wechselnden Bedürfnissen und ihrer Erfüllung. Aber wir sind da – ganz eindeutig, wir gestalten diese Interaktion mit unserer Umgebung mit und treten in Austausch und Reaktion, so uns dies ermöglicht wird. Reziproke, ko-regulierte, affektive Kommunikation nennt man das in der Wissenschaft. So schrecklich diese Worthülse klingt, sie vermag doch eindeutig Wesentliches zu enthüllen. Zum einen, dass bereits Säuglinge, wie eindeutig erwiesen ist, nicht nur passiv auf Reize reagieren, sondern sehr wohl ihrerseits Impulse setzen und über einen wechselseitigen, wiederum bei der Bezugsperson eine Antwort provozierenden Ausdrucksmodus verfügen. Denn die schlaue Evolution hat vorgesorgt, damit die Kommunikation mit den Kindern auch für ihre Bezugspersonen spannend bleibt und diese sie nicht eventuell aus Langeweile einfach weglegen. Zum anderen handelt es sich hierbei nicht nur um reziproke, wechselseitig hin- und herlaufende Kommunikation. Also kein reines Vor- und Zurückschieben von Daten, sondern sie wird sowohl von der Betreuungsperson wie auch vom Säugling und Kleinkind ko-reguliert, das heißt aktiv aus der aktuellen Befindlichkeit heraus mitgestaltet. Um diesen Sachverhalt emotionaler Ko-regulation zu verdeutlichen, müssen wir uns nur in die Situation mit einem zahnenden, brüllenden Kleinkind hineinversetzen. Wenigen von uns gelingt es, im Grundton der eigenen Gefühlswelt während der Tröstungsversuche, ausgeglichen und entspannt zu bleiben, vor allem wenn es sich um längere Zeitsegmente handelt, die das Töchterchen oder der Sohnemann tobt. Unsere Kinder üben also einen Einfluss auf uns und unsere emotionale Befindlichkeit aus.

Was jedoch für unsere Fragestellung der ICH-Entwicklung als der wesentlichste Aspekt der Analyse früher Kommunikationsprozesse bezeichnet werden muss, ist die Tatsache, dass im Hintergrund all dieser von uns als Säugling und Kleinkind sowie heranwachsendem Kind gemachten Erfahrungen unser ICH geformt wird. Erst während wir zum ICH werden, beginnen wir auch die Fähigkeit zu entwickeln, dieses ICH zu bemerken und später dann darüber nachzudenken.

Klar wird hier allerdings auch die Tatsache, dass kein vom Kontext seiner Entstehung »losgelöstes« ICH existiert. Das ICH und sein Bewusstsein zu sich entsteht über das DU, das lebendige Gegenüber und jene Prozesse von Bezugnahme aufeinander. Wer das anzweifelt sei herzlich dazu eingeladen, in historischen Texten zu den ersten Findelhäusern nachzulesen oder deren Todesstatistiken zu studieren. Denn der Säugling, der zwar physisch ernährt wird, aber ohne Bezug(sperson) in einem kalten, seine verzweifelten Signale unbeantwortet lassenden Kosmos zu leben verurteilt ist, der verzweifelt als Organismus binnen kurzer Zeit. Er findet keinen Andockplatz für eine ICH-Entwicklung, vermag zu keinem ICH zu werden und gibt sein Leben auf. Das haben in jüngerer Zeit auch die schrecklichen Waisenhäuser des Ceaușescu-Regimes neuerlich bewiesen. Schon der Stauferkaiser Friedrich II (1194-1250), der wissen wollte, ob Aramäisch oder Latein die heilige Ursprache wäre und Ammen verbot, die ihnen anvertrauten Kinder zu herzen, ihnen vorzusingen, sie zu streicheln oder auch nur, sie beim Stillen anzusehen, erreichte damit nur den Tod der Kinder.

Ohne Bezug, ohne Bindung und Beziehung zu einem DU also kein ICH. Aber wenn wir diesen grundsätzlichen Entwicklungsweg der ICH-Werdung nun nachvollziehen können, erhebt sich natürlich als nächstes die Frage: WIE sieht denn dieses ICH aus? Aus welchen Bestandteilen setzt es sich zusammen? Was genau meinen wir, wenn wir »ICH« sagen? Wie erlebt sich also dieses ICH, das nicht nur in Abhängigkeit zum DU, sondern auch zum größeren DU einer ganzen Gesellschaft, ihren Werten und Grundüberzeugungen und den damit verbundenen Erfahrungen entsteht? Was also ist genau gemeint, wenn sich ein einzelnes ICH beschreibt, das als indisches Mädchen im untersten Kastensegment aufgewachsen ist, oder ein ICH, das in den Hamptons seine ersten prägenden Lebensjahre zugebracht hat? Und gibt es einen Unterschied in der ICH-Wahrnehmung über die Jahrhunderte hinweg?

Lassen wir die Stromschnellen kultureller Einflussfaktoren auf die ICH-Entwicklung beiseite und konzentrieren wir uns auf jene ICHs, die uns in unserem westlichen Lebensalltag bevorzugt entgegenkommen. Wen dürfen wir erwarten?

Wenn wir heute »ICH« sagen und unsere »Sozialisierungsadresse« in unserer reichen Konsumgesellschaft angeben können, so haben wir eine ziemlich klare und vor allem hochspezifische Vorstellung, wer dieses ICH ist. Dieses ICH ist zuerst einmal in klarer Weise eine eigenständige von allen anderen getrennt zu sehende biologische Einheit mit eindeutigen Körpergrenzen. Der körperlichen Ausdehnung und Oberflächenbeschaffenheit dieses ICHs ist heute gleich eine besonders herausragende Bedeutung zugeordnet. Viel Energie, Zeit und Geld wird dafür aufgewendet, um der Präsentation dieses Körpers im Spannungsfeld von Idealvorstellungen einen höchst persönlichen, eben individuellen Look zu geben. Das Ganze erfolgt unter der Zielsetzung, zu seiner eigenen »Marke« zu werden, sich als höchst persönliches Individuum von allen anderen abgrenzen zu können. Für diejenigen von uns, die weniger in der Öffentlichkeit stehen, gilt es dabei nur, in ihren unmittelbaren sozialen Bezugsgruppen »individuelles Gesehen-Werden« zu erzeugen und einen persönlichen »recall« zu provozieren. Jene mit sogenanntem Öffentlichkeitsauftrag müssen dann eben ihr ganzes Leben eventuell auch mit einem roten Käppchen auf dem Kopf in die Oper gehen oder sich sonstwie verkleiden. Aber neben der Möglichkeit, Körperlichkeit als ersten Signalgeber für Individualität zu nutzen, gilt es, eine höchst eigene, unverwechselbare Persönlichkeit zu präsentieren. Die Zielvorstellung unserer heutigen Zeit ist es, wenn möglich zu einem atemberaubenden Gesamtkunstwerk zu avancieren, die perfekte Selbstinstallation oder aber sein persönliches Denkmal zu Lebzeiten zu werden. Wer das schafft, dem sind die Blicke und die Aufmerksamkeit ja die Gefolgschaft der Twitter-Follower sicher. Persönlicher Kreativität und Selbstpersiflage im Dienste dieses Ziels sind keine Grenzen gesetzt. Denn wer will heute noch ernsthaft als Dutzendware gesehen werden oder hängt seine Identität hauptsächlich an seiner Berufsgruppenzugehörigkeit auf?

Dahinter steht ein langer Weg der Individualisierung des Menschen. Auch wenn uns dies heute nicht bewusst ist, wir uns die heutigen Verhältnisse zu dem, was es heißt, ein ICH zu sein, uns als ICH ZU FÜHLEN, als normal, wahr, wirklich und gar nicht mehr anders möglich vorstellen.

Natürlich können wir davon ausgehen, dass sich auch schon der mittelalterliche Mensch als Individuum begriff, als ein Mensch mit bestimmtem Aussehen, wenngleich dazu im Durchschnitt der Bevölkerung nur eine so verschwommene Wahrnehmung existierte, wie es der nächstliegende Dorfweiher an einem windstillen Sommertag erahnen ließ. Denn Spiegel waren Mangelware und sicher nicht in jeder Köhlerhütte Standard. Die sozialpsychologische Konzeption des ICHs war in strikter Form an die jeweilige Gemeinschaft und das gemeinsame Überleben gebunden, das ICH durch die Zugehörigkeit zu einer definierten Bezugsgruppe und ihrem Regelwerk weitestgehend bereits definiert. Individualismus, der nur den Einzelnen ins Zentrum stellte, wurde nicht geduldet und unterlag der Ächtung. Das Individuum als unabhängige und von der Gemeinschaft zunehmend abgekoppelte Selbstkonzeption, nahm erst einen langen Weg durch die Einflüsse von Renaissance, Aufklärung und Industrialisierung bis in die Moderne. Die damit verbundenen Übergänge von der dörflichen zur urbanen Gesellschaft, vom Obrigkeitsstaat zu Demokratie, von der überlebensnotwendigen Wirtschaftseinheit einer Gemeinschaft hin zu staatlicher Kranken- und Pensionssicherung trugen ihren Teil dazu bei.

Wie hat sich das Verständnis von Lieben als »Kommunikations- und Organisationsform« von notwendiger Bindung und Beziehung, die uns ja wie besprochen evolutionär eingeschrieben ist, in Parallele dazu entwickelt? Liebe als Sinn stiftende Beziehungsvariable des Paars erweist sich bei genauerer Betrachtung als ein relativ junges Auswahlkriterium in der Partnerwahl. Zumindest dann, wenn wir sie in der Bedeutung eines romantischen emotionalen Affekts verstehen. Die Partnerwahl wurde auch bei uns lange Zeit nach wirtschaftlichen und sozialen Statusüberlegungen getroffen. Die Entwicklung von Zugehörigkeit, wechselseitiger Zuverlässigkeit in der Erfüllung der erwarteten Rolle und Kameradschaft war dabei ein ausreichendes emotionales Spektrum zwischen den Partnern. Liebe im Sinn einer heftigen leidenschaftlichen Affektion füreinander war im Standardkatalog der Kriterien für Paarbeziehungen nicht enthalten, ja vielfach gar nicht erwünscht. Das romantische Ideal, das Liebe als beziehungsbegründende Variable postulierte, gestaltete sich erst im 18. Jahrhundert aus und trat danach langsam seinen Siegeszug durch alle Bevölkerungsschichten an.

Man könnte also durchaus zur Annahme kommen, dass mit zunehmender Individualisation auch zunehmend Gestaltungsfreiheit eröffnet wurde, ein auf der eigenen Person und ihrer Spezifität begründetes »Lieben« zu entwickeln.

Interessant ist, dass »Liebe« als Sinn stiftendes Prinzip schon immer zentrales Motiv in Literatur und Kunst war. Angefangen bei Philemon und Baucis, die noch als altes Ehepaar durch ihre Liebe in Eintracht verbunden vor ihrer Hütte sitzen, über Romeo und Julia, bis zu »Love Story« reichend. So wird das »Lieben« immer wieder als die große positive Kraft beschworen. In unzähligen Varianten ist das Wesen der Liebe Thema der Auseinandersetzung.

In einer Gesellschaft, die ihren Mitgliedern einen hochpersönlichen individualisierten Lebensentwurf einräumt, ja diesen postuliert, sind wir nun dort angekommen, wo jeder von uns diese seine große erfüllende Liebe erleben will. Aber irgendetwas muss schiefgegangen sein.

Wie konnte das passieren? Noch nie haben wir derart intensiv über uns nachzudenken vermocht. Noch nie haben wir dank Arbeitszeitbegrenzung und Urlaubsregelung derart viel Zeit für die Gestaltung unserer Beziehungen zur Verfügung gehabt. Noch nie haben wir uns in derart gesicherten wirtschaftlichen Bedingungen und mit medizinischer Rundumversorgung auf höchstem Niveau vorgefunden. Noch nie stand uns also so viel Raum zur Selbstgestaltung eines glücklichen, liebenden Lebens zur Verfügung. Noch nie waren wir so knapp an der Tür zum Paradies und scheinen dennoch am weit geöffneten Tor laut lamentierend und unser Schicksal beklagend beständig vorbeizulaufen. Luzifer steht in der lässigen Verkleidung eines Geschäftsmanns mit einem frechen, kleinen Panamahut auf dem Kopf daneben und reibt sich angesichts der Tatsache die Hände, dass 38% der europäischen Bevölkerung eine klinisch relevante psychische Beeinträchtigung aufweisen, sprich unglücklich sind.

Wo sind wir in unserer ICH-Werdung falsch abgebogen und haben damit selber das Grundprinzip der Lebendigkeit, »das Lieben«, verraten?

Das losgelöste ICH

Nennen wir sie Katharina, denn sie ist eine in der Öffentlichkeit bekannte, bewunderte und beneidete Person. Ich kam anlässlich eines Sommerschulfests mit ihr ins Gespräch, bei dem sich Eltern etwas am Rande stehend zusammenrotten, während ihre Kinder beim Sackhüpfen konkurrieren. Der übliche Small Talk will abgespult sein, während man aus Plastikbechern Mineralwasser schlürft oder mit dem Fortschreiten der Veranstaltung dann zum selbstgemachten Kuchenbuffet mit Kaffee vordringt. Und wir redeten natürlich über die Kinder. Dass ich vier Kinder habe, schien sie bemerkenswert und hinterfragenswürdig zu finden. Als Trägerin des Emblems »reich und schön« hatte sie auch jene leicht fordernde, offensive Art an sich, mit der Vertreter dieser Spezies gerne ihre Machtposition demonstrieren. Mit anderen Worten, sie war taktlos. »Du hast sicher jede Menge Schwangerschaftsstreifen, nach vier Kindern«, meinte sie irgendwann in einem Tonfall, in dem sich kalte Forscherlust und konspirative Schwesternschaft im Widerstreit zu befinden schienen. Das »Du« reklamierte sie schlichtweg aus der Elterncommunity heraus als selbstverständlich.

»Nicht einen«, versetzte ich knapp und nahm einen Schluck aus meinem Becher. Meine so demonstrierte Coolness machte sie neugierig.

»Du bist Gynäkologin«, hakte sie nach.

»Auch«, gab ich zur Antwort, »aber das hat damit nichts zu tun. Einfach gutes Gewebe und nicht zu viel zugenommen.« Mein Ton war sachlich, deskriptiv, abgegrenzt, emotionslos, obwohl ich meine eigene Körperlichkeit beschrieb. Das schien ihr zu vermitteln, dass wir so was wie »Freundinnen« waren, und sie wurde plötzlich vertraulich: »Ich habe mir im siebenten Monat drüben in den Staaten einen Kaiserschnitt wegen möglicher Schwangerschaftsstreifen machen lassen. Die Kleine war dann noch ein paar Wochen im Brutkasten, aber alles top versorgt, und ich habe mich wenigstens wieder erholen und shapen können.« Während sie erzählte, schien sie mir durchaus mit ihrer Vorgehensweise im Reinen zu sein. »Alles im Griff,« strahlte sie mich zum Abschluss noch an, »als ich sie aus der Klinik bekommen habe, hatte ich schon fast wieder meine Figur.« Jetzt wirkte sie fast wie ein kleines Mädchen, das Zustimmung, wenn nicht sogar Lob von mir erwartete. Fehlte nur noch, dass sie sich vor mir im Kreis drehte, um mir ihren »Body« von allen Seiten als perfekt vorzuführen.

»Alles im Griff«, wiederholte ich, ließ meinen Blick zu unseren beiden Mädchen wandern, die gerade voller Enthusiasmus im Stafettenlauf ihres Teams einen Ball durch einen Parcours dribbelten und drehte mich dabei um. Mir war speiübel. Dies war kein Einstieg in eine intensive Freundschaft zwischen Katherina und mir.

Katharina ist zugegeben ein Extrembeispiel, der Prototyp des losgelösten ICHs, eines Menschen, der nur mehr sich und seine persönlichen Bedürfnisse wahrzunehmen versteht und dies sogar im Bezug auf sein eigenes Kind. Der losgelöste Mensch ist nach meiner Beobachtung jener, der sich nicht mehr in Einbettung und im Spannungsfeld der Gemeinschaft und eines anderen Gegenübers befindet, sondern einer, der in seiner Wahrnehmung ganz auf sich selbst fixiert ist.

Den historischen Ausgangspunkt dieser Abkehr vom Kollektiv oder auch das Misstrauen gegen Gemeinschaft als Einstieg in einen Individualisierungsprozess, der sich von einem Gegenüber loszulösen trachtet, sehe ich im Schrecken und der tiefen unbewussten Beschämung, die der zweite Weltkrieg hinterlassen hat. Als sich die Feuerstürme gelegt und Staub und Asche auf den Boden gesenkt hatten und als die ersten Sonnenstrahlen des neuen Tages das ganze Ausmaß der Verwüstung und des Wahnsinns menschlichen Zerstörungsvermögens beleuchtete, muss im kollektiven Unbewussten aller Überlebenden ein Grauen über die Macht, die kollektive Ideologien zu entwickeln im Stande sind, erwacht sein. Selbst wenn jeder Einzelne für sich eine plausible Rechtfertigung für seinen Part schnitzen konnte, selbst wenn keiner, der den Krieg überlebt hatte, sich erinnern konnte, beim Anschluss auf dem Heldenplatz gewesen zu sein, selbst wenn jeder Befragte zu allererst sich selber glaubwürdig vermitteln konnte, dass er, gerade er, nichts von der Existenz von Konzentrationslagern gewusst hatte: Es muss doch in dieser Nachkriegsgesellschaft und genauso bei jenen, die auf der anderen Seite gestanden sind, als Reaktionsbildung zu einem tiefen und in der Folge unaufgearbeiteten

Vertrauensverlust in die positive Kraft von Gemeinschaft gekommen sein. Denn alle haben es gewusst, haben gewusst, dass es diese Vorkriegsgemeinschaft war, die die Weichen gestellt, die Feindbilder gepflegt und geeignete Protagonisten eingesetzt hat. Wer dazu ein sehr schonungsloses Zeugnis nachlesen möchte, blättere in Sebastian Haffners Werk »Die Geschichte eines Deutschen.« Und natürlich haben auch alle anderen Nationen und jene, die in Übersee saßen, ihren historischen Part im Weltkonfliktklima gespielt. Der nachfolgende Bildersturz von Tradition, die kollektive Weisungsverweigerung der 68er gegenüber der Vorgeneration, die Forderung nach Selbstbestimmung von Moral und Ethik tragen allesamt bereits als zentrales Credo das sich selbst ins Zentrum stellende, von den Zwängen und Vorgaben einer Gemeinschaft losgelöste ICH. Grundsätzlich keine schlechte Idee. Statt einer obrigkeitsorientierten Rudelgefolgschaft das freie, selbstbestimmte, selbstdefinierte Individuum entwickeln zu wollen, das sich, sein spezifisches Sein und seine Bedürfnisse realisiert und vertritt, scheint ein Selbstverantwortung stärkender Ansatz zu sein. Das klingt ausnehmend gut, nahezu prophylaktisch gegen bösartige Vermassungstendenz. Ja, das klingt nahezu ideologieresistent. Diese Veränderung des Menschenbilds wäre auch absolut begrüßenswert gewesen, wäre sie damals beginnend und bis heute weiter fortgesetzt, als ein Prozess erfolgt, in dem ein »ICH«, das sich in die Grundmatrix von gemeinsam lebender Gemeinschaft eingebettet versteht, seine Entwicklung in der individuellen Selbstentdeckung genommen hätte.

Hat es aber nicht, so viel ist sicher, denn das hätte bedeutet, als tiefstes kollektives Fundament unserer inneren, unsere psychische Grundstruktur definierenden Überzeugungen, so etwas wie Verbindlichkeit zum Ausgang der Individualisation zu machen. Stattdessen haben wir Luzifers Verführung im aufkeimenden Wirtschaftswunder nicht zu widerstehen vermocht. Das »losgelöste ICH«, das auf sich selbst zentrierte ICH, sich bespiegelnde und für sich raffende ICH ist zum Prototypen geworden. Jenes, das eine vom anderen losgelöste eigennützige Selbstbestimmung zunehmend zum erklärten Ziel macht, koste es, was es wolle. Wir haben alle dabei mitgemacht, ich auch. Wir waren als die Erben der 68er unterwegs. Gerade in unseren studentischen Zirkeln, denen früher eine Zeit der Bildung, nicht nur Ausbildung, zugestanden wurde, war der Raum vorhanden, sich gesellschaftlichem Umdenken zur zentralen Bedeutung des Individuums im Spannungsfeld atmosphärischer und politischer Prozesse experimentell zu widmen. Das ICH und seine selbstzentrierte Entwicklung wurde zum Dogma. Die unterschiedlichsten, uns in ihrer Bedeutung damals gar nicht bewussten und aus heutiger Perspektive lächerlich anmutenden Blüten begleiteten diesen Prozess. Selbstuntersuchungsgruppen waren Anfang der 80er-Jahre zum Beispiel der große Renner, auch wenn wir sie heute alle in tiefen Winkeln unseres Gedächtnisses vergraben haben. Mit der damaligen Bibel »Getting Clear« ausgerüstet und mit Plastikspekulum und Spiegel bewaffnet, nahmen wir als junge, aufklärerischer Selbstbestimmung verpflichtete Frauen in kuscheliger Gruppenatmosphäre die Tiefen unserer Weiblichkeit in anatomischen Besitz. Wir setzten zugleich ein kämpferisches Signal gegen eine männlich-chauvinistisch besetzte Frauenheilkunde, diskutierten Masters und Johnsons Sexualreport und explorierten den technisch korrekten Zugang zu UNSEREM Orgasmus, der ganz alleine uns gehörte und den wir unseren Müttern als Vertreterinnen einer kollektiven, repressiven Sexualmoral gleich vorweg abgesprochen hatten.

Heute bin ich mir dabei allerdings gar nicht mehr sicher, ob es unsere Mütter unter ihren pludrigen Daunenbettdecken mit unseren Vätern nicht mindestens ebenso spannend hatten und dieses Gefühl der Befriedigung, woraus auch immer es sich zusammensetzt, genauso erlebten wie wir, ihre sich um demonstrative Selbstbestimmung abmühenden Töchter.

Auch die Gestaltpsychologie nahmen wir in unseren Dienst und interpretierten die berühmte Aussage »Ich bin nicht da, um deinen Erwartungen zu entsprechen und sie zu erfüllen und du nicht, um die meinen zu bedienen«, gleich dergestalt um, dass wir den ersten Teil als argumentatives Mantra vor uns hertrugen und der zweite Teil in der täglichen Beziehungsabwicklung elegant unter den Tisch rutschte. In Wirklichkeit war unser Verhalten der Vorbote eines Infantilisierungsprozesses, in dem das losgelöste ICH bekommen, aber nicht geben will und raffiniert alle zur Verfügung stehenden Register zieht. Aber damals spürte sich dieser kollektive EGO-Trip einer sich intellektuell wähnenden Speerspitzenschicht sozialpsychologischer Heroen großartig an. Wir knusprigen 20-Jährigen saßen mit 15 oder 20 Jahre älteren respektablen, die große Welt verkörpernden Männern und ein paar gleichaltrigen Burschen in unseren Gestaltgruppen, während die dazugehörigen Frauen, einem nach wie vor sehr traditionell aufgesetzten Rollenbild entsprechend, daheim die Aufzucht der Kinderschar ohne eigenes Einkommen besorgten. Wir arbeiteten fieberhaft am Herausdestillieren UNSERER Bedürfnisse. Naheliegend, dass wir ziemlich häufig auf die fast magisch geschmeidig anmutende Übereinstimmung unserer wechselseitigen Bedürfnisse und bereitwillige Kooperation in ihrer Erfüllung mit diesen Männern stießen. Wir schienen mit dieser freien Selbstbestimmung in Zeiten, in denen wir an AIDS noch vorbeisehen konnten und uns die Pille breitflächig zur Verfügung stand, eindeutig den Stein der Weisen gefunden zu haben, zumindest in unseren Selbsterfahrungsgruppen. Während den uneinsichtigen, reklamierenden Ehefrauen attestiert wurde, Zwang ausüben zu wollen und in ihrer ICH-Entwicklung eindeutig nicht mehr am Puls der Zeit zu stehen. Das hat eine Menge der heute 70, 75 Jahre alten Frauen produziert, die damals unter dem Druck wirtschaftlicher Abhängigkeit und traditioneller Rollenbilder laut hörbar die Zähne zusammenbissen, um heute wenigstens ihre gesicherten Witwenpensionen beziehen zu können.

Unterstützt und, meinem Empfinden nach, im kollektiven Unbewussten weiter fest verankert wurde dieses »losgelöste, zunehmend nur mehr sich selbst wahrnehmende ICH« durch die Entwicklungen der Weltpolitik. Ein rundes Vierteljahrhundert ist es her, dass die großen Blöcke aufgelöst, der Kampf des Westens mit dem Osten zu Ende gegangen ist und die letzten autokratischen Regime in unserer Nachbarschaft zum Sturz gekommen sind. Wir haben es alle live mitverfolgt und diesen historischen Wendepunkt freudentaumelnd gefeiert. Berechtigt, denn der Westen stand für die große Freiheit des selbstbestimmten Individuums, der Osten für ein repressives, die Seele des einzelnen Menschen verkrüppelndes und staatlichen Zwängen unterwerfendes System, das Individualität unterband. Auch wenn bei differenzierter Betrachtung durchaus Bedenken zu dieser Generalinterpretation anzumelden sind. Der Westen verfügte vielleicht nur über diffizilere, unterschwellig manipulative Vermassungsmethoden. Und in autokratischen Systemen erfolgte in selbstgeschaffenen Enklaven in manchen Bevölkerungssegmenten auch sehr bewusste Individualisierung. Dennoch genießt diese schwarz-weiße Sichtweise den Status von Wahrheit. Ja, und – nicht zu vergessen –, wir und all jene sind die Gewinner, denen es gelungen ist, unsere Denke und die ihr zugrunde liegenden Überzeugungen und Glaubensgrundsätze raschestens zu übernehmen. Das sind jene, die heute zum Beispiel in Bukarest in ihren Hummer-Limousinen oder Porsche-Cabrios an dreckigen verkrüppelten Straßenkindern vorbeidüsen, die sich darum balgen, ihre Windschutzscheiben putzen zu dürfen.

Der Sieg des Kapitalismus über den Kommunismus steht gleichzeitig für die Überlegenheit des Individuums über das Kollektiv und wurde somin eindrucksvoll demonstriert. Damit hat allerdings gleichzeitig die Ideenwelt eines banalen Materialismus den Siegespreis errungen. Unser kapitalistisches Glaubensbekenntnis, eingemeißelt in unser Hirn und uns aufgeschweißt als scheinbar zwingender Filter und als Organisationsprinzip unseres Erlebens, ist der Dreifaltigkeit von Konsum, Steigerung und Konkurrenz verpflichtet und unser wirkliches tägliches Nachtgebet. Ein echter historischer »Booster« für unser kollektives Unbewusstes. Die Botschaft, dass wir die Krone der Schöpfung wären, hört sich in den letzten 25 Jahren zunehmend glaubwürdig und Lebensglück verheißend an. Und zwar nicht im Kollektiv, mit vereinten Kräften, und jeder auf jeden ein wenig schauend, damit sich die Kompetenzen und Fähigkeiten in einem derart fördernden Klima multiplizieren mögen, wie man es in zahlreichen gruppendynamischen Arbeitssettings beforscht hat. Sondern jeder für sich genommen und ganz auf sich allein achtend.

Und wir dürfen nicht vergessen, wie sehr uns diese Sichtweise schmeichelt. Werbung ist ein guter Indikator für gesellschaftliche Überzeugungen, denn Werbung muss dort abholen können, wo jeder Einzelne gerne wäre. Und die Werbung suggeriert uns nicht nur Einzigartigkeit, sondern vielmehr Großartigkeit. »Nimm dir, was du brauchst, nur das Beste ist gut genug für dich«, war eine äußerst erfolgreiche Botschaft, die wir alle gerne angenommen haben.

Schrittweise begann dieses zunehmend aus der Gemeinschaft in seiner Selbstverortung losgelöste ICH immer selbstsüchtigere Züge anzunehmen. Wir sprechen heute routinemäßig vom »gesunden« Egoismus im Brustton akzeptierter Wahrheit und meinen damit eigentlich bereits selbstbespiegelnden Narzissmus. Wenn mir eine junge Patientin und ehrgeizige Studentin an der Wirtschaftsuniversität von den hohen Durchfallquoten bei Prüfungen erzählt und mit großer Befriedigung hinzufügt, dass damit Konkurrenten um zukünftige Jobs ausscheiden, wird diese Überlegung nicht vom klitzekleinsten Einwand einer möglichen zarten Kameradschaft hinterfragt. Man muss die Nase eben immer vorn haben. Je mehr zurückbleiben, umso besser. Ist doch logo.

Ich frage mich allerdings mit einem leichten Kälteschauer, welches Klima unter Studenten heute wohl herrschen mag. Arbeitsbündnisse werden nur mehr nach unmittelbarem persönlichem Nutzen eingegangen. Nicht wie in unserer Zeit, als wir einander bei der Präparation der anstehenden Regionen bei der Leichensektion einfach unter die Arme griffen, wenn es für einen von uns einmal eng wurde und er sonst aus dem Kurs zu fallen drohte. Wir sahen einander nicht als potentielle Konkurrenten um eine zukünftige Arbeitsstelle, sondern als zukünftiges, in gemeinsamen Erlebnissen gewachsenes Kollegennetzwerk in einem, sicher naiv beseelten, »Kampf gegen Krankheit«.

Doch diese Haltung der Orientierung am Eigeninteresse erfuhr im euphorischen Klima des siegreichen Kapitalismus immer mehr die Zuschreibung evolutionärer Tauglichkeit. Während die Idee, Kollektivinteressen voranzustellen, zunehmend mehr in den Ruf einer rückwärtsgewandten, untauglichen Verstaubtheit geriet. Die unproduktiven und oft in skurriler Weise Leistung vorspiegelnden Kombinate und Kolchosen des ehemaligen kommunistischen Systems, dienten gerne als Referenz für die Unbrauchbarkeit einer Gesellschaft, die für die Entwicklung von Eigeninitiative, Entrepreneurship und Wettkampf zu wenig Raum gewährt, die Entwicklung von Individualität also blockiert hatte. Das klang vollkommen logisch in unseren Ohren. Und es hat in der Folge einem brutalen Raubtierkapitalismus den Boden geebnet. Man hätte allerdings hier auch genauer hinschauen können, um festzustellen, dass das eigentliche Gegensatzpaar nicht Kommunismus versus Kapitalismus heißt, sondern extraktives versus inklusives Wirtschaftskonzept.

Sowohl der Lebenszyklus aller Wirtschaftshabitate auf dem gesamten Globus, wie auch die historische Längsschnittbeobachtung der jeweiligen Entwicklung eines Staates oder Gebietes, legen nahe, dass weniger die auf die Flagge geheftete und benannte Ideologie eines Systems entscheidet, sondern vielmehr der Modus, wie diese gelebt wird. In extraktiven Gebilden, die auf die Bereicherung einer kleinen Nomenklatura, egal unter welchem Titel oder unter welchem Kleid versteckt, ausgerichtet sind, erlebt der Einzelne wenig Anreiz, innovativ und selbstbeteiligt zu sein. Alle Strukturen sind dort darauf ausgerichtet, die Früchte seiner Initiative und seines Einsatzes nicht in gerechter Form zwischen ihm und einer Gemeinschaft aufzuteilen, sondern durch ein zwingendes, oft an willkürlichen Kriterien eines Regelwerkes geknüpftes Verteilungssystem, nur einer kleinen Minderheit zukommen zu lassen.

In inklusiven Systemen ist das wirtschaftstragende Regelsystem dagegen darauf ausgerichtet, möglichst vielen Menschen Anreiz und Remuneration für ihre Beteiligung und Leistung zukommen zu lassen und in gerechter Form für die Schwächsten zu sorgen. Wir hätten also anlässlich des Zusammenbruchs des kommunistischen Systems vielleicht nicht unbedingt in arroganter Siegeslaune den Triumph des kapitalistischen Wirtschaftssystems stupide abfeiern, sondern uns vielmehr etwas genauer die dahinter stehenden Mechanismen ansehen sollen, um für unsere eigene Zukunft zu lernen. Aber sich selber zu feiern ist natürlich viel kurzweiliger, als sich die Ärmel aufzurollen. Aus der Niederlage eines anderen Selbstbestätigung und Bekräftigung für die eigene eingeschlagene Richtung zu beziehen, fühlt sich eben so viel bequemer an, als kritisch mit sich selbst zum eigenen Tun die jeweils notwendige begleitende Gewissenserforschung zu betreiben.

Und so haben wir zuerst leise und versuchsweise und dann immer lauter und selbstverständlicher behauptet, dass »Wirtschaft eben Krieg« ist, ein »zu akzeptierender Verdrängungskampf«. Wir haben damit einen elenden Vulgärdarwinismus unter dem geliehenen Banner des »survival of the fittest« mit neoliberaler Haltung installiert. Und wer dagegen ist, outet sich als Weichei und Warmduscher. Deswegen hören wir im zum Nachdenken anregenden, 2013 erschienenen Film »Alphabet« von Erwin Wagenhofer einen Manager auch unwidersprochen von Konkurrenzorientierung als allerwichtigstem Kriterium für seine Auswahl nachwachsender Jungmanager sprechen. Alles andere sei unnötiges Brimborium. Beinharte Killer-Mentalität gehört, seiner Meinung nach, herangezüchtet. Damit es auch für alle klar wird, wie sie ihre Kinder zu erziehen haben, wenn sie im Rattenrennen um die besten Plätze vorne liegen sollen.

Immer mehr entstand in den letzten Jahren eine Rechtfertigungsideologie, die logische, wenngleich Züge von Unmenschlichkeit tragende Mechanismen im Wirtschaftsleben als scheinbar unumgänglich für die »evolutionäre Fitness« darstellt. Vordergründig war von einer »Befreiung des Marktes von Regulation« die Rede, dem freien Spiel der Kräfte, die den härtesten, schnellsten, gefräßigsten, schärfsten, rücksichtslosesten, also egoistischsten und damit besten Mitspieler in einem evolutionären Sinn den gerechtfertigten Sieg davontragen lässt. Sorry, tut leid, aber so funktioniert die Welt, das ist das Prinzip der Evolution. Da kann man dann nicht wirklich etwas entgegensetzen, wenn einem eine Haltung als Naturprinzip verkauft wird. Gleichzeitig wird damit Gefühlen der Stellenwert einer Behinderung gegeben. Denn da ist eben kein Platz für Gefühle, sonst bist du weg vom Fenster, einfach gefressen. Gefühle kann sich im Wirtschaftsleben ein verantwortlicher Manager gar nicht erlauben. Es wäre nahezu sträflich, Entscheidungen nicht emotionsbereinigt treffen zu wollen. (Ge)Fühllosigkeit wird so ein evolutionär definierter Erfolgsfaktor.

Ein fataler, wenngleich für ein paar Wenige äußerst lukrativer Denkfehler. Dem hätte Martin A. Nowak, Professor für Biologie und Mathematik in Harvard, in seinem gemeinsam mit Roger Highfield herausgegebenen Buch »Super Cooperators, Altruism, Evolution, and Why We Need Each Other to Succeed« einiges sehr schlüssig entgegenzusetzen. Doch auf die Mahnungen von Wissenschaftlern wie ihm oder Richard Wilkinson, der in 30-jähriger Forschung die überragende Bedeutung von Verteilungsgerechtigkeit für unser aller psychische wie physische Gesundheit demonstriert, vermögen die wenigsten von uns zu hören. Das hat mit der sozialpsychologischen Wurzel des losgelösten, fühltauben ICHs zu tun. Und mit jenem kleinen Jungen, der uns im nächsten Kapitel begegnen wird, und der übrigens bevorzugt auf den Spielplätzen von Macht, Politik und Einfluss zu finden ist.

Die alte Geschichte von Narziss

Narziss hatte schon einen denkbar schlechten Start ins Leben. Er wurde nicht in der liebevollen Umarmung weiblicher Hingabe an männliche Kraft gezeugt, sondern war ein Produkt weiblicher Ohnmacht, die sich männlicher Gewalt nicht hatte entreißen können. Seine Mutter, die Wassernymphe Leiriope, wurde vom Flussgott Kephissos praktisch im Vorbeifließen, weil ihm eben danach war, vergewaltigt. Dass er deswegen von Poseidon bestraft worden wäre, wie manche berichten, ist krasses Wunschdenken und Übertreibung. Denn dafür, dass Poseidon ihn letztendlich unter die Erde schmetterte und versiegen ließ, war ein Streit zwischen Hera und Poseidon verantwortlich, in dem Kephissos vormals als Schiedsrichter tätig gewesen war und Hera den Vorzug gegeben hatte. Also kein Wirken von Gerechtigkeit, sondern einfache schnöde Rachsucht.

Nun wurde diese Vergewaltigung damals gerade einmal im Rang eines Kavaliersdelikts gesehen. Denn Leiriope war als Nymphe nur eine niedere Gottheit und Kephissos ein Abkömmling der Titanen. Dennoch können wir uns lebhaft vorstellen, was das in der realen Welt, in Zeiten von fehlendem Karenzgeld für alle und ohne Mutterschutzperiode, für Leiriope geheißen haben würde. Alleinerzieherinnentum war ein hartes Brot, staatlicher Vorschuss nicht vorgesehen, der Vater längst vorbeigezogen und wahrlich unauffindbar. Denn nie steigen wir bekanntlich zweimal in denselben Fluss. Es ist Leiriope eigentlich hoch anzurechnen, dass sie das Balg zumindest zur Welt brachte und so etwas wie rudimentäre Bereitschaft zeigte, es aufzuziehen. Denkbar ist auch, dass Leiriope jenen Sohn in seiner frühen Kindheit mit all jener Zärtlichkeit überschüttete, die seine Begründung hatte vermissen lassen, sozusagen, um den gewalttätigen Beginn irgendwie ungeschehen zu machen. Egal, ob Narziss von seiner Mutter seelisch zu Tode gestreichelt oder aber vernachlässigt wurde, wir dürfen als gegeben annehmen, dass er einander liebende Eltern nie erlebt und keine normale Kindheit durchlaufen hat. Eine Kindheit, die sich an ihm und seinen tatsächlichen Bedürfnissen orientiert hätte und nicht an denen seiner Mutter und dem Bild eines nicht gegenwärtigen Vaters. Noch dazu verfiel Leiriope einem Hang zum Okkulten und hatte, kaum dass Narziss die ersten Sandalchen an seinen Füßchen hatte, den Seher Teiresias zur Zukunft ihres Sohns befragt. Dieser hatte, ganz entsprechend seiner Angewohnheit, düster zu orakeln, Narziss nur dann ein langes Leben vorausgesagt, wenn dieser sich selber nie erkenne. In Folge dessen wuchs Narziss zu einem ziemlich gestörten Jugendlichen heran, der hauptsächlich, wie das dann eben der Fall ist, mit sich selbst beschäftigt war.

Wenn Menschen seelisch stark beeinträchtigt sind, so bieten ihnen gegebene Talente natürlich eine besondere Plattform, um ihre Störung Gestalt werden zu lassen. Und Narziss war schön, sogar außerordentlich, auffallend schön, und hatte damit eine Quelle entdeckt, diesem ungestillten, kleinen verknitterten ICH endlich Aufmerksamkeit durch die Beachtung durch andere zu geben. Denn wenn es uns nicht gelingt, uns in der frühen Kindheit in der Welt als heimatlichem, sicheren Ort einzunisten, wir in uns selbst keine Geborgenheit finden, dann sind wir logischerweise beständig auf der Suche nach Rückspiegelung durch andere, die uns verdeutlichen sollen, dass wir da sind. Gelandet und, was noch ganz besonders wichtig ist, erwünscht.

Narziss zog also die Blicke aller auf sich, egal ob Mädchen oder Junge, alle verliebten sich in ihn und wollten ihn haben. Doch Narziss hatte nicht gelernt, mit der Liebe umzugehen, und außerdem war dieses Bad in ständigem Begehren und Umschmeicheln so verführerisch, dass die Festlegung auf ein Gegenüber für ihn nahezu an Idiotie gegrenzt hätte. Da er das Gefühl, das hinter dem Begehrtwerden wartete, nicht kannte, verschmähte er letztendlich jede Bewerberin und auch die Jungs, die ihm nahe kommen wollten. Narziss verhielt sich wie einer, der die glitzernde, bunte Verpackung für das Ganze hält und dabei das eigentliche Geschenk übersieht. Die anderen, jene, die sich um Narziss mit Herzenswärme bemühten, fanden das auch nicht wirklich lustig und kamen zur Einsicht, dass er arrogant und aufgeblasen und noch dazu eine ziemlich hohle Nuss sein müsse. Doch Narziss war außergewöhnlich schön, und so hielt sich sein Modell, das viele gebrochene Herzen und verschmähte Liebende produzierte, bis er eines Tages an die Bergnymphe Echo geriet. Die schöne junge Frau, die von Hera ihrer Sprache beraubt worden war, verliebte sich in Narziss und wurde von ihm durch seine schmähliche Ablehnung schrecklich beschämt. Echo, auch nicht so ganz mit dem stabilsten Nervenkostüm ausgerüstet, verkroch sich daraufhin in ihrer Kränkung in eine Höhle, verweigerte jede Nahrung und verfiel, bis sie so verkümmerte, dass nur mehr ihre Stimme von ihr blieb und ihre hageren Gebeine jene Felsen wurden, die das Echo widerhallen lassen. Die Geschichte mit Echo wirbelte mächtig Staub im Olymp auf. Es kam ziemlicher Unwille gegen diesen geckenhaften, von sich selbst eingenommenen Jüngling Narziss auf. Kein Wunder, denn Echo war ja wunderhübsch gewesen, und zumindest die männlichen Gottheiten hätten da ihrerseits noch andere Verwendung für das Mädchen vorgehabt. Sie hatten so gar kein Verständnis für die Handlungen von Narziss, denn pure bodenlose Arroganz war eigentlich ihnen vorbehalten. Also beschlossen sie, dass es genug und Strafe angesagt wäre, nur um wieder einmal für alle Sterblichen klarzustellen, wie das Universum so funktioniert.

Das rief dann die Erinnyen auf den Plan, die sich in bewährter Form der Sache annehmen sollten. Grundsätzlich keine besonders schwierige Aufgabe, denn Narziss' Charakterdeformation war, obwohl so schillernd, leicht zu analysieren. Die meiste Zeit des Tages war er damit beschäftigt, die für ihn so lebensnotwendige Aufmerksamkeit zu bekommen, das heißt er war »laut« und mit seiner Selbstdarstellung beschäftigt, schwang große Reden, belehrte mit Vorliebe andere zum Leben und seinem Fließen, ließ den

Souveränen raushängen, dessen Gunst es zu erringen galt, oder war charmant und spielte den Einfühlsamen, um die dann derart Umgarnten von der nächsthöchsten Klippe wieder in die Schlucht der Bedeutungslosigkeit stoßen zu können. Sonst fuhr er noch mit verschiedenen chromblitzenden Motorrädern in der Gegend umher und klimperte gar nicht so schlecht auf seiner Gitarre, wenngleich ihm durch den Mangel an Leidenschaft und Hingabefähigkeit der Durchbruch zu wahrer Größe verwehrt bleiben musste. Nach kurzem Studium von Narziss ließ sich die ganze Angelegenheit dann auch bravourös und zur Warnung für mögliche Nachahmer ziemlich eindringlich und demonstrativ erledigen. Dieser für die wirkliche emotionale Wahrnehmung anderer Menschen so seltsam abwesend, ja betäubt anmutende Jüngling blickte alsdann in einen Weiher und verliebte sich restlos und absolut – in sein eigenes Spiegelbild. Der Legende nach verzehrte sich Narziss so sehr nach sich selber, dass er sich mit seinem Spiegelbild vereinen wollte, ins Wasser stürzte und ertrank. Einer anderen Version zufolge fiel ein Blatt ins Wasser. Das derart verzerrte, hässliche Bild seiner selbst soll Narziss so ins Unglück gestürzt haben, dass er sich daraufhin selbst ins Wasser stürzte, um seinem Leben ein Ende zu bereiten.

Narziss' Geschichte offenbart die ganze Tragödie des lebensverleugnenden Prinzips des Narzissmus, die der derart geprägte Mensch zu tragen hat. An Echos Geschichte wird uns bereits die maligne Potenz, die Narzissten auf die Menschen ihrer Umgebung auszuüben vermögen, verdeutlicht. Sie kränken, werten kaltherzig ab, verstoßen, demütigen wo sie es nur können, sind zu keiner tieferen Anteilnahme fähig und stoßen damit jedem, der sich ihnen mit offenem Herzen nähert, den Dolch genau in dasselbe. Narzissten produzieren massives Leiden in ihrer Umgebung. Trotzdem wirkt ihre oft maschinenhaft logisch begründete, von keiner Empathie für den anderen Menschen gebremste Argumentation ihres Handels gleichzeitig für den außenstehenden Betrachter oder Therapeuten seltsam »unschuldig«. Narzissten gehen fühltaub, gleichsam narkotisiert für die tiefere emotionale Wahrnehmung anderer Menschen durchs Leben, weil ihre gesamte Aufmerksamkeit nur sich selber gilt. Interessant ist dabei, dass das griechische nárkissos, von dem sich der Narzisst ableitet, wahrscheinlich volksetymologisch angelehnt an nárkē, mit der Wortwurzel der Narkose verwandt ist.

In einer Paarberatung, in der es um Sexualprobleme ging, hatte ich einmal folgende Szene zu bewältigen: Der männliche Partner litt unter Libidoproblemen und damit einhergehenden Erektionsstörungen, war aber grundsätzlich von seiner sexuellen Spannkraft vollkommen überzeugt. Seine Partnerin, die um die Beziehung bemüht und im Hinblick auf die Sexualproblematik ihrerseits seltsam schuldbewusst wirkte, saß wie in seinem Schatten daneben und schien immer mehr in sich zu versinken, als er schließlich zu seiner Theoriebildung der Problematik des Ehebetts referierte: »Das Problem«, begann er, «liegt bei meiner Frau. Kein Esprit, keine Überraschung, keine Fantasie. Gut, dass sie nie der Knaller war, ist ja nichts Neues, aber früher hatte sie eine echt tolle Figur. Jetzt, nach den Kindern, ist das einfach für jeden Mann optisch nicht attraktiv. Zellulitis an den Oberschenkeln, zehn Kilo mehr, Schwangerschaftsstreifen auf dem Bauch, und von den Brüsten brauchen wir gar nicht zu reden. Das kann ja einfach nur an ihr liegen, dass da bei mir nichts mehr abgeht. Komm Elvira, steh einmal auf und zeig der Frau Doktor diesen Hintern!« Damit lehnte er sich zufrieden zurück, davon überzeugt, mir für die weitere therapeutische Arbeit den Kern des Problems demonstriert zu haben. Dafür, dass sich seine Frau zu diesem Zeitpunkt tief beschämt, bloßgestellt und als Mensch abgewertet fühlte, schien er absolut keine Wahrnehmung zu haben. Kennen Sie den Begriff »Fremdschämen«? Dieser Mann brachte mich für einen Moment mit seiner Logik und Kälte wirklich aus dem Konzept.

Aber der Mythos zeigt uns weitaus mehr, als die emotionale Betäubung der Narzissten gegenüber den Gefühlen anderer Menschen und die fatale Wirkung, die sie auf ihr Gegenüber und dessen Selbstwert auszuüben vermögen. Die Legende offenbart uns auch die Tragödie, die diese Haltung für den Betroffenen selber in seinem Lebensverlauf entwickelt. Narziss kommt nie zur Ruhe. Er kann nie in der Umarmung eines anderen Menschen, in der tiefen wechselseitigen Hingabe ein wirkliches ruhiges Angenommenwerden erleben. Er bleibt immer einsam und beständig gedrängt, nach neuer Selbstbespiegelung zu suchen. Manisch muss konsumiert, Erfolg gesucht und gejagt werden. Und das Erreichen jedes Zielobjekts verschafft nicht den ersehnten Frieden des Ankommens, sondern nur ein Momenterleben des Triumphs, da im Seelenleben keine Resonanz zum Erlebten zu finden und damit kein Wirklichkeitserleben erreichbar ist. Stattdessen treibt der sich einstellende Zweifel einen ewigen Kreislauf des Weitermachens, des Noch-Mehr-Wollens unermüdlich an. Narzissten sind ewig Getriebene, Schiffe, die nie einen Hafen erreichen. Und das, obwohl sie gar nicht wirklich in die lebendige See zu stechen vermögen, immer muss es weitergehen, immer muss es Neues, mehr, anderes sein, nie darf die ersehnte Ruhe eintreten, denn Stille konfrontiert mit der inneren Leere. Jeder Erfolg, sei er noch so groß, verblasst sogleich und wird nur zu einem vorübergehenden Triumph, einem kurzfristigen High. Narzissten weisen oft beeindruckende Lebensläufe auf, sind blendende Kommunikatoren hinter ihrer einsamen Fassade, herzlose Vorgesetzte, die sich selber am meisten peitschen und dennoch nur Verachtung für den Einsatz von anderen kennen. Sie sind hoch manipulativ und lügen treuherzig und vollkommen authentisch, weil »ihre Geschichte« immer wahr sein muss. Sie instrumentalisieren jeden Menschen in ihrer Umgebung für die eigene Selbstbespiegelung unter einem weiten Repertoire von Druck, Abwertung, aber auch Umgarnung und Umschmeichelung, sind charmant und wirken einfühlsam wie ein Samthandschuh, der sich um das Herz des Gegenübers legt, um es letztendlich gnadenlos zu zerquetschen. Oft sind sie Führungskräfte, aber immer führen sie, und sei es noch so subtil, das Regiment in ihrer sozialen Bezugsebene. Trotzdem bleiben sie tief einsame Menschen. Fühlen macht ihnen Angst, wirkliche Öffnung, meiden sie, wie der Teufel das Weihwasser. Vor dem Risiko, ihr Herz zu öffnen, graut ihnen, und so bleiben sie verdammt zu einem Leben hinter der Glasscheibe. Solange sie mit hohem Energieaufwand zu faszinieren verstehen, scheint die Rechnung aufzugehen. Ein Erfolg fädelt sich perlenschnurartig an den nächsten, Partner werden instrumentalisiert, genossen, konsumiert und weggeworfen, oft mit dem Triumph einer Demütigung des Gegenübers verbunden. Skurrile, sinnbefreite Sammlerleidenschaften oder Hobbys, mit denen man Aufsehen erregen kann, sei es die größte Sammlung von Oldtimern einer Automarke, sei es Europas kompletteste Anhäufung von Musikverstärkern, bieten ebenfalls die Möglichkeit, das so schwache Selbst zu stabilisieren. Oder aber auch sportliche Siege oder die Kultivierung des eigenen Bodys als wichtigstes Betriebsmittel.

Doch mit den Jahren droht die Show leiser zu werden, der Kreis der Bewunderer kleiner zu werden, und der Narzisst, der oft frühzeitig durch all den Energieverschleiß zu altern scheint, kommt in die Krise. Das ist der Zeitpunkt, an dem der Narzisst alleine zwischen kalten Laken liegt. Und wenn es ihm nicht gelungen ist, sich sogar für sich selbst fühltaub zu machen und dergestalt am Ende in sein eigenes Spiegelbild zu stürzen, wird er mit der existentiellen Hässlichkeit seines Seins, mit seiner vollkommenen Einsamkeit bitter konfrontiert. Das tragische Schicksal eines Lebens, das eigentlich nie begann. Denn der Narzisst hat das Lieben, das vollkommene nährende Angenommenwerden der frühen Lebensperiode nicht hinreichend erlebt und kein sicheres Bindungsvermögen zu anderen Menschen entwickeln können. Im Mythos, mit seiner kräftigen Sprache, ist dafür Leiriopes Vergewaltigung die entsprechende Metapher. Im Alltagsleben von Krankengeschichten ist es die von seinen Eltern unzureichend gelebte Elternschaft, die sich nicht an den Bedürfnissen des Kindes zu orientieren weiß, ja das

Kind in mannigfacher Weise für die Bedürftigkeit der Eltern instrumentalisiert und umfunktionalisiert. Egal, ob dieses Kind auf dem Podest des kleinen Prinzen oder der Prinzessin aufwächst oder aber im Strudel der Selbstbeschäftigung der Eltern mit ihrer eigenen Problematik Vernachlässigung erleidet.

Die bewährten Schergen der narzisstischen Gesellschaft im Alltagsleben

Meine Assistentin hat die Tür geöffnet, um den nächsten Patienten in mein Wartezimmer zu komplimentieren. Ich sitze noch in meiner Teeküche, beende meine Notizen zur davor liegenden Therapiesitzung und zentriere mich für den nächsten Termin. Tiefe Brummtöne, gefolgt von einem Stakkato heller Quietschgeräusche dringen durch die beiden dazwischenliegenden Türen zu mir durch. Ich schlage in meinem roten Terminbuch nach. Ah, ein neuer Patient. Richard K., gerade elf Jahre alt. Ich erinnere mich an ein Telefonat mit seiner sehr verzweifelten Mutter zur Terminvereinbarung. Akademikerfamilie, sehr bewusste Elternschaft, mehrere vergebliche In-vitro-Fertilisationsversuche. Und dann Richard beim letzten Versuch, nachdem das Paar bereits alles aufgegeben hatte.

Grund der Konsultation: massive disziplinäre Probleme und nicht mehr weiter zu verleugnende soziale Auffälligkeit in der Schule. Die große Uhr an der Wand sagt mir, dass es Zeit wird, mich Richard und seinem Problem zu stellen. Ich nehme den letzten Schluck Kaffee, drücke meine Zigarette aus und gehe hinaus. Richards Mutter, eine distinguierte, gepflegte Frau Anfang der 50, Personalistin eines großen Unternehmens, begrüßt mich, als würde ein Lichtblick erscheinen. Es ist also wirklich ernst. Richard, der von seiner Mutter nur zärtlich als »Richi« angesprochen wird, nimmt inzwischen von mir keinerlei Notiz, sondern kriecht wie ein besessener mit zwei Matchboxautos auf meinen Vorzimmerteppich herum, in den er tiefe Furchen pflügt. Das war also der Anlass der infernalischen Geräusche.

»Er ist eben sehr intensiv, bei allem was er tut«, meint seine Mutter in entschuldigendem Ton. Darauf lasse ich mich jetzt nicht ein. »Gehen Sie ruhig ins Sprechzimmer mit ihm vor«, meine ich nur und verschwinde ins angrenzende Badezimmer. Ich werde mir noch die Lippen nachziehen und beobachten, wie sie diese Aufgabe mit »Richi« bewältigt. Draußen höre ich ihre Überredungsversuche, mit denen sie ihn zu umschmeicheln versucht. Bis sie ihn schließlich mit zahlreichen Appellen, Versprechungen und eigener Verzweiflung, die ihm Schuldgefühle machen soll, in meinem Arbeitszimmer hat, hätte ich Make-up für eine Abendveranstaltung auflegen können. Als ich dann in mein Sprechzimmer komme, finde ich Richi prompt vor meiner riesigen Zimmertanne. Ein paar der filigranen Äste sind unter seinem Schütteln bereits zu Boden gegangen. Seine Mutter hat ihren Blick in professionellem Wegsehen auf das Gemälde einer nördlichen Flusslandschaft geheftet, das an der entgegengesetzten Zimmerseite hängt.

»Lass den Baum in Ruhe«, zische ich ihn ziemlich deutlich an, während ich auf ihn zusteuere. Der Baum ist mir heilig. Er steht schließlich schon seit 20 Jahren in meinem Behandlungszimmer. Die Schärfe meines Tons lässt ihn innehalten, sein Hilfe suchender Blick geht ins Leere. Seine Mutter ist unter meiner Deckung nicht bereit, ihren Blick von der ihr Zuflucht spendenden Flusslandschaft abzuziehen. Richards Mundwinkel kräuseln sich ein wenig, er kneift die Augen zusammen, und für einen Moment könnte es jetzt sein, dass er zu weinen beginnt. Doch er trollt sich stattdessen und greift auf seine Matchbox-Autos zurück. Schließlich liegt auch in meinem Sprechzimmer ein Teppich gehörigen Ausmaßes. Seine Mutter hat nun mir gegenüber Platz genommen. Eine sicher sehr intelligente, nicht unhübsche Frau, die gleichzeitig sehr aufgebraucht wirkt. Richard war ein absolutes Wunschkind von ihr und ihrem Mann, Professor an der Universität Wien. Sie erzählt mir von ihrem zähen Aufstieg in der Personalabteilung, die sie heute leitet, und vom immer verschobenen Kinderwunsch. Denn sie habe sich ja darauf verlassen, nach dem Absetzen der Pille zum dann gewählten Zeitpunkt auch prompt schwanger zu werden. Von der großen Ernüchterung, als dies nicht klappte, den von ihr als demütigend erlebten, vergeblichen künstlichen Befruchtungsversuchen und dem großen Glück, das jener unerwartet positive Schwangerschaftstest, beim siebenten und letzten In-vitro-Fertilisationsversuch bei ihr und ihrem Mann ausgelöst hatte. Richi sollte mit großer Sorgfalt und Bewusstheit ins Leben begleitet werden. Schon während der Schwangerschaft hatten sie beide so ziemlich alles Auffindbare an Ratgeberliteratur systematisch durchforstet. Hauptaugenmerk des Paares war es, entsprechend ihres intellektuellen Status' als bewusste Eltern, ihn mit Selbstbewusstsein für die Anforderungen der Zukunft auszustatten. Richards Bedürfnisse, Neigungen oder Talente aufzuspüren, wurde deswegen von Anbeginn zur Chefsache erklärt. Ganz im Kontrast zu der als sehr repressiv erlebten eigenen Kindheit, sollte Richard in alle Entscheidungen, die sein Leben betrafen, miteinbezogen werden, seine Stimme von Beginn an Gehör finden. Ob es also um die Wahl des Kindergartens ging, darum, ob und welches Musikinstrument er lernte, wohin die Familie auf Urlaub fuhr, ob er alleine oder bei seinen Eltern schlafen wollte, ja bis dahin, was gekocht wurde und wann es Zeit wäre, im Namen der Selbstregulation zu Bett zu gehen. Richards Meinung war äußerst wichtig. Aber irgendwie schien dieses Konzept zu haken. Richard hatte sich innerfamiliär zu einem Tyrannen entwickelt, der seine Eltern bisweilen sogar physisch traktierte, wenn sie sich außerstande sahen, seinen Wünschen nachzukommen oder ihrerseits Widerstand zeigten, wenn er sie zum Beispiel vorzüglich Sonntag morgens um sechs Uhr aufweckte und lautstark deponierte, dass ihm jetzt sofort »Eiertoast« zustünde.

Die Mutter beschreibt Richard als in solchen Situationen zu ihrem und dem Entsetzen ihres Mannes vollkommen ausgerastet.

Überhaupt macht es ihr große Sorgen und ist ihr, die immer so sehr darauf geachtet hat, dass Richard kein Unbill oder Leid zustieß, vollkommen schleierhaft, weswegen für ihn denn die Bedürfnisse oder Anliegen anderer um ihn herum so schlecht nachvollziehbar sind. Manchmal erscheint es ihr, obwohl er nachweislich in der Schule sehr intelligent ist, als wäre er unfähig, sich in die Gefühlswelt eines anderen hineinzuversetzen und diese zu akzeptieren. Seltsam verschlossen, stur, wie sie es nennt, wirke er da, wie betäubt und keinem Argument zugänglich. Maximal Wut wäre besonders in den letzten Monaten zu bewirken, wenn man ihm mit eigenen und wohlweislich gut begründeten und argumentierten Wünschen käme. Rasch wird mir klar, dass das familiäre System bereits am Abgrund steht, die Eltern in dieser Disneyland-Diktatur in ihrer Bedrängnis für Richard vollkommen verwirrend in Gewalttätigkeit zu kippen drohen.

Drei Kindergärten und zwei Volksschulen liegen karrieremäßig bereits hinter Richard, wie seine Mutter berichtet. Allesamt Zeugnis pädagogischen Versagens, da ist seine Mutter sicher. Ganz und gar unfähige, empathielose Pädagoginnen, die es nicht verstanden hätten, ihn in die Gruppe zu integrieren, seine spezifische Persönlichkeit nicht genug gefördert und anerkannt sowie gegen andere Kinder und deren Brutalität zu schützen gewusst hätten. Schlimme Traumata hätte Richi auf diese Weise bereits einstecken müssen, sodass es eigentlich kein Wunder wäre, wenn er heute in der Schule, dem Gymnasium, in das er seit diesem Schuljahr ginge, so schüchtern, ja eigentlich müsse man sagen ängstlich vor den anderen sei. Und nun verweigere er absolut jeden weiteren Schulbesuch.

Während sie erzählt, kriecht Richard in der Art drei- bis vierjähriger Kleinkinder mit seinen Blechautos auf meinem Teppich herum. Es ist mehr als eindeutig, dass er uns mit seiner dabei inszenierten infernalischen Geräuschkulisse im Gespräch stören will. Irgendwann wird mir das zu bunt. Ich stehe auf und hocke mich neben ihn auf den Boden. »Du liegst hier genau auf der Stelle, auf die der Hund meiner jüngsten Tochter gepinkelt hat, das ist ziemlich ekelig«, sage ich zu ihm, um einen sehr ruhigen, neutralen Tonfall bemüht. Dabei ist es gar nicht so einfach, seinen Blick festzuhalten. »Der hat übrigens so ziemlich überall hier hingepinkelt, als er ein Welpe war«, füge ich dann noch in ziemlich kaltem Ton hinzu. »Am besten du stehst jetzt auf, nimmst dir vom Kaminsims da drüben die Geomac-Box und setzt dich ganz still auf das Sofa da drüben.«

Richard stutzt. Die Botschaft und mein Ton sind ein ungewohnter Cocktail für ihn, aber er gehorcht. Innerlich atme ich auf. Er ist also noch nicht jenseits der Grenze verbaler Intervention angekommen, er sucht nur Führung. Während er sich auf meine Couch setzt, kann ich daher zu seiner Mutter in voller Überzeugung sagen: »Sie haben ganz recht. Ihr Sohn ist ein grundsätzlich fantastisches Kind, ein Mensch mit sicher vielen Anlagen und Talenten, die es zu entwickeln gilt. Und damit wir ihm dabei auch wirklich hilfreich sein können, würde ich mir gerne mit Ihnen, und wenn möglich ihrem Mann, einen weiteren Termin ausmachen. Richard können Sie dafür vorerst gerne zu Hause lassen. Im Moment ist seine Reaktionsweise völlig in Ordnung. Er kann derzeit nicht anders, aber wir werden den Weg für eine Änderung gemeinsam finden.«

Mit Pille und Reproduktionsmedizin haben wir uns einen großen narzisstischen Traum zu erfüllen vermocht: die MACHT ÜBER DIE FORTPFLANZUNG. Kinderkriegen, diese älteste Story der Welt, erzählt sich seither vollkommen neu, denn Kinder kommen nicht mehr naturgesetzmäßig und sind ein Geschenk, sondern wir MACHEN sie. So einfach ist das. Nicht, dass wir früher nicht daran beteiligt gewesen wären. Aber erst jene, die heute gerade das fünfte Jahrzehnt ihres Lebens hinter sich gelassen haben, hatten dank hormoneller Kontrazeption die Chance auf lückenlose Entscheidungsfreiheit. Davor hieß es bangen, rechnen, zittern, sich auf Unsicheres verlassen oder hart bleiben, und wer will das schon. Der in dieser Entscheidung für oder gegen das Kind liegende Freiheitsgrad birgt, dort wo Bedürftigkeit in einer Seele wartet, die Möglichkeit zu einem inneren Haltungswechsel. Denn wenn mir in meinem eigenen Erleben nicht mehr im einen Fall »gegeben«, im anderen sogar »geschenkt« wird, sondern ich etwas mache, aktiv erzeuge, so entsteht hier MEIN Kind, nicht nur im Sinne einer Zugehörigkeit, sondern der Besitzanzeige. Kinder zu kriegen wird damit zur Möglichkeit der Verlängerung des eigenen ICHS. Diese Eltern stehen in ihrer Elternschaft unter enormem Stress, denn sie wollen nicht nur alles richtig machen, sondern sie müssen es. Das Kind, sein Gedeihen, seine Entwicklung und häufig die Projektion seiner Überlegenheit gegenüber anderen Kindern, sowie seine Ausrüstung mit speziell zu entwickelnden Talenten wird zu einem Anliegen, das mit dem Gelingen des eigenen Seins höchst verknüpft erlebt wird. Diese Helikopter-Eltern kreisen beständig über ihrem Kind, das der eigenen Existenzbestätigung und damit der Versorgung ihrer ureigenen narzisstischen Wunde als ihre ideale Schöpfung dienen soll. Rastlos wird das Kind geschützt, verteidigt, gefördert, jede Blessur soll abgewendet werden, und wenn notwendig, werfen sich diese Eltern löwenhaft in jede noch so kleine Schlacht. In Watte gepackt werden diese Kinder durch die frühen Jahre navigiert und stolpern mit den unerfüllten Größenfantasien ihrer Eltern beladen spätestens in der frühen Pubertät in eine ziemlich raue Realwelt. Erklärtes und höchstes Ziel ist es, die Kleinen mit Selbstbewusstsein auszustaffieren, wenn geht tonnenweise. Doch was die als Dauertropfinfusion installierten Entzückensschreie der Eltern zu jeder kindlichen Lebensregung bewirken, ist nicht die Förderung von Selbstbewusstsein, sondern die Installation von Arroganz. Und Arroganz bricht dort zusammen, wo wirkliche Kompetenz gefordert wird.

Die eigene, alte narzisstische Kränkungswunde der Eltern verhindert, dass diese Eltern fähig wären, die Nabelschnur auch wirklich durchzuschneiden und ihr Kind als ein von ihnen getrenntes, eigenes Wesen anzuerkennen. Sie vermögen ihre Kinder nicht einfach und leicht in ihr Leben zu begleiten, als unabhängig und vielleicht völlig anders als sie selber es sind zu akzeptieren, denn diese Kinder haben trotz der vollkommenen Aufopferung ihrer Eltern die Funktion, das schwache, so gekränkte »Ich« der Eltern durch ihr Leben und die Erfüllung der in sie gesetzten Hoffnungen und Erwartungen zu stabilisieren. Und die Kinder rebellieren, genauso laut wie oft auch vergeblich, gegen diese unbewusste Instrumentalisierung, die ihnen eine noch viel tiefere narzisstische Wunde zufügt, als sie ihre Eltern erlitten haben.

Was wir derzeit in großem Stil produzieren, ist eine Generation von Tyrannen, eine Generation noch härterer, ängstlicherer, einsamerer und liebesunfähigerer Narzissten. Gefühlstaube Kinder und eine Zementierung der totalen Narzissmuskultur für die nächste Generation.

Und sie können nicht einmal mehr ausweichen, diese Kinder. Die Freiräume der längst vergangenen Kindheit meiner Generation, das einfache, spontane, keiner langen Vorvereinbarung bedürfende »draußen vor der Tür«, die Höfe und unbebauten Grundstücke in der Umgebung gibt es nicht mehr. Und wo mehr als reglementierte abgezäunte Kinderspielplätze zur Verfügung stehen, sitzen die Kinder trotzdem bei ihren Spielkonsolen, Tablets oder mit ihren Nintendos wie Pensionisten auf der Bank. Die zunehmende Urbanisierung mit ihrer vorgegebenen Raumgestaltung und einem notwendigen Regelwerk für die Bewegung darin, versperrt die Ausgänge in die Natur mit den dort wartenden, wechselhaften Angeboten und Herausforderungen, an denen man sich bewähren und damit den Glauben an eine eigene Unabhängigkeit und die eigene Kraft erleben könnte. Ein simpler Baum mit seiner rissigen Borke, an der man sich vielleicht die Knie oder die Hände aufschindet, ihn aber dennoch siegreich erklettert, vermag weit mehr zu bieten, als jedes TÜV-zertifizierte Spielgerüst, und sei es noch so sehr auf »Abenteuer« getrimmt. Doch in diesem Leben in einem Kunstraum spiegelt sich gleichzeitig die kollektive Kontrollbesessenheit einer Gesellschaft, die alles von außen besichern will, weil sie kein Vertrauen in ihre eigene Gefahreneinschätzung mehr besitzt. Am liebsten verlegen wir sowieso gleich alles »indoor«, in künstliche Spielstädte oder Kletterparks, wo unsere Kinder dann, doppelt gesichert, die drei Meter Wand halb hinaufgezogen aber dafür doppelt beklatscht werden.

Wie soll ein Kind da Selbstgefühl und Selbstbewusstsein entwickeln, frage ich mich als eine, die im selben Lebensalter von Hühnerställen, Heuböden oder Bäumen herunterhüpfte, Weitsprung über Bachbette üben konnte und sich bisweilen mit einem Taschenmesser in den Finger säbelte.

Wir haben seit gut sieben Jahren, mit der mehr als löblichen und großzügigen Unterstützung einer großen Tageszeitung, eine Online-Beratung für Eltern und alle mit Kindern in Kontakt Stehenden eingerichtet. Die Hauptarbeit bewerkstelligt ein Beraterteam. Manchmal, um am Puls der Beschwerden und Nöte zu bleiben, schaue ich auch in die Anfragen hinein.

»Sehr geehrte Frau Doktor«, lese ich da, »unser Sohn Simon ist gerade zwölf Jahre alt. Er besucht die zweite Klasse Gymnasium in einer katholischen Privatschule und ist ein ausgezeichneter Schüler. Seit geraumer Zeit haben wir in diesem Semester allerdings ein wirklich hartes Problem. Simon möchte unbedingt ein Touch-Screen-Handy, wenn möglich ein I-Phone. Mein Mann und ich sind eigentlich ziemlich dagegen, aber für Simon bedeutet dieses Gerät weit mehr als nur ein Handy. In verschiedenen Gesprächen haben wir herausgefunden, dass der Besitz eines derartigen Handys in der Klasse ein entscheidender Faktor für den Status in der Klassengemeinschaft bedeutet. Alle, die als »cool« gelten, haben ein derartiges Handy bereits seit vorigem Jahr. Alles Zureden stößt hier nicht nur auf taube Ohren bei unserem Sohn, sondern scheint auch durch die Umgangspraxis in der Klasse ad absurdum geführt zu werden. Wie sollen wir unserem Sohn glaubhaft erklären, dass Konsumgüter nicht so wichtig sind, wenn er täglich erfährt, dass er abgewertet und nicht ernst genommen wird, ja bereits mehrfach als »Loser« bezeichnet wurde, weil er bis jetzt ein derartiges Handy nicht besitzt? Wir sind schon ziemlich verzweifelt und sehen, wie unser Kind unter der Situation leidet. Vielleicht haben Sie ja einen Rat für uns.«

Das Mail macht mich wütend und hilflos zugleich. Ich kann diese Eltern und ihr Dilemma nur zu gut verstehen. Die Botschaft des Konsumprimats: ICH BIN, WAS ICH HABE, hat sich so wie ein gut eingenisteter parasitärer Bandwurm in unseren Gedärmen mit unzähligen Haken in unseren Seelen festgekrallt. Der Besitz materieller Güter als Selbstdarstellung und Aufwertung der eigenen Person ist ein altes Thema, das einen scharfen neuen Tonfall angenommen hat. Konnten wir uns früher durch den Besitz von speziellen Konsumgütern aus der Gruppe hervorheben und damit durch des »Alleinstellungsmerkmal« eine besondere Position sichern, so ist heute bereits eine Umkehr dieses Mechanismus' geschehen. Waren wir früher ein »Besonderer« und möglicherweise Bewunderter, der aus der Gruppe der anderen »Normalen« eben hervorstach, so hat sich dies heute dahingehend verändert, dass spezifische Konsumgüter und deren Besitz als Benchmark, als Eintrittskarte für normale soziale Reputation wirken, wir ohne sie also gar keine soziale Akzeptanz mehr erringen können.

Ich verstehe die Situation dieses Zwölfjährigen. Es verlangt enorme Stärke, Kreativität, Selbstbewusstsein und Frustrationstoleranz sowie Durchsetzungsfähigkeit und Glauben an den eigenen langen Atem, um hier heiteren Sinns gegen den Strom schwimmen zu können. Das bringen schon die meisten Erwachsenen nicht.

Ein Gespräch mit einem befreundeten Anwalt schießt mir in den Sinn, der bekannte, nun in den mittleren Jahren, nachdem er alle Siegespokale gewonnen und ihre Vergänglichkeit realisiert hatte, festgestellt zu haben, dass er seine Luxuslimousine nicht mehr brauchen würde. Meinen Einwurf, dann doch einfach auf einen kleineren Wagen umzusteigen, verwarf er mit schwermütigem

Lächeln. »Ich brauche den Schlitten heute wirklich nicht mehr. Das wird mir bei jedem Einparken wieder deutlich erlebbar. Aber meine Klienten brauchen ihn, und meine Anwaltskollegen. Wenn ich mit so einem kleinen Hupfer angefahren käme, würden alle sofort denken, meine Kanzlei ginge nicht mehr gut.«

Er ist ein tief denkender und spürender Mann, und es ist ihm wirklich zuzutrauen, dass er den Wagen nicht für sein Ego benötigt. Wahrscheinlich hat er also wirklich recht mit seiner Einschätzung. So wie auch meine älteste Tochter, die von mir belächelte Trägerin einer teuren Handtasche, die mir verriet, dass ihr gerade diese Handtasche einen großen Auftrag in der Film- und Medienbranche verschafft hat. »Als ich deine Handtasche sah, wusste ich, dass du etwas draufhaben musst«, hatte ihr jene Kundin später, als sich eine intensive Arbeitspartnerschaft ergeben hatte, eröffnet. Sonst hätte sie vielleicht keine Chance bekommen zu zeigen, was sie kann. »Das Leben ist brutal, Mama«, war ihr Kommentar.

Eine unglückliche Liaison und wo wir damit gelandet sind

Die schrittweise und zunehmende Verkürzung des Lebens auf die Ökonomie hat letztendlich dahin geführt, dass sich die narzisstische Wunde unserer Gesellschaft zum Ideal zu deklarieren beginnt, die Produktion einer kollektiven narzisstischen Störung zur Grundmatrix des persönlichen Selbstverständnisses wird. Der Tenor: »Das Maß aller Dinge bin ich«, schallt laut hörbar bis in die Arbeitswelt und unsere innersten Beziehungsräume durch alle Sozialfelder unserer Gesellschaft.

Die nackte, nüchterne Bilanz des National Institute of Health bescheinigt jungen Erwachsenen eine dreimal so hohe Rate narzisstischer Persönlichkeitsstörungen, wie sie für heute 65-Jährige erhebbar ist. Fühltaubheit als Grundhaltung. Liebesfähigkeit nur mehr eine romantische Reminiszenz. Das lässt gar nichts Gutes ahnen, stellen wir uns vor, in solch einer Gesellschaft leben zu müssen. Verfasse für jede Beziehung ein juristisches Begleitwerk, in dem jeder Eventualfall geregelt ist, oder noch besser, lass dich doch bitte gar nicht mehr auf eine Beziehung ein.

Diesen Sachverhalt beschreibt auch eine Studie an College-Studenten, der zufolge bereits im Jahr 2009 58% höhere Punktewerte für narzisstische Persönlichkeitszüge im Verhältnis zu einer Studie von 1982 erreichten. Wir können getrost davon ausgehen, dass sich dies in den letzten fünf Jahren nicht verbessert hat. »Nicht allen soll es gut gehen, sondern ich will das Beste für mich!« So wie wir auch im Wirtschaftsleben nicht an ein gemeinsames Wirtschaftsökosystem, sondern an beinharte Verdrängung glauben, jeder gegen jeden antritt, statt Synergien zu suchen, Kooperationen zu bauen, kreative Ansätze des Gemeinsamen zu suchen, so tun wir das im sozialen Bezugsfeld nunmehr genauso. Daniel Dorling, Professor an der Universität Sheffield, hat ein quälendes, aber sehr lesenswertes Buch mit dem Titel »Injustice, why social inequality persists« geschrieben, in dem er fünf Paradigmen im kollektiven Unbewussten unserer modernen Gesellschaft aufspürt, die dafür verantwortlich sind. Er hat dabei sehr genau den Finger in die narzisstische Wunde unserer Gesellschaft gelegt. Doch die kollektive unbewusste Erfahrung der scheinbaren Überlegenheit der kapitalistischen, reduktionistisch-mechanistischen Konkurrenzkultur, sowie die kulturbedingte narzisstische Grundtraumatisierung, haben in einer unglücklichen Liaison gerade in den letzten 25 Jahren über die neuen Treiber und Gestaltungsinstrumente eine die Lebendigkeit immer mehr abwürgende Spirale entwickelt. Das Durchsickern dieser Haltung in unser persönliches Beziehungsleben, unser Liebesleben, wie wir unser Lieben organisieren und leben, ist die letzte und äußerste Konsequenz dieser Entwicklung und gleichzeitig die ultimative Herausforderung, denn es geht in Sachen Liebe um die Frage »sein oder nicht sein«.

»Mami, bitte, bitte, bitte!« Der Ton ist flehentlich, unentrinnbar die Dringlichkeit des Anliegens, die noch durch heftiges, zappeliges Hüpfen und den genauso flehentlichen Blick der Freundin das richtige Maß an Dramatik bekommt. »Bitte, können wir noch zum Essen bleiben?« Ich wollte meine jüngste Tochter, die den Nachmittag bei ihrer Lieblingsfreundin Lea verbracht hatte, nach einem langen Ordinationstag eigentlich nur rasch abholen. Doch Leszek, Leas Vater, legt jetzt noch in verschworener Abstimmung mit seiner und meiner Tochter seinen Arm einladend um meine Schulter. Und sein »Na, bleib doch, Sandra hat Krautrouladen fürs Abendessen vorbereitet, und die Mädchen wünschen es sich so sehr«, lässt mich kapitulieren.

Leszek ist Pole, fast 60, in zweiter Ehe mit Sandra verheiratet und ein wirklich Guter, ein Bär von einem Mann, dabei in sich ruhend. Ein hart arbeitender, der nach der Wende eine kleine Hemdennäherei irgendwo in einem Kaff in seiner Heimat hochgezogen hat, aus der inzwischen ein kleines Imperium geworden ist und mit dem Markennamen in Sachen Textilien bedient. Seine Arbeiterinnen bezahlt er fair, und er hat sogar so etwas wie einen Sozialfond in seinem Unternehmen eingerichtet, für Schicksalsschläge oder die Förderung besonders begabter Kinder. Jetzt lebt er mit Frau und den drei Kindern in Wien, weil dies für die Kundenkontakte besser ist und er seiner Familie ein weltoffenes Klima bieten will. Westlicher Lebensstil ist ihm wichtig und gleichzeitig seine Schwäche. Aber man muss es ihm nachsehen, wenn man weiß, dass er in bitterer Armut in einem kleinen Dorf aufgewachsen ist, in dem es bis heute nur eine einzige asphaltierte Hauptstraße und sonst nur Lehmstraßen und Satellitenschüsseln auf windschiefen Häusern gibt, die den Fäkalkanal immer noch in den vor den Häusern liegenden Graben ableiten.

Wenig später sitzen wir um den großen Esszimmertisch, Leszek thront in Patriarchenmanier am Kopfende, seine Frau und ich jeweils zu seiner Seite und die Kinder als anschließende Traube. Lea, seine Jüngste, und die beiden älteren Buben, Mischa und Karell, sowie meine Jüngste und nicht zu vergessen ein überdimensionaler Flatscreen-TV an der Wand, der wahrscheinlich nie abgedreht wird. Wir essen herrliche eingelegte Krautrouladen mit einer Fleischreisfülle in Tomatensauce, und um jeden Protest gleich vorweg zu vermeiden, haben die Kinder einen Berg von Pommes frites und Hamburger als Alternativkost auf einer riesigen Platte vor sich stehen. Die beiden Mädchen albern herum und suchen nach dem längsten Pommes frites im Berg, Mischa, der Ältere, ist während des Essens heftig mit der Aktualisierung seines Facebook-Accounts beschäftigt, und Karell, sein jüngerer Bruder, der gerade seinen zwölften Geburtstag gefeiert hat, spielt »Candy Crush« auf seinem »Tablet«, während er nebenher Pommes aufspießt. Ein melodiöser Ton zeigt an, wann immer er die gestellte Aufgabe gelöst hat.

Eine moderne Familie eben! Wenigstens können wir Erwachsene ungestört miteinander plaudern. Der Flatscreen mit seinem Eigenleben und den intensiven Bildern in höchster Qualität schaltet sich da allerdings als weiterer Partner, ja Taktgeber des Gesprächs beständig dazwischen. Fußballweltmeisterschaft, eine kurze Spielsequenz, bei der man glauben könnte, sie trippeln gleich den Ball quer über den Esszimmertisch. Verdammt, dieser Flatscreen bringt wirklich das totale Erleben. Alle Blicke hängen gebannt am Bildschirm. Jetzt das entscheidende Tor für den Aufstieg in die nächste Runde. Leszek beginnt eine heftige Diskussion mit seinen beiden Söhnen über die Chancen des gerade siegreichen Teams. Ich kann nur mit den Schultern zucken und die farbliche Gestaltung sowie den Schnitt der Dressen der Fußballer loben, was allerdings keinen substantiellen Beitrag zu liefern vermag. Nun, das Bild wechselt jetzt. Vielleicht liegt mir das nächste Thema mehr. Eine ernst wirkende Nachrichtensprecherin, die uns auf den eskalierenden Konflikt an einem bekannten Krisenherd mit ein paar Zahlen einstimmt. Dann der Filmbeitrag. Zerschossene Häuser, ein Kurzinterview mit einem lokalen Politologen, der die Situation zu schildern versucht, aufgeregte protestierende Menschen auf der Straße, ein Diagramm zu Wasser- und Elektrizitätsversorgung im betroffenen Gebiet. Jetzt geht es um die derzeitige Opferbilanz. Die Leiche eines etwa dreijährigen Kindes, eingeschlagen in einem Leinentuch, das Kind in den Armen eines laut seinen Schmerz artikulierenden Vaters, der das Gesicht des toten Kindes mit Küssen und Tränen bedeckt. Nahaufnahme, gestochen scharf, 3D, mitten im Esszimmer, gute zwei Quadratmeter kompaktes, tiefstes Leiden vor uns auf der Wand. Jetzt zoomt sich die Kamera aus der engen Perspektive und zeigt die ganze Szene, die trauernden Verwandten, die händeringende verzweifelte Mutter, umgeben von anderen Frauen.

Leszek, seine Frau und die Kinder haben kurz aufgeschaut, um dann zum Essen zurückzukehren.

»Die Krautrouladen sind dir heute wirklich fantastisch gelungen, Sandra«, meint Leszek gerade strahlend an seine Frau gewandt und schiebt sich einen weiteren Bissen auf seiner Gabel genießerisch in den Mund. Sandra strahlt. Das Lob ihres Mannes schmeichelt ihr. »Wirklich gut, hausgemacht, echt, nicht dieses synthetische Zeug«, wendet er sich an mich, und es ist klar, dass er jetzt Bestätigung oder zumindest Meinung von mir erwartet. Karell zeigt gerade deutliche Zeichen von Frustration, weil er an einem Level des Spiels gescheitert zu sein scheint. Sein Bruder seufzt und meint, dass es ein günstiger Augenblick wäre, seine Eltern zu fragen, ob er eine gewisse Party besuchen dürfe, zu der er eben eine Einladung auf der Gästeliste per Facebook erhalten habe. Die beiden Girls sind zwischenzeitlich dazu übergegangen, einander mit Pommes wechselseitig zu füttern.

Mein Magen hat sich verkrampft. »Ja, wirklich gut«, nicke ich Leszek mit so viel Überzeugung zu, wie ich gerade aufbringen kann.

Ich habe zweimal den Tod eines Kindes miterlebt. Einmal als Stationsärztin im Kinderspital und einmal während meiner Zeit auf der Unfallchirurgie, als uns ein Kind auf dem Tisch blieb, wie es so schön heißt. Wenn ein Kind stirbt, so haftet dem etwas Antibiologisches an, es muss die härteste Prüfung sein, die einem aufgegeben werden kann. Schon als einer, der in der zweiten Linie steht, wird man davon wie von einem Donnerschlag angerührt, durchdringt einen ein bleiernes Bewusstsein von Schwere, das sich endlos und unvergesslich in die eigene Seele als tiefes Mitgefühl eingräbt. Doch hier an diesem Tisch vermögen diese Bilder nichts anzurühren. Abstumpfung, Gleichgültigkeit fällt mir dazu nur ein. Aber wahrscheinlich ein Schutzmechanismus, denn unsere Kinder haben so in etwa 32.000 Morde und 40.000 versuchte Morde per Bildschirmmedien konsumiert, bevor sie volljährig sind, und wir Erwachsenen sind ja schließlich noch älter.

Menefreghismo heißt diese Haltung wohlklingend im Italienischen, was von *»me ne frego« kommt und* in etwa heißt, dass es mir »am Hintern vorbei geht«. Genau genommen ist den meisten von uns das Meiste, so es nicht mit unserem direkten Wohlbefinden oder Vorteil zu tun hat, über ein Lippenbekenntnis hinweg ziemlich egal. Gleichgültig, ob es sich um die großen Katastrophen und Verderbnisse oder die kleinen Schrecken und Leiden von nebenan handelt. »Das Hemd, meines nämlich, ist mir immer näher als der Rock«, wie es so schön heißt.

Ich liebe dich – von der Begriffsbestimmung der »Liebe« in einer narzisstischen Gesellschaft

Natalie ist 36 Jahre alt und fester Bestandteil eines aufstrebenden Führungsteams im Konzern. Das verdankt sie ihrem unbeugsamen Ehrgeiz, ihrer Zähigkeit und einer Qualität von Entschlossenheit, die in früheren Jahrhunderten wohl Expeditionsteilnehmer aufbringen mussten, die neue Kontinente für ihre Herrscher erschließen sollten. Dass Business Krieg bedeutet, höre ich also auch von ihr und nehme es mit einem inneren Seufzen wieder einmal zur Kenntnis. Bisher hat alles gepasst. Schulischer und universitärer Werdegang, Betriebswirtschaftsstudium in Mindestzeit und dann ein obligater postgradualer Lehrgang im Ausland, daneben schon früh in »ihrer« Firma als Praktikantin angemustert. Von der Pike auf also.

Aber jetzt gibt es Turbulenzen. Es ist nicht die Arbeitsbelastung, wie sie sicher ist, sondern das Team. Von zwei anderen Frauen fühlt sie sich nicht wirklich unterstützt und in ihrer Überlegenheit anerkannt, eigentlich genau genommen gemobbt. Das schmerzt sie nicht nur, sondern quält sie geradezu, vergällt ihr die Freude, ja lässt bisweilen sogar heiße Gefühle von Angst aufschießen. Was, wenn ihr wirklich einmal ein Fehler unterlaufen sollte? Natalie hat über die von ihr erlebte Feindseligkeit der Kolleginnen, die sie als Subteam gegen sich versteht, mit ihrem Vorgesetzten gesprochen. Der Begriff Mobbing ist auch in diesem Gespräch gefallen. Das klingt gefährlich, denn wo Mobbing identifiziert wird, siedelt nach dem Verständnis des Personalverantwortlichen Burnout in unmittelbarer Nähe. Das riecht nach Schwierigkeiten, ein Szenario von möglichem Leistungseinbruch und rezidivierenden Krankenständen. Eine teure arbeitsgerichtliche Lösung taucht als Schreckgespenst hinter dieser Worthülse auf.

Natalie ist eine verdiente Mitarbeiterin, eine, mit der man noch so einiges vor hat, vollkommen den Kulturnormen des Konzerns ergeben und noch dazu eine teure, denn sie war in den letzten Jahren durch Spezialschulungen und Führungskräfteentwicklungstraining investitionsintensiv. Also schickt er sie lieber zum Coaching auf Firmenkosten zu mir. Das ist zwar auch schweineteuer, aber ein Klacks im Verhältnis zu den Beträgen, die das Horrorszenario verschlingen könnte. Natalie möchte gerne ein paar »kommunikative Tricks« erfahren, mit denen sie ihre Widersacherinnen in Schach halten könnte. Aber wir landen, entsprechend meiner Arbeitshypothese für Burnout-Gefährdung »Love-Work-Pray« irgendwann bei ihren Beziehungen. Da gibt es ein paar oberflächlich anmutende Freundschaften, für die kaum Zeit zur Pflege besteht, alles eher »Loser«, wie sie meint, obwohl mit akademischem Abschluss, aber ohne echten Biss. Eine alte Freundin aus Kindertagen, die sich über die lange Dauer und den bereitwilligen Bewundererstatus, den sie einnimmt, hochgedient hat, und mit der sie gemeinsame Urlaubsreisen sowie Aktivitäten unternimmt, wenn sie mal raus will. Und da sind dann noch ihre Eltern, die sie, ein behütetes Einzelkind, am Wochenende besucht. Eine nervende, ewig leidende Mutter, die dennoch ihr höchstes Glück darin findet, den Vater zu bedienen und zufriedenzustellen, und ein perfektionistischer, kalter Vater, der jeden Erfolg Natalies von Kindesbeinen an infrage gestellt hat.

»Und Männer?«, frage ich rundheraus. »Gibt es so etwas wie Zukunftspläne, Familiengründungsabsichten?«

Sie habe einen Freund, stellt sie kurz klar, und in ihrer Stimme ist etwas Hartes und abgegrenzt Klingendes. Er lebe in Deutschland, fügt sie noch erklärend hinzu. Das stelle ich mir etwas aufwändig und mühevoll vor.

»Ganz und gar nicht«, ist ihre Antwort, sondern genau richtig, und Kinder und Zusammenleben wolle sie so oder so nicht. Auf solche unehrliche »Kacke«, wie all die »Loser« da leben und vorgeben, es wären Beziehungen, habe sie absolut keinen Bock mehr. Da schon lieber so, verteidigt sie ihr Konzept, noch bevor ich es überhaupt kenne. Da ich nicht locker lasse, eröffnet sie mir anschließend das Wesen ihrer Liebesbeziehung. Denn sie liebe ihn und er sie, wie sie betont, so wie man eben heute noch lieben könne, ohne permanent verletzt zu werden. »Der Schlüssel ist«, wie sie vorausschickt, »sich nicht aufzugeben und abhängig zu werden.«

Das klingt interessant. Jetzt bin ich gespannt. Mit dem ersten Punkt stimme ich völlig überein, den zweiten sehe ich als wechselseitigen Prozess. Anton und Natalie haben einander auf einer Plattform im Internet kennengelernt, welche, lässt sie im Dunkeln. Zuerst ein wenig hin und her gemailt, so alle paar Tage »Email for You«, bis es intensiver, persönlicher und für beide wichtiger wurde. Das war der Zeitpunkt als Natalie merkte, dass sie sich über das kleine Icon, das seinen Namen anzeigte, freute, wenn sie den Schirm ihres Laptops aufklappte oder aufs Handy blickte. Mit der Zeit sind sie einander richtig nahe gekommen. Es gab sogar eine Zeit, als sie überlegten, einander treffen zu wollen oder zumindest zu telefonieren oder zu skypen. Sie haben es gemeinsam verworfen.

»Wir haben uns so, wie es ist, so wohl miteinander gefühlt, dass wir das Risiko nicht eingehen wollten, enttäuscht zu werden. Wer weiß. Da gibt es so viele Komponenten, auf die man dann keinen Einfluss mehr hat. Und wenn es zwischen uns gepasst hätte, wäre alles nur extrem kompliziert und emotional geworden.« Das wollten sie ebenfalls nicht, so waren sie sehr offen überein gekommen. So wie es war, passte es gerade gut und war gleichzeitig wohltemperiert. Sie tauschten sich zu allem, was der Tag so brachte aus, boten einander eine Schulter an und waren so eine Art Lebensberatungsstelle füreinander.

Ich bin perplex. Was mir Natalie hier als ihre Liebesbeziehung anbietet, würde ich maximal als motivierenden Auftakt ansehen, mich in die Schlacht zu werfen. Aber Natalie insistiert. Einander zu treffen oder kennenzulernen kommt nicht infrage. Völlig unnötig. Wollen sie beide nicht. Zu viel Nähe würde die Autonomie, ist sie überzeugt, gefährden. Sie hätten beide so, auf diese Weise, alles, was sie brauchten, um zufrieden zu sein. »Auch Sex«, setzt sie fast trotzig hinzu. Ich bin nach wie vor ungläubig, auch als Natalie ins Detail geht, mir erklärt, dass sie sich auch zum Sex virtuell per Mail träfen und sie eine Wagenladung von Sextoys besitzt, wie jede normale Frau. »Wir machen es uns wirklich, und es ist echt gut. Viel besser als es je mit einem Typen war«, wobei sie kurz zu ihren unbefriedigenden und anscheinend oft kränkenden Vorbeziehungen abschweift, gleichsam, um das jetzige Konzept zu verteidigen.

Nun ja, die »Jungen« haben ja heute viel raschere Finger als wir, wie mir beim Tippen von SMS-Nachrichten bereits aufgefallen ist.

Dennoch, wir reden hier bereits von purer Imagination. Der Typ könnte auch 70 oder eine Frau sein. Nichts gegen 70-jährige Männer oder Frauen, aber ich würde es gerne wissen, und für Intimität brauche ich reale Berührung, Austausch, gefühlte Körperlichkeit. Die spezielle Art, wie dieser Mensch mich hält, berührt, wie er sich angreift, sich bewegt, wie er riecht und schmeckt, der Tanz des Moments. Was Natalie mir hier beschreibt, ist im wahrsten Sinne des Wortes zweidimensional und eine Fiktion, das kann ich mir maximal im Rahmen eines unumgänglichen Getrenntseins vom Partner auf der Basis intensiv verankerten Erlebens als erotische Installation vorstellen.

Natalie beharrt auf der Überlegenheit ihres Konzepts. Natürlich ist es keine reale Begegnung, aber es ist unterhaltsam, gibt ihr einen abendlichen Kick und funktioniert für ihre Bedürfniserfüllung. Und es schützt sie vor allem vor Schmerz, denn wirkliche Tiefe lässt sie genauso wie auch Anton nicht mehr zu. Auf diese Weise bleibe sie auch gesichert autonom.

»Pseudoautonom«, verbessere ich in Gedanken. Wie fragil muss das Selbstgefühl dieser Frau sein, wenn es die ängstliche Abwehr jeglicher Berührung als notwendig erachtet und so diese Cyberbeziehung rechtfertigt? Welche Verbindung zwischen ihren Kaufattacken, die ihr trotz eines beachtlichen Monatsbezugs eine beständige Kontoüberziehung bescheren, dem von ihr erlebten »Mobbing« in ihrem Unternehmen und ihrem emotionalen Haushalt bestehen könnten, werden wir heute wohl nicht mehr explorieren.

Nun, für Natalie und Anton ist ihre »Beziehungsform« zumindest ein gemeinsam geteiltes resignatives Ganzes. Für Christina sieht die Sache hingegen ganz anders aus.

Christina ist 48 Jahre alt und seit nunmehr fast vier Jahren Witwe. Sie ist eine bewundernswerte »Selfmade-Woman« und steht mit ihrem Schulungsunternehmen top da. Den großen Erfolg verdankt sie ihrer hohen Arbeitsdisziplin und einem hervorragenden Gefühl für Menschen, das sie zu einer genauso durchsetzungsfähigen wie angenehmen Führungsperson macht. Gustav Der so geliebte Gatte, der zwar einige Jahre älter war als sie, war dennoch vollkommen unerwartet und noch dazu auf einer Reise fern von ihr plötzlich einem Schlaganfall zum Opfer gefallen. Gustav trat einige Zeit darauf bei einem Kuraufenthalt in ihr Leben. Es war zu jenem Zeitpunkt, wo der Kopf den Verlust des geliebten Menschen als unwiederbringlich zur Kenntnis genommen hat und mahnt, zur Alltagsroutine zurückzukehren, während das Herz in einem tiefen Aufbäumen in schwarze Depression zu versinken droht.

Gustav hat den tiefen Schmerz zu lindern vermocht. Damals hat sie Gustavs verhaltene, nicht zu einer Beziehung drängende Art zu schätzen gewusst. Sie war noch nicht so weit, einen neuen Menschen voll in ihr Leben treten zu lassen. Er kam, verschaffte angenehme Stunden und verschwand wieder in sein Leben. Auch nach den kleinen Auszeiten an Wochenenden ging jeder gestärkt in sein normales, eigenes Leben zurück. Nun, nach fast drei Jahren, haben sich die Dinge für Christina entscheidend entwickelt, für Gustav nicht. Gustav ist fast zehn Jahre älter als Christina, seit 35 Jahren verheiratet und seit mindestens fünfzehn Jahren in einer Josefsehe mit seiner Frau, an die ihn, wie er meint, neben einer tiefen Freundschaft auch Verantwortung bindet. Gustav ist Sammlungsleiter eines bedeutenden Museums, und er sammelt aus Leidenschaft so ziemlich alles, womit sich die verschiedenen Häuser seiner Familie mit archivarischer Genauigkeit und Listenführung füllen lassen. Aber am liebsten sammelt er Frauen. Für seine Umtriebigkeit hat er verschiedene intellektuell gut argumentierte, stark biologistisch-chauvinistische Thesen parat. Er kann also nichts dafür, folgt nur, dies dafür ehrlich, seinem Instinkt oder auch seiner Berufung als Mann, wie er genauso charmant wie eiskalt zu vertreten versteht. Seine Frau hat bereits wenige Jahre nach der Eheschließung das Handtuch geworfen und in eine offene Beziehung eingewilligt. Den »Status« der Ehefrau hat sie sich mit viel Schmerz erkämpft und sich über die Jahre verschiedene Leiden zugelegt. Am liebsten ist es Gustav, wenn es gelingt, die Frauen, nachdem er sein sexuelles Interesse an ihnen verloren hat, in die Familie als Freundinnen einzugemeinden. Bei manchen war er erfolgreich, und in seinen Wunschträumen erlebt er sich wohl als Seelöwenbulle, der von seinem Harem umgeben an einem idyllischen Küstenstreifen lagert. Eine Frau zu verlieren ist ihm ein Graus, denn er braucht sie alle, um sich ausreichend bespiegelt zu fühlen. Er braucht die Kontrolle über alle diese Frauen. Nach ihm soll es keinen mehr geben.

Mit Christina könnte es anders werden. Hinter ihrer disziplinierten Fassade ist ein stark liebesfähiger Mensch zu spüren. Sie möchte einen Menschen annehmen, so wie sie es schon erlebt hat, und angenommen werden, voll und ohne Reserve. Gustavs Ausflüchte und Argumentationen lassen ihn zunehmend schwach erscheinen und entzaubern ihn. Gleichzeitig schmerzt sie die Mauer, die sie in Gustav als unüberwindbar spürt, die Kränkungen, die seine emotionalen Rückzüge begleiten, und ihre eigene Anspannung, die daraus resultiert, dass sie zwar die situative Nähe, die Gustav zu geben fähig ist, liebt, seine Unfähigkeit, sich wirklich auf sie einzulassen, sie jedoch verzweifeln lässt. Dass sie in der Folge die Unmöglichkeit freier, fließender Begegnung durch eine Fülle von Nahrung zu kompensieren versucht und bereits bedenklich an Gewicht zugenommen hat, macht ihr Probleme und treibt sie in die Therapie zu mir.

Gerhard und Irina wiederum sind ein Konfliktpaar, seit sie einander kennen. Ihre nunmehr fast 20-jährige Beziehung, in der drei Kinder groß werden wollen, ist von ständigen Machtkämpfen geprägt. Sie können einfach nicht miteinander in Frieden und wechselseitiger Anerkennung leben, aber ohne einander genauso wenig. Um diesem Zustand auch äußerlich unauflösbare Fixierung zu verleihen, betreiben sie ein gemeinsames Marketingunternehmen, in dem jeder eine scheinbar unverzichtbare Rolle für das Überleben der Firma einnimmt. Irinas Version der Beziehung liest sich wie ein Emanzipationskampf gegen ein totalitäres Regime, Gerhards Diktion legt einen omnipotenten, besserwisserischen Vater nahe, der sein Kind nicht loslassen kann, weil seine eigene Schwäche an dessen Erwachsenwerden offenbar werden würde. Hier herrscht blutiger Kampf, bisweilen im wahrsten Sinne des Wortes. Irina, die in den jungen Jahren der Beziehung, als sie sich mit den drei rasch aufeinander folgenden Kindern Gerhard ausgeliefert gefühlt hat, von diesem mit mehreren Seitensprüngen gedemütigt worden ist, hat nun in ihren 40ern festgestellt, dass eigene sexuelle Umtriebigkeit Gerhard in höchste Alarmbereitschaft und Ängstlichkeit vor einem Beziehungsverlust zu versetzen vermag. Der Kampf um die Macht hat groteske Züge angenommen. Irina zielt in erster Linie darauf ab, Gerhard von ihren amourösen Abenteuern in Kenntnis gesetzt zu wissen. Dieser reagiert mit Gewalttätigkeit, der emotionale Zusammenbrüche folgen. Der Suizidversuch der mittleren Tochter hat die beiden zu mir gebracht.

Die Reihe von solchen, die den Stein der Weisen über Dominanz im Beziehungsleben gefunden zu haben scheinen, und von solchen, die sich im Gegenzug dazu als frustrierte, leidende oder auch ausgebeutete Opfer wähnen, wäre jetzt noch beliebig fortsetzbar. Faktum ist, dass wir zwar vom Lieben als Intention sprechen, sich aber dahinter nicht eine frei fließende den anderen anerkennende, sich verbindende und einander gebende Kraft liegt, die verbunden, aber unvermischt, also identitätserhaltend ein neues Ganzes zu bilden vermag.

Hinter dem, was wir in unserer Kultur aktuell als »LIEBE« bezeichnen, verbirgt sich etwas ganz anderes, was letztendlich dazu geführt hat, dass wir fast unhinterfragt auch zu akzeptieren bereit sind, dass lieben mit leiden einhergeht. Dies allerdings bedeutet einen grundsätzlichen Irrtum, denn zu lieben ist ein vollkommen leidensfreier Zustand, die positive, gestaltende Kraft des Seins. Um zu verstehen, wie es dennoch zu dieser Begriffsverwirrung kommt, müssen wir zum Thema der Bindung übergehen. Die allermeisten von uns sind dem unsicheren, entweder unsicher ambivalent oder unsicher vermeidenden Bindungstyp zuzuordnen. Den desorganisierten/desorientierten Bindungstyp dürfen wir für die Altersgruppe der heute rund 50-Jährigen noch relativ vernachlässigen, doch leider taucht dieser desaströse Bindungstyp in der Generation der heute 35-Jährigen und noch Jüngeren bereits auf. Unsicher gebundene Menschen, also so ziemlich alle, denen man heute begegnet, lieben, egal welchem »Subtyp« zugehörend, konditional, woraus folgt, dass das Lieben ständig von »Verlustängsten und kompensatorischen Kontrollbedürfnissen« begleitet wird und Liebe zum Streben nach Macht über das »geliebte Objekt« mutiert, um die eigenen Sicherheitsbedürfnisse, die aus einem »SELBST-Mangel« entstehen, in Schach halten zu können.

Beziehungen zwischen sicher gebundenen Menschen können hingegen als Bild mit dem so bekannten Jing-Jang-Symbol verglichen werden. Ein neues verbundenes Ganzes, aus zwei eigenständig bleibenden Teilen mit unterschiedlicher Identität. Das hat allerdings heute Seltenheitswert. Unsicher gebundene Menschen versuchen auf Basis der quälenden Verlustängste, den Partner zu vereinnahmen, quasi sich einzuverleiben, sich mit ihm zu vermischen, zu verschmelzen, um zu einem gemeinsamen Ganzen zu gelangen. Als Bild wäre dies einer Kreisscheibe vergleichbar, die einheitlich vom Farbton einer verwaschenen Mischfarbe ausgefüllt wird. Dass man damit, mit diesem eigenen Identitätsverlust, nicht glücklich werden kann, mit diesem »Selbst-Raub« im Namen der Liebe, liegt auf der Hand. Dieses Streben ist die Wurzel aller »Beziehungsspiele« und der damit verknüpften, normalerweise Beziehungen beherrschenden Interaktionen. Dort stirbt jedoch auch gleichzeitig die Lebendigkeit. Diesen »Kampf um die Macht« nennen wir dann normalerweise Liebe, und er dauert so lange, bis sich ein Gleichgewicht der Machtausübung, wie schräg dieses auch sein mag, eingestellt hat oder wir frustriert das Handtuch werfen. Im besten Fall treffen wir jemanden, in den wir uns verlieben, jene

Mystik des speziellen Erkennens und Interagierens erleben, und nach kurzer Zeit schon geht das Machtspiel mit der Zielsetzung von Kontrolle, Verwaltung, Anpassung, Erpressung, Aberziehen von Seinsteilen des anderen los, um uns jene Sicherheit zu verschaffen, die wir selbst nicht in uns tragen, die wir aber auf diese Weise auch nie werden erringen können. Die Eintrittspforte in den Leidenskreislauf der »Liebe«.

Liebe ist in unserer Gesellschaft im Wesen einer Kugelbahn vergleichbar, wie wir sie in Spielzeuggeschäften kaufen können. Oben werfen wir mit großem Enthusiasmus einen glänzenden Ball hinein. Der hat dann, von engen Wänden geleitet, einer vollkommen vorhersehbaren Bahn über ein paar Windungen, Kurven, Corkscrews, Brückchen und so weiter zu folgen, um an Energie und Lauffreude immer mehr zu verlieren, bis er mit einem »plopp« am Ende ausgespuckt wird.

Ein Spiel, das zahlreiche Frustrationen bereithält und zu einer kollektive Entfremdung, der Fühltaubheit, und ihren daran geknüpften Reaktionsbildungen führt.

Liebe, Sex und ...?

Zu manchen Parties geht man, weil man meint, man müsse es aus irgendeinem Grund tun. Zu anderen, weil man dabei sein und gesehen werden will oder auch, weil man sich irgendetwas davon verspricht. Zu wieder anderen, aus der Laune des Moments, weil man nichts Besseres zu tun zu haben meint. Und zu manchen schließlich, weil man das Alleinsein nicht erträgt und zumindest zu Beginn des Abends der Hoffnung ist, dass es in der Gruppe besser auszuhalten wäre.

Das sind die gängigsten Gründe, die mir Menschen, in die eine oder andere Verkleidung verpackt, verraten haben, wenn ich sie genau das gefragt habe: Warum sie denn heute hier auf dieser Party wären? Da ich mit einer bekennenden notorischen Neugier dafür, wie Menschen ihre Wahrnehmung organisieren, wie sich also so etwas wie eine persönliche Weltsicht und Wahrheit in uns formiert, ausgerüstet bin, ist mein Hauptgrund, Feste zu besuchen und Party-Einladungen zu folgen, die Lust an der erwartungsoffenen Begegnung, welches Gegenüber auch immer sich hinter dem benachbarten Sekt- oder Weinglas offenbaren mag.

Es war bereits sehr spät oder besser gesagt ziemlich früh, so etwa gegen drei Uhr, ein Zeitpunkt also, zu dem sich für jene, die bis hierher durchgehalten haben, alleine durch die gemeinsam verbrachte Zeit und angeregt durch das eine oder andere Glas jene spezifische Atmosphäre von Gruppenintimität einstellt, die die Fassade der Selbstpräsentation abzuschmelzen vermag. Da beginnt man dann, die Hochhackigen von den bereits seit langem schmerzenden Füßen zu streifen, lungert bequem auf allem verfügbar Herumstehenden, ohne beständig am Rocksaum fummeln zu müssen, und zieht nicht mehr nach jedem Brötchen fanatisch seinen Lippenstift auf der nächstliegenden Toilette nach. Zu diesem Zeitpunkt hat sich die ursprünglich politisch korrekt straff markierte Raucherlounge zumeist unter dem Vorwand eines offenen Fensters in diesen allgemeinen Komfortbereich vorgefressen. Die Gespräche werden offener, ungehemmter, ehrlicher, tiefer und oft auch ausufernder, so wie die Wachsseen um die in ihren Glasbehältern langsam niederbrennenden Kerzen.

Ich hatte es mir gerade in einer Ecke einer Polstercouch mit meinem Rotweinglas gemütlich gemacht und die Beine bequem hochgelegt. Neben mir, auf einem niedrigen, fernöstlich angehauchten Beistelltischchen, thronte ein mehrarmiger silberner Leuchter, dessen Kerzen die ganze Sitzecke in ein mildes, langsames Licht voll Reflexen und Schatten tauchten. Den großen gläsernen Aschenbecher verstand ich als Aufforderung, mir eine »reflexive Zigarette« anzuzünden. Zwei jüngere Frauen schienen ebenfalls an den Angeboten meines Sofas Gefallen zu finden. Nach einer kurzen, nonverbalen Anfrage, ob es für mich in Ordnung wäre, wenn sie sich hier ebenfalls niederließen, nahm die eine den Platz am anderen Ende der Couch, während sich die zweite, um der ersten im Gespräch besser zugewandt zu sein, im daneben stehenden Fauteuil platzierte.

Sie schienen schon vor dem Hinsetzen ein höchst brisantes Gespräch begonnen zu haben, das sie jetzt, nach Inbesitznahme eines bequemen Lagerplatzes, wohl zu elaborieren gedachten. Ich nahm sie zuerst nur aus dem Augenwinkel wahr. Zwei hübsche Frauen, am Beginn der ersten Reife, so zwischen 30 und 35, etwas intellektueller Touch, so wie beim größten Teil der Gäste hier, mit dieser leichten Aura einer demonstrativen Autonomie. Beide garantiert top da, in dem, was sie beruflich taten. Und im Beziehungsleben nicht bereit, sich um ein Butterbrot zu verschenken. Eben solche, die es sich, will man es nach marktwirtschaftlichen Kriterien abhandeln, sicher aussuchen konnten.

Sie redeten über Sex, ziemlich explizit und unüberhörbar für mich. Ich saß schließlich fastunmittelbar neben einer der beiden, auch wenn sie mir den Rücken zukehrte. Was sie beim Sex mochten und was ein absolutes No-Go für jede von ihnen war, davon sprachen sie. Worauf sie besonders standen und was für ihren Höhepunkt förderlich war. Was ein Typ beim Sex technisch bringen musste, wenn er eine Chance auf ein zweites Mal oder gar ein Abo bekommen sollte. Anatomische Details und »männliche Größe«, samt ihrer jeweiligen Auswirkung auf die sexuelle Performance, waren Basis reger Referenzierungen in der beidseitigen Beweisführung. Naiv wie eine sprichwörtliche Landpomeranze, die angesichts des Verkehrs einer Großstadt beängstigt Heimweh spürt, so kam ich mir daneben vor. Fast erwartete ich, dass sich mein schwarzes, enges Satinkleid in ein hausbackenes Dirndl verwandeln und meine auf dem Teppich verstreut liegenden schwarzen Stiletto-Heels von Geisterhand augenblicklich zu Holzpantoffeln transformiert würden, um meinem Geisteszustand in diesem Thema zu entsprechen. Die beiden konnten echt ein Referat halten, jede für sich genommen, punktgenau, präzise, alles kartographiert, in sicher heroischen Selbstversuchen erarbeitet und überprüft, dafür ergebnissicher und anweisungsklar, das Ideal jeder Zertifizierung.

Was hätte ich gesagt, wenn sie mich dazu gefragt hätten? Ein Stottern formierte sich versuchsweise in meinem Hirn. »Nun, naja, also ... was ich bereit war zu tun? Also eigentlich alles oder aber auch wieder gar nichts ... nein sicher, bei genauem Hinsehen, manches ganz sicher nicht ... also wenn ich so reinspüre ... ganz, ganz sicher nicht, nein, brrr, abscheulich ... aber dann wieder, ja natürlich, sicher, wieso nicht, dasselbe spürt sich doch auch total in Ordnung an.« Worauf ich stand? Hm, naja, manches lag mir näher, ja doch, als anderes, aber wenn ich es genau betrachtete, war das auch wieder nicht so exakt niederzunageln, auf jeden Fall bot es keine Chance, um einem Mann ein sicheres Rezept zu bieten, wie ich zu einem Höhepunkt kommen würde. Das mit den Angaben zu männlichem Technikrepertoire in Sachen Tempo, Rhythmus, Bewegungsausmaß, Taktfrequenz verwarf ich gleich. Machten die sich da vorher die Partitur aus? Und das Ding, das sich um die »männliche Größe« drehte, erschien mir, egal was die Auswirkung bedeuten mochte, im einen oder anderen Fall sowieso nur pragmatisch bewältigbar.

Gestammelt hätte ich also oder mir ständig widersprechend dahingeschwafelt. Ich sah fast schon ihre verständnislosen, mitleidigen Blicke a la »Mädel, das kann ja nie etwas werden« auf mir ruhen. Dabei hatte ich zumindest bis heute nicht gewusst, dass ich ein sexuelles Problem haben könnte. Ich hätte es nur kontextabhängig beschreiben können, von der interaktionellen Dynamik mit dem jeweiligen Partner definiert und als ein stark von unlenkbaren Phänomenen wechselseitiger Resonanz geprägtes, sich aus sich selbst heraus gestaltendes und daher gänzlich Kontrolle und Definition entziehendes Erleben. Magie der

Begegnung, wenn sie mir denn geschenkt wurde. Während ich sinnierte, näherte sich das Gespräch der beiden dem mir bisher verborgen gebliebenen Ausgangspunkt. Bevor sie neben mir auf meiner ruhigen Couch Quartier bezogen und diese zum Prüfstein meiner Sexualphilosophie umfunktioniert hatten, waren sie draußen im Dunkel der Terrasse Zeuginnen eines »Gesprächs zwischen Männern« geworden. Heinz, der Inhaber eines renommierten PR-Unternehmens, der viel daran setzte, dass ihm der Ruf sexueller Umtriebigkeit nachschlich, hatte in dieser vorgerückten Stunde und unter dem Einfluss verschiedener, Zungen lösender Flüssigkeiten einige chauvinistische, sexuelle Witze vom Stapel gelassen. Nur um dann als Höhepunkt die These zu vertreten, dass das Beste, was man von einer Frau bekommen könnte, ein ordentlich ausgeführter »Blow-Job« wäre. Diesen Teil hatte ich noch selber mitgehört, bevor ich mich auf meine Couch mit dem Schmunzeln dessen zurückgezogen hatte, der jemanden bei seiner Selbstentlarvung beobachten darf. Männer um die 50, die sich über ein vor Testosteron triefendes Sexualkonzept männlicher Spannkraft und Leistung definieren, gleiten in der Panik der ersten Morgendämmerung erektiler Dysfunktion bisweilen in die abstrusesten Theoriebildungen und Instrumentalisierungen von Weiblichkeit ab.

Doch Heinz war in der Terrassenrunde der designierte Platzhirsch gewesen und hatte mit seiner Behauptung eben jene Detaildiskussion unter den umstehenden kooperierenden »Kumpeln« ausgelöst, an der sich der Ärger der beiden Frauen neben mir entzündet hatte.

»Schweine sind sie, allesamt«, ereiferte sich die neben mir sitzende, wobei sich in ihrer Stimme die Enttäuschung einer kleinen Prinzessin mit der Wut einer Erinnye zu paaren schien. Sie strich eine ihrer Haarlocken energisch zurück. »Und da soll man sich dann geliebt fühlen, von so einem, mit ihm eine Beziehung führen und eine Zukunft planen. Echt alles Beschiss!«

»Am ärgsten war Robert«, rekapitulierte die andere Frau, die im Fauteuil saß und deren Gesicht ich im Blickfeld hatte. Sie hatte ein fein gezeichnetes Profil, eine hohe Stirn, auf der sich jetzt gerade eine steile Falte abzeichnete, und volle, sinnliche Lippen. »Der sagt doch echt, dass es ihn aufgeilt, wenn er dabei die Frau an den Haaren fassen kann und ihren Kopf selbst hin und her bewegt. So ein Trottel.«

»Und dann noch das mit der Damm-Massage«, versetzte die andere wieder, »die glauben echt, man ist ein Bedienungsladen. Mit sowas sollst du dann am Morgen noch aufwachen und glauben, dass du geliebt wirst. Sind doch alle Scheiße, die Männer!«

Mit der letzten Bemerkung hatte sie sich endgültig in Fahrt geredet und dabei zu mir umgedreht, so als wäre ihr meine Zeugenschaft ihres Gesprächs die ganze Zeit über bewusst gewesen. »Sind doch alle Scheiße, die Männer«, wiederholte sie hart und Bestätigung einfordernd und blickte mir dabei voll ins Gesicht. Nun, es streichelt zwar das eigene Selbstbewusstsein als fast zwei Jahrzehnte ältere Frau, noch als kompetente Gesprächspartnerin in Sachen Sex gesehen zu werden, doch die beiden brachten mich jetzt in wirkliche Bedrängnis. Die plötzlich eingetretene Stille lastete als fühlbares, schweres Unbehagen auf mir. Eindeutig wurde von mir nun Bestätigung erwartet. »Hm«, ich versuchte Zeit zu schinden und nahm einen Schluck aus meinem Rotweinglas, »eigentlich finde ich das ganz okay, was die Jungs da draußen so vom Stapel gelassen haben«, setzte ich an und sah, wie sich Entgeisterung auf ihren Gesichtern abzuzeichnen begann. »Die paar angegrauten Boys da draußen haben in Wirklichkeit dasselbe formuliert, was ihr hier gerade vorher diskutiert habt, nur eben in dieser lauten, einander auf die Schulter klopfenden Art unsicherer Jungs. Da geht es um Sex, der im Becken sitzt, den Körper entspannen und dem Geist für ein paar Momente seine Unrast nehmen soll. Und das sicher, zielgerichtet, funktional, anweisungsfähig und reproduzierbar. Wenn das die Zielsetzung ist, finde ich das ganz in Ordnung zu definieren, was genau dafür notwendig ist. Seien wir ehrlich: Wenn ich einen tropfenden Hahn habe, will ich auch einen Klempner, der sein Geschäft versteht, und nicht einen, der herumsteht, den Finger mal hier und mal da hinlegt, und währenddessen säuft mir die ganze Show ab.« Das klang kaltblütig, fast brutal, aber es fühlte sich richtig an. Beide schienen jetzt massiv verunsichert. »Wenn es um Sex geht, um das, was mit Genitalorganen und dem restlichen Body an körperlichem Lustempfinden und messbarem Ergebnishöhepunkt erzielbar ist, so ist das Handwerk und legitim für beide Seiten der Geschlechter zu diskutieren«, wiederholte ich. »Das Problem in diesem Thema des physischen Sexualhaushalts sehe ich eher darin, dass sich gutes Handwerkertum und Meisterschaft heute schlecht auszubilden vermögen. Die Pornoindustrie wirkt wie eine aus den Fugen geratene Volkshochschulinitiative, die ständig neue oberflächliche Kurse und Benchmarks produziert, bei denen man meint, sich einschreiben zu müssen, um Trendsetter zu sein. Und dann sind alle überfordert. Leg den Finger da hin, nein da. Hüpf in diese Position, nein jene bringt mehr. Iss vorher das, nein nimm lieber diese Pille. Stich dir ein Ringlein an jene Stelle und zieh dran oder kauf dir eine Wagenladung Sextoys. Auf jeden Fall sei dauergeil, und wenn du das nicht bringst, dann lern, wie du vorgeben kannst, es zu sein. Und bitte, bitte, lass möglichst viele daran verdienen. Es ist wirklich beschämend. Unsere Zeit bringt weder einen Don Juan noch einen Casanova hervor, die wenn sie schon nicht lieben und Bindung leben konnten, so doch zumindest ihr Handwerk zur Kunst erhoben haben. Nur jede Menge Clowns, die ewig in der Phase kleiner Jungs hängen bleiben, die am Pissoir ihre Längen vergleichen oder sich im Internet Techniktipps einflüstern lassen, statt ihre eigenen Talente zu entdecken. Und bei uns Mädels ist es übrigens auch nicht besser ...«

»Wie meinst du das?«, hakte die neben mir Sitzende nach, die sich nun gänzlich zu mir umgedreht hatte.

»Ich meine, dass wir hier eigentlich nur mehr von Masturbation sprechen«, versuchte ich meine Gedanken zu präzisieren. »Das kann man als Sex alleine mit sich selbst austragen, was, wie ich anmerken darf, mit den Jahren weniger aufwändig wird, weil man sich selber vertrauter wird. Oder, wenn einen dieses Bedürfnis nach warmer, weicher Menschenhaut befällt, an einem andern. Und was ihr, sowohl ihr hier auf meiner Couch, wie die Jungs draußen auf der Terrasse diskutiert habt, ist, wie ihr einander dabei am besten und mit der höchsten Zielgenauigkeit dafür einsetzt. Das ist der eigentliche Deal.«

Beide schienen mir nun verwirrt und zu Widerspruch bereit, jedoch interessiert, mit mir weiter zu diskutieren. Die neben mir Sitzende strich ihre gerade wieder ins Gesicht fallende blonde Haarsträhne zurück und setzte nun trotzig zur Gegenrede an: »Aber sie sind trotzdem Schweine! Wie soll ich so einem Mann vertrauen oder gar mit ihm leben oder sogar ein Kind von ihm bekommen wollen, wenn der solche Sachen sagt, mich so sieht.« Wobei sie die von Robert zitierte Sequenz eines ihn maximal stimulierenden »Blow Jobs« wiederholte.

»Sollst du eh nicht«, antwortete ich ihr und schlug damit dem Fass ihrer Verwirrung endgültig den Boden aus. »Die Vermischung ist das Problem. Wir reden hier von SEX, von nichts anderem, hardcore, technisch einwandfrei, auf den jeweiligen Ausübenden und seine persönliche Funktionsweise und Bedürfnisse abgestimmten, maximal effektiven und den anderen zu entsprechenden ergänzenden Handlungen anleitenden Sex. Das ist alles. Aber du willst darüber LIEBEN erleben. Und das geht bei größter Perfektion einfach nicht, denn Sexualität in der Liebe ist einfach etwas ganz anderes.«

Eine seltsame Stimmung hatte sich zwischen diesen beiden mir fremden jüngeren Frauen und mir jetzt entwickelt. Wir kannten einander kaum. Und doch war in diesem aus der Alltagsnormalität herausgeschnittenen Zeitkristall der weit vorgerückten Stunde eine uns verbindende Intimität des Verstehen-Wollens deutlich zwischen uns spürbar.

»Aber wie ist Sexualität in der Liebe dann?« Die Frage stand jetzt einfach da, kam von allein und keine von uns wusste mehr, wer genau sie formuliert hatte. Da war kein Trotz mehr in den Stimmen, mehr etwas Schüchternes. »Sexualität in der Liebe kommt mir wie ein Tempel vor, in den man mit klammem, ehrfürchtigem Herzen eintritt«, versuchte ich es in ein ungelenkes Stimmungsbild zu bringen, »Sexualität in der Liebe wird von der Liebe selbst, deiner Haltung des Liebens getragen, vom Vermögen der Hingabe an den Moment und an die volle, rückhaltlose Begegnung mit dem Gegenüber. Es ist die Bereitschaft, sich zu verschenken, nicht etwas zu bekommen oder anzustreben. Du tust nichts gerichtet oder absichtsvoll, sondern es entwickelt sich aus sich selber. Und in manchen Bruchteilen von völliger Präsenz begegnest du dem Universum.«

Wir schwiegen. Irgendwie schien das, was ich gesagt hatte, nachzuhallen.

»Aber dafür muss einem der richtige Mann begegnen«, warf die auf dem Fauteuil sitzende Gesprächspartnerin schließlich ein. »Das ist wahrscheinlich einmal im Leben.«

»Natürlich muss dieses magische Verständnis, diese Chemie der besonderen Anziehung zwischen beiden gegeben sein«, akzeptierte ich ihren Einwurf. »Aber es hängt in erster Linie von deiner Liebesfähigkeit ab, von deiner Haltung, dich ehrlichen, offenen Herzens einem anderen geben zu können. Sieh es umgekehrt: wenn du nicht liebesfähig bist, kannst du auch bei bestehender größter Anziehung nicht mehr als den zuvor angesprochenen Sex erleben. Und daraus eine Geschichte von ›sowas gibt's nur einmal und sie lebten glücklich bis ans Ende ihrer Tage‹ machen zu wollen, davon kann ich dir nur herzlich abraten. Lieben ist ein lebendiges Ganzes, das kann sich ändern, wenn man authentisch in der Begegnung und im Lebensstrom bleibt. Mancher ›Tempel‹ vermag nur die Dimension einer Hundehütte anzunehmen. Das ist eben manchmal so. Was zählt, ist die Wahrhaftigkeit und Aufrichtigkeit darin, einander zu erkennen. Lebendigkeit kennt keine Garantie, dafür die Fülle erlebten Liebens. Und solange DU lebendig bist, kann es wieder entstehen. Du kannst nur da sein und darauf vertrauen. All diese technischen Referenzierungen zur Sexualität sind meines Erachtens der mechanistische Versuch, Kontrolle über das Wesen des Liebens unter Zuhilfenahme einer verwalteten, funktionalen Sexualität zu bekommen. Was man damit erreichen kann, ist die Steuerung von Körperlichkeit. Aber Sexualität in der Liebe ist mehr als ein auseinandernehmbares und zusammensetzbares Uhrwerk. Die Seele lässt sich auf diese Art nicht berühren.«

Wir schwiegen. Die Kerzen flackerten. Ich nahm den letzten Schluck Rotwein aus meinem Glas. Während ich mein leeres Glas auf den Couchtisch neben mir stellte, fiel mir dann gerade noch etwas ein. »Und wenn dieser Robert von der Terrasse jener wäre, mit dem du dich aufrichtigen Herzens würdest lieben wollen, hingegeben an eure Begegnung, die sich aus sich selber in ihrem Tempo und ohne jede Anforderung einer Performance oder eines Orgasmusdrucks entwickeln könnte, dann würde es sich einfach im richtigen Moment ergeben, dass er in dein Haar fassen und deinen Kopf hin und her bewegen würde. Und du würdest es lieben.«

Die Reaktionsbildungen der kollektiven Fühltaubheit der narzisstischen Gesellschaft

Die Fühltaubheit gleicht einer Erkrankung des Einzelnen sowie der ganzen Gesellschaft. Sie ist als Ausdruck der zunehmenden gesellschaftlich verbreiteten Grundproblematik eines Mangels an ausdrucksstarker Liebesfähigkeit zu sehen. Die Fühltaubheit ist eine, wie man das in der Medizin nennt, progrediente, also immer weiter fortschreitende Erkrankung, ihrem Wesen nach bösartig, ein die Grundkraft der Lebendigkeit zunehmend aufzehrendes und zerstörendes Leiden. Die Allerwenigsten von uns erlangen in ihren frühen Jahren eine ausreichende Grundimmunisierung gegen diese Seuche, ja für die meisten von uns wird in dieser ersten Lebensperiode bereits der Grundstein für die spätere Erkrankung in unserer Seele verankert. Aus mannigfachen Gründen ist es Eltern nicht möglich, gute Mütterlichkeit und gute Väterlichkeit zu leben. Ob dies die frühe, durch Konsumdruck und hohe Lebenskosten für junge Familien den Eltern aufgezwungene Doppelberufstätigkeit ist, die das Kind in lange Krippenbetreuung zwingt, eine Erkrankung des Kinds oder eines Elternteils oder ein anderes Lebensereignis, das Trennung zwischen Kind und einem oder beiden Elternteilen bewirkt, oder aber, wie in vielen Fällen, ein Mangel an Liebesfähigkeit bereits bei den Eltern. Eine Verstrickung in die eigene Beeinträchtigung der Liebesfähigkeit, die das Kind im Beziehungsdickicht der elterlichen Partnerschaft instrumentalisiert, zum Erfüllungsgehilfen, zum Befreier, zum Sargnagel, zur Fleisch gewordenen Tragödie der eigenen Lebensrealisierung werden lässt. Jenes volle, liebende Angenommenwerden kann sich nicht entfalten und vom Kind nicht erlebt werden. Und wer die Liebe in den frühen Jahren nicht oder nicht ausreichend erlebt, tut sich mit der Liebe später selber sehr schwer. Er lebt in einer Begriffsverwirrung, und es fehlt ihm gleichsam die Grammatik der Liebe. Sein Ausdruck bleibt holprig und unbeholfen, stotternd, ängstlich oder im falschen Moment aufbrüllend. Er spricht von Liebe, wenn er Kontrolle und Macht meint und vermeint zu spüren, dass ihm Liebe entgegengebracht wird, wenn er doch gerade nur zum Instrument eines anderen Fühltauben degradiert wird.

Die Fühltaubheit ist kein Phänomen, das sich in sogenannten »schlechten Elternhäusern« entwickelt, oft sind die Eltern sogar herausragend bemüht, nehmen das Kind und seine Entwicklung besonders wichtig. Sie ist auch nicht an sozial schwache oder ungebildete Eltern gebunden, sondern manifestiert sich unterschiedslos überall, wo die Bedingungen für eine eigenständige ICH-Entwicklung des Kindes nicht hinreichend gegeben sind. An dieser Stelle sei auch davor gewarnt, in den so verbreiteten Schuldzuweisungsmodus zu verfallen, der bei der Aufarbeitung der eigenen Krankengeschichte als eine verführerische Parkposition winkt. Das ist wie Reiten auf einem toten Pferd. Unsere Eltern haben nach »bestem Wissen und Gewissen« oder auch nach ihrem (Un-) Vermögen gehandelt, in ihrer Weltsicht von ihren eigenen Marionettenfäden begrenzt, die ihnen ein jeweiliges engeres oder weiteres Korsett von Erkenntnisfähigkeit, Selbstverantwortung, Bewusstheit und Ethik gestrickt haben. Und auch die »life events«, die Schicksalsschläge, die unsere Kindheit heimgesucht haben und sich als bittere Trennungs- und Einsamkeitsgefühle in unsere Seele eingebrannt wiederfinden, ständig in Evidenz zu halten, erweist sich immer als eine Sackgasse.

So what? Diese Züge sind lange abgefahren. Es ist angemessen, am Peron zu stehen, ein Taschentuch zu ziehen um nachzuwinken und ein paar aus der Tiefe aufsteigende Tränen abzuwischen, die im fühlenden Menschen aufsteigen dürfen, wenn es um Abschied geht. Doch ewig auf diesem Bahnsteig zu verharren, als anklagende, versteinerte Salzsäule in zunehmender Wut, Verzweiflung und letztendlich dann mit der bitteren, galligen Resignation von Zynismus, um trotzig auf die Rückkehr eines Zugs zu warten, der nur vorwärts fahren kann, heißt, das eigene Leben zu vergeuden.

Die depressive Einbunkerung

Dass Anna bei mir im Sprechzimmer sitzt, wirkt fast anachronistisch. Ihr Lebenslauf ist beeindruckend, und ihre Verdienste und Erfolge sind es auch. Sie ist eine bewunderte und natürlich damit auch beneidete Person. In ihrem Fachgebiet eine mehr als anerkannte Expertin, deren Meinung in schwierigen Fragestellungen gerne hochbezahlt eingeholt wird, die in den namhaften Gremien mitzuwirken weiß, zahlreiche Publikationen aufweisen kann und ganz nebenbei auch alle Insignien, die wirtschaftlichen Wohlstand signalisieren, ihr Eigen nennen darf. Klientensuche, das getriebene und dabei immer lässig wirkende Herumlungern an einschlägigen Plätzen, zu dem die meisten Kollegen verurteilt sind, kennt sie nicht, denn in ihrer Anwaltskanzlei samt ihren acht Mitarbeitern stehen die Mandanten Schlange. Ihre Schriftsätze sind scharfsinnig, jeder relevante Vergleichsfall wird einbezogen, und sie hat stets die Urteile für die Argumentation parat. Wenn ihre zumeist hochhackigen Absätze auf den Gängen der Gerichte ihr Kommen ankündigen, führt dies bei jenen, die sie auf ihrer Seite haben, zu merklicher Entspannung, während die auf der anderen Seite Stehenden wissen, dass es besser ist, jetzt in Deckung zu gehen. Denn sie kämpft, und das hart. Jeder Fall, den sie übernimmt, ist in seltsamer, unbedingter Weise »ihr« Fall, ihre Identifikation ist absolut. Das macht den Biss aus, und das schätzen die Mandanten, da fühlt sie sich in diesem auf Kampf ausgerichteten Rechtssystem eben wirklich gut vertreten. Aber es ist auch ein Fluch. Jetzt hier in meinem Arbeitszimmer wirkt diese mir gegenübersitzende zarte Frau mit der hohen Stirn und den feinen Gesichtszügen fast zerbrechlich und sehr müde. Obwohl sie die 50 schon überschritten haben muss, schimmert dennoch eine vitale Weiblichkeit durch, in der ganzen Art, in der sie sich trägt.

Sie ist intelligent, ohne Zweifel sogar sehr, stark und präzise wahrnehmend und eindeutig depressiv, wie sie es selber benennt. Dabei ist alles auf Schiene, kein Grund objektiv wirklich erhebbar. Sie hat alles, alles im Sinne des »Habens« und alles im Sinne des »erreicht«. Die ganze Latte der Vorgaben ist abgedient, wie sie es nennt. Doch ihre abendlichen Stimmungseinbrüche, die sie seit geraumer Zeit mit qualitativ hochwertigem Rotwein abzufangen trachtet, machen ihr Sorge, denn sie ist zu genügend selbstdistanzierter Aufmerksamkeit fähig, um sich kritisch betrachten zu können. Sie benennt es als Resignation. Lebensresignation. Sie kann keinen Glaube in die Liebe mehr in sich finden. Irgendwann scheint sich das im Hintergrund ihrer Seele abgeschlossen zu haben. Doch das abendliche Szenario der Sitzung mit ihrer Rotweinflasche hinterlässt sie mit Leere und als Zukunftsausblick bisweilen sogar mit Suizidgedanken. Sie hat aufgehört zu fühlen, wie sie es nennt. Irgendwann, klammheimlich, muss dieses Absterben begonnen haben. Ihren Freundinnen fühlt sie sich entfremdet. Die wären zum Großteil ähnlich in ihrem Leben aufgestellt wie sie, hätten da aber »bessere Methoden« gefunden, damit umzugehen. Die machen halt Städtetrips oder Wellnessurlaube bis zum Abwinken. Eine wäre ganz auf Fitness reingekippt, eine andere auf Ernährung, bei beiden wirke das wie eine Ersatzreligion. Eine Dritte ginge im Hundesport vollkommen auf, toure von Veranstaltung zu Veranstaltung, mit ihren zwischenzeitlich drei Kötern, wieder eine andere »fickt sich« auf Teufel komm raus – man könne es einfach nicht anders benennen – durch die ganze Branche. Aber alles nur Beschäftigungspolitik, um dem Kopf etwas mit »Wichtigkeit« zu geben und so nicht zum Spüren zu kommen. Um eben die zehrende Einsamkeit, die sie alle hätten, nicht fühlbar zu machen, wie sie überzeugt ist. In manchen Gesprächen untereinander, dann, wenn die Verleugnung nach dem einen oder anderen Glas ihre Stabilität verlöre, trete das ganz offen zu Tage. Allerdings, räumt sie ein, ginge es ihren Freundinnen damit besser, da sie eben den eigentlichen Mangel nicht fühlten, sich ihre Kunstwelt geschaffen hätten und mit lauter, wenngleich in ihren Ohren etwas schrill anmutender Überzeugung unisono »Männer als echte Beziehungspartner« aus ihrem Leben verbannt hätten.

So einfach könne sie es sich nicht machen: ein paarmal um den Globus touren, sich ein paar Katzen oder Hunde oder ein Hobby anschaffen, jetzt wo die Kinder groß sind, und weiter in der Hochbeschäftigung bleiben. Das wäre eine zu transparente Strategie, als dass sie nicht selber gezwungen wäre, diese bereits im Ansatz zu entlarven. Also säße sie fest, zwischen der Erkenntnis, dass irgendwie alles zu Ende wäre, denn so fühle es sich tief in ihrem Inneren an, und der Unfähigkeit, etwas daran zu ändern.

»Ich bin eben scheiße und zu nichts gut« ,erklärt mir diese hochkompetente Frau, von der morgen im Gerichtssaal niemand wird ahnen können, dass sie diesen Satz heute zu mir gesagt hat. Nur ihre Arbeit wäre ihr noch Stütze, dabei fühle sie so etwas wie Lebendigkeit, doch auch hier nage beständiger Zweifel an ihr. In dunklen Stunden halte sie sich für eine Blufferin, für jemanden, der es nur verstehe, andere hervorragend zu manipulieren, eine Schaumschlägerin, die in erster Linie heiße Luft erzeuge, eine gute Performance bei in Wirklichkeit schwacher Leistung brächte und beständig in Angst vor »Aufdeckung« lebe. Alle ihre akademischen Referenzen und beruflichen Erfolge erscheinen ihr in diesen Phasen erschlichen und nur vorgetäuscht. Sie könne sich derartiger Gefühle, die wie Wogen über ihr zusammenschlügen, dann nicht erwehren, obgleich ihr die Absurdität auf einer logischen, rationalen Ebene vollkommen einsichtig wäre. Irgendwie fühle sie sich wie auf endgültigem Kollisionskurs mit der Mauer, die ihr ganzes Leben umgebe, einem Leben, das sich bisweilen seltsam fremd, falsch und gar nicht wie ihres anspüre.

»Nun«, wende ich hier ein, »Psychotherapie ist der Versuch, die Tür in der Mauer zu finden. Also lassen Sie uns anfangen, Anna.«

Anna ist die ältere von zwei Töchtern und in einem bürgerlichen Haushalt aufgewachsen. Die Mutter, eine Volksschullehrerin, gibt wegen der Kinder, wie sie immer wieder betont, ihren Beruf auf. Denn der Vater, Geschäftsführer eines mittelständischen Unternehmens, hat es nach seinem Weltbild nicht notwendig, dass seine Frau dazuverdienen muss. Die Mutter beschreibt Anna als kaum zufrieden zu stellen, pedantisch, von einer ständigen Wolke der Anspannung durch die wenig geliebte Haushaltsführung umgeben. So »spielt« sie eben mit ihren Töchtern Schule. Anna versteht sehr rasch, dass ihre Anstrengungen und Bemühungen die Leistungsvorgaben der Mutter zu erfüllen, der Weg sind, um die ersehnte Zuwendung zu bekommen und angenehme Stunden mit der Mutter verbringen zu können. Und ihre Mutter ist ehrgeizig und will ihre Tochter Anna optimal fördern, die ihr endlich, ganz im Gegensatz zur anderen jüngeren Tochter, die an allem Akademischem Desinteresse zeigt, Freude in ihrem als so sinnlos empfundenen Hausfrauendasein verschafft. Bei Schulantritt kann Annas Mutter »ihrer Kollegin« daher ein Kind, das bereits lesen und schreiben kann und über beachtliches Allgemeinwissen verfügt, stolz als ihr Werkstück präsentieren.

Aber Leistung wird auch von Seiten des Vaters gefordert. Das ist der Weg, auf dem Anna versucht, ihn dafür zu entschädigen, dass sich in ihr nicht der ersehnte Stammhalter der Familie realisiert hat. Obwohl es nie ausgesprochen wird, so ist es für Anna eindeutig, dass ihr Vater einen Sohn bevorzugt hätte. Als Leistungsschwimmerin schafft sie zwar den Einstieg in die Wiener Jugendmannschaft, doch der Vater selber disqualifiziert sie wegen ihres Geschlechts, indem er ihr mit Eintreten in die Pubertät die weitere sportliche Schwimmkarriere wegen der »Gefahr der Vermännlichung« verbietet, die sie für Männer unattraktiv werden lassen könnte. Anna ist niedergeschlagen, verwirrt, fühlt sich wertlos und als Versagerin.

Früh beginnt sie sich für das Glück ihrer Eltern verantwortlich zu fühlen. Denn die wenigen Momente, in denen diese ihr als positive Einheit erscheinen, hängen mit ihren hervorragenden schulischen Leistungen zusammen. Meist erlebt sie eine Distanziertheit zwischen Vater und Mutter, einen schwebenden Leidensvorwurf der Mutter und einen ebensolchen, sich allerdings in unvermuteten cholerischen Ausbrüchen manifestierenden des Vaters, so als ob jeder den anderen für das Nicht-Gelingen des Lebensglücks verantwortlich machen würde. So wird sie die Vertraute der Mutter und gleichzeitig die des Vaters und versucht zunehmend zwischen beiden zu vermitteln, beide glücklich zu machen. Rückblickend wird für Anna klar, dass für sie, die Wahrnehmung ihrer Bedürfnisse als Kind, in dieser Familie kaum Platz zu finden war, das Gefühl eines »falschen Lebens« schon tief in ihrer Kindheit wurzelt.

Anna singt gern, schreibt Texte und spielt in der Schule Theater, doch diesem musischen Talent nachzugeben, erscheint unter den gegebenen familiären Umständen und den drückenden Erwartungshaltungen der Eltern auch für sie selber im wahrsten Sinne des Wortes vollkommen undenkbar. Zwar schafft sie heimlich ohne Probleme die Aufnahme ans Reinhardt-Seminar, doch sie schreibt sich in derselben Woche an der juristischen Fakultät ein und beginnt ihr Jus-Studium. Trotz objektiv immer ausgezeichneter Schulleistungen quälen sie auch jetzt an der Universität beständige Selbstzweifel, die auch dadurch nicht gelindert werden, dass sie in Mindeststudienzeit vorankommt und nahezu jede Prüfung ausgezeichnet ablegt. Auch von ihren Eltern erlebt sie sich beständig in ängstlicher Erwartungsspannung belauert, ob sie es auch wirklich schaffen werde.

Anlässlich eines Sommerpraktikums bei einem Anwalt tritt Stephan, acht Jahre älter als Anna und Konzipient, in ihr Leben. Stephan verkörpert alles, was Anna sich damals für ein gelungenes Leben vorzustellen vermag. Sein lautes, betont joviales Auftreten erlebt sie als Selbstsicherheit, seinen oft kalten Befehlston gegenüber den Schreibkräften als Führungskompetenz, sein geschniegeltes Äußeres als eine seinem Stand angemessene Adjustierung. Jahre später wird sie ihn als einen kaltherzigen, eitlen Tyrannen erleben, der jede Aufmerksamkeit auf sich polarisiert, doch zu diesem Zeitpunkt löst Stephans scheinbare Souveränität Schamesröte und backfischartige Befangenheit in ihr aus. Und er interessiert sich für sie, hat sie wahrgenommen, ja er umwirbt die attraktive Anna ganz heftig.

Die nächsten Monate sind die glücklichsten in Annas Leben, wie sie meint. Und als das Paar, das in der Zwischenzeit zusammengezogen ist, von der Alltagsrealität eingeholt wird, sieht es Anna, ohne dass ihr dies bewusst wird, als ihre Aufgabe an, für jedes Problem eine Lösung zu finden. Derer gibt es viel, denn Stephan neigt zu Übellaunigkeit und damit jäh einhergehenden Temperamentsausbrüchen und emotionalen Abwendungen, die Anna, je mehr sie sich an ihn gebunden sieht, in Katastrophenstimmung versetzen. »Es war paradoxerweise sogar so, als würden mich diese Wahnsinnsszenen noch viel fester an ihn binden«, beschreibt sie ihren narzisstischen Verschränkungs- und Leidensprozess. Jahre vergehen, und Anna hat inzwischen herausgefunden, dass die größte Harmonie im Zusammenleben mit diesem Mann, an den sie sich trotz der vielen Schmerzen und oft bösartigen Abwertungen und Angriffen auf ihr Selbstbewusstsein so seltsam unauflösbar gebunden fühlt, damit zu erreichen ist, dass sie in die Rolle der ihn Bedienenden wechselt. Das liegt ihr und verschafft ihr Bestätigung. Je ungleichgewichtiger die Alltagslasten verteilt sind, umso selbstbewusster und stärker fühlt sie sich. »Das schaff ich auch noch«, war mein ständiger Spruch. »Irgendwann wird er sehen, was ich alles tue.«

Doch Stephan siedelt weitab von einer derartigen Erkenntnis. Anna ist inzwischen mit dem Studium fertig, und als Konzipientin sehr erfolgreich geworden, nachdem sie sich gegen Stephan und ihren Vater durchgesetzt hat, die ihr in kränkender Weise beide mangelnden Biss vorwerfen und sie in eine Beamtenlaufbahn drängen wollen. Als sie sich gerade auf die Anwaltsprüfung vorbereitet, die Stephan nun nach Jahren auch endlich absolviert, wird im Rahmen einer Routineuntersuchung eine Geschwulst auf einem Eierstock festgestellt. Das Thema eines bösartigen Tumors steht im Raum. Doch der eigentliche Leidtragende ist Stephan, der reklamiert, dass ihm Anna mit ihrer Erkrankung die Zukunftsträume einer Familie zerstören würde. Und so wird es für Anna, die von Schuldgefühlen geplagt wird, die stärker als ihre Ängste um ihre Gesundheit sind, verständlich, dass sie Stephan während der gesamten Periode der Voruntersuchungen, Operation und Rekonvaleszenz alleine lässt, zu seinen Eltern zieht, ja sie nicht einmal im Spital besucht. Er tritt erst dann wieder auf, als sie als »wiederhergestellt« gilt.

Anna fühlt, dass sie Stephan nun Kinder schuldet. Die erste Tochter wird geboren, eineinhalb Jahre später der ersehnte Sohn und danach noch einmal eine Tochter. So sehr Stephan mit seiner Familie reüssiert, so sehr lässt er Anna mit der Betreuung und allen Organisationsverpflichtungen allein. Er ist es schließlich, der die gemeinsame Kanzlei, die inzwischen gegründet wurde, unternehmerisch zu entwickeln hat. Mit der ihr eigenen Zähigkeit bringt Anna Kinder, Haushalt und Kanzlei unter einen Hut, denn in der nüchternen Bilanz, die für alle anderen weit offenkundiger ist, als lange Zeit für sie selber, hängt das zunehmende Gedeihen der Anwaltskanzlei ebenfalls hauptsächlich an ihrem Einsatz.

Stephan »sozialisiert« gerne und viel und sieht darin seinen Hauptbeitrag und das vitale Rückgrat des Erfolgs. Erstmals stellt sich Anna dem Konflikt, denn Stephans zunehmende Neigung gilt dem Strafrecht. Und die derart die Kanzlei bevölkernde Hauptmandantschaft von Kleinkriminellen, Drogendealern und Fällen, die sich aus dem zunehmend »rechten Bekanntenkreis« über entsprechende Vermittlung ergeben, gefällt ihr nicht, passt nicht zu ihrem Klientel und ist nebenbei auch wirtschaftlich ein untergeordneter Posten im Verhältnis zu dem, was sie zu produzieren vermag. Stephans Ankündigungen eines »Take Off« von seiner Seite lassen in der Realisation auf sich warten. Und die lukrativen und interessanten Fälle, die er immer wieder mit großer Überzeugungskraft anzukündigen weiß, bleiben aus. Die Situation verschärft sich, Stephans Umgangston ist kalt, abwertend, zielt darauf ab, Anna niederzumachen, zu verunsichern, ihre Kompetenz als Mutter, Hausfrau, Anwältin, Geliebte infrage zu stellen, sie unter Beweisdruck zu stellen.

Und es funktioniert. Anna treibt sich selber immer weiter zu Höchstleistungen an, lässt sich von Stephan auch vor den Kindern und sogar in der Kanzlei demütigen und versucht Stephan in einer Mischung aus Hass und Auslieferung immer wieder ihren Wert zu beweisen. Für das kurze Aufblitzen seiner charmanten Seite, wenige Momente von vermeintlicher Innigkeit, ist sie bereit, alle davor liegende Pein zu vergessen. Erst als ihr deutlich wird, dass Stephan die älteste Tochter, die nun bereits neun Jahre alt ist, in derselben Weise wie sie behandelt und diese bereits schwere psychische Auffälligkeiten zeigt, beginnt ihr an Hand ihres eigenen Kindes deutlich zu werden, dass sie nicht mehr auf Stephans Veränderung hoffen darf, sondern sich wehren muss.

Doch wer sich wehrt und die Bespiegelung von Stephans Person verweigert, muss vernichtet werden. In der letzten Phase dieser Ehe zeigt sich die gesamte Brutalität der narzisstischen Verschraubung, indem es zu offener wiederholter Gewalttätigkeit von Stephan gegen Anna und seine ältere Tochter kommt. Ein blutiges Scheidungsszenario, in dem bezeichnenderweise Annas Eltern ihrer Tochter die Schuld für das Versagen der Ehe geben, ihr heftige Vorwürfe machen, Stephan immer wieder mit der Demonstration ihrer Kompetenz gereizt und ihn damit gedemütigt zu haben, und jetzt den Kindern den Vater zu nehmen. »Eine Frau, die immer ihre Überlegenheit zeigt, hält doch kein Mann aus«, so der Kommentar ihrer Mutter.

Anna ist am Tiefpunkt. Am Ende, so erlebt sie es, macht sie immer alles falsch. Alles, was sie angreift, wird Scheiße, wie sie meint. Dazu kommt, dass sie zwar spürbare Erleichterung und eine noch nie gefühlte Ruhe nach der Beendigung der Beziehung zu Stephan erlebt, sie jedoch gleichzeitig von immer wieder aufflammenden Gefühlen von existentieller Leere, Einsamkeit und Nutzlosigkeit überschwemmt wird. Ganz so, als würde ihr die gewohnte Qual fehlen, als vermöge sie den ihr nun gegebenen freien Raum für sich selber nicht zu gestalten. Stephan, der Tyrann, der sie kaltherzig demütigte und sogar geschlagen hat, fehlt ihr. Die wenigen Momente der vermeintlichen Nähe, die Hand voll abzählbarer Situationen, in denen sie sich seiner vollkommenen Aufmerksamkeit sicher fühlte, scheinen all die erlittene Schmach aufwiegen zu können. »Es war, als würde ein Teil meiner selbst plötzlich weggebrochen sein, wie eine Amputation, die mich mit einer riesigen offenen Wunde zurückgelassen hat. In manchen Momenten war der Schmerz so tief, dass ich das Gefühl hatte, ich würde das nicht überleben, als wäre dieser Verlust der Beziehung das Sinnbild meines Lebensversagens.«

Am Ende dieser Worte lehnt Anna sich in ihrem Polstersessel zurück, gleichsam als würde sie Distanz zum eben Gesagten suchen. »Ich habe ihn einfach absolut geliebt.«

Dazu sage ich jetzt allerdings besser nichts, sondern halte nur den Gesprächsfaden aufrecht.

Stephan quittiert Annas Auszug mit seinem stärksten Mittel, der totalen Abwendung. In diese schließt er in konsequenter Weise, als er seinen Kampf um die alleinige Obsorge verliert, auch seine Kinder ein und verweigert seither jeden Kontakt. Geburtstagswünsche der Kinder, selbstgezeichnete Karten, Anrufe auf der Mailbox ignoriert er. Stattdessen heiratet er ein knappes Jahr später eine junge Krankenschwester, die bereits von ihm schwanger ist. Anna schildert das tiefe schwarze Loch, in das sie damals neuerlich gefallen ist, als sie davon erfuhr. Und es scheint, als ob dieses Paar in magischer Verquickung unheilvoll weiter miteinander verbunden geblieben ist. Genauso wie sie zuvor, während der Beziehung, Stephan auf ein Podest gestellt hat und alles unternahm, die Zeichen seiner Liebesunfähigkeit umzudeuten, beginnt nun eine Phase der Dämonisierung von Stephan, die es ihr letztendlich verunmöglicht, ihren eigenen Beitrag am erlebten Disaster erkennen zu können und selber zu wachsen. Zuflucht in ihrem instabilen, von tiefer Kränkung bestimmten Seelenleben bietet ihr lediglich ihr Beruf. Dort erfährt sie jene Anerkennung, die ihr im zwischenmenschlichen Bereich versagt bleibt.

Etwa vor zehn Jahren lernt sie dann Bernhard bei einer Abendgesellschaft kennen. Bernhard ist geschieden und hat seine beiden Kinder an seine ihn ausnützende Frau verloren, die ihm die Kinder entfremdet habe und wegen eines anderen Manns in die

Staaten gezogen wäre, wie er erzählt, ohne damit auch nur einen Anflug von Wehleidigkeit vermitteln zu wollen. Zahlen dürfe er allerdings in voller Länge. Aber so wäre das eben. Das muss man um der Kinder willen so nehmen. Er hoffe, dass sie später zu ihm zurückfinden würden, nicht zu sehr von ihrer Mutter vergiftet würden. Bernhards Geschichte berührt Anna. Ein Mann, dem seine Kinder wichtig sind, in tragischer Trennung durch eine grausame Frau. Ein ganz anderer Vater als Stephan, der bereit ist, seine Kinder zu verleugnen, um sie zu strafen. Sie fühlt sich zu dem charismatischen, so eloquenten und sensiblen Chirurgen, der unter dem Verlust seiner Kinder wirklich zu leiden scheint, sofort enorm hingezogen. Er ist ganz anders als Stephan, aufmerksam, SIE und ihre Befindlichkeit wahrnehmend, offen im Bekenntnis seiner Affektion für sie und dabei immer unaufdringlich, richtig rücksichtsvoll. Eine Qualität, die Stephan, der immer im Zentrum seiner Aufmerksamkeit stand, vollkommen gefehlt hat. Da ist nichts Großtuerisches oder Angeberisches. Für seinen Sportwagen entschuldigt er sich fast, der Luxus, der ihn umgibt, hat etwas Beiläufiges. Anna meint, ihre zweite Lebenschance stehe in Gestalt dieses einfühlsamen Mannes vor ihr.

Doch auch die Beziehung mit Bernhard beginnt nach wenigen Monaten in einem anderen Kleid sehr analoge Züge zu ihrer vergangenen Ehe anzunehmen. Annas Kinder sind über den »Eindringling« nicht begeistert, und Bernhard erweist sich als äußerst ungeschickt und desinteressiert an den Kindern. Anna versucht die Bedürfnisse beider Seiten zu befriedigen und erntet von allen nur die Rückspiegelung von Versagen. Die Kinder lassen keine Gelegenheit aus, um ihr vorzuwerfen, dass sie sie wegen ihrer Kanzlei und Bernhard vernachlässige, Bernhard reagiert unwirsch und wendet sich ab, wenn sie seinen Freizeitplänen nicht entsprechen kann. Ein zäher Zweifrontenkrieg, in dem Annas Energien verbrannt werden, bricht über Jahre aus. »Zahlen durfte ich allerdings immer für alle«, meint sie mit gewisser Bitterkeit, denn ihre Kinder sind den hohen Lebensstandard, mit dem sie sie für den »von ihr verursachten Vaterverlust« entschädigen wollte, als selbstverständlich gewöhnt. Und Großzügigkeit gehört, nach Annas Verständnis bedingt durch das Trauma seiner Exfrau, nicht zum Katalog von Bernhards hervorstechendsten Eigenschaften. Auch in dieser Beziehung befindet sich Anna über Jahre in einer Situation, in der sie sich konstant unter hohem Druck und Beweiszwang erlebt, die Bedürfnisbefriedigung ihrer Umgebung zur Richtschnur und zum Zensor dafür wird, ob ihr Zuwendung zusteht, und in der sie letztendlich nur kontinuierlich eine Rückspiegelung von Versagen erlebt. Vor drei Jahren zerbricht schließlich ihre Beziehung mit Bernhard, als sie aufdeckt, dass dieser auf Sexplattformen inseriert. Diese Demütigung ist ihr unerträglich und birgt gleichzeitig die Möglichkeit, Bernhard als »krank« abzuwerten.

Seitdem hat sie sich einer emotionalen Einbunkerung verschrieben. »Ich fühle mich wie betäubt, emotional unerreichbar. Ich habe das Gefühl, einfach niemanden mehr an mich heranlassen zu können. Mein Beruf, alle organisatorischen Erledigungen, einmal Fitness pro Woche, die Kinder mit ihrem Alltagskram und meine Abende mit meinem Rotweinglas«, beschreibt sie das unbefriedigende Szenario. »Das plätschert so dahin, und wenn ich denke, dass das mein ganzes Leben ist, fühlt sich das sehr dunkel und zunehmend sinnbefreit an. Sogar meine beruflichen Erfolge spüren sich maximal wie erfolgreich genommene Hürden an, die mir zeigen, dass ich noch springen kann. Ich würde gern mehr fühlen, aber es geht irgendwie nicht. Ich bin wie in Watte gepackt. Ich habe die Hoffnung verloren, dass ich da draußen«, sie macht eine vage Geste in Richtung der Fenster meines Arbeitszimmers, »noch die Liebe finden kann.«

So wie sie mir jetzt in meinem großen Patientensessel gegenübersitzt, wirkt sie in sich zusammengesunken, sehr traurig und irgendwie weit weg. Ich würde dieses kleine Kind in ihr, das einen so gravierenden Mangel an echtem Angenommensein von Anbeginn an in sich trägt, jetzt gerne einfach umarmen. »Anna«, versuche ich sie sanft in den Raum zurückzubringen, »vielleicht geht es ja gar nicht darum, da draußen verzweifelt die Liebe zu suchen, vielleicht geht es ja um die Entdeckung der Liebe in Ihnen selber.«

Die aggressive Instrumentalisierung

Ich hätte besser zu ihm kommen sollen, dann wäre es für ihn leichter, denke ich, obwohl das natürlich unmöglich gewesen wäre. Atmosphärisch ist die emotionale Demütigung greifbar, die es anscheinend für ihn bedeuten muss, hier in meinem Patientensessel zu sitzen, während ihm sein Hirn ganz sicher verdeutlicht, dass dieses Setting das einzig richtige ist.

Wir kennen einander kaum, nur so weit, wie es unvermeidbar ist, wenn man in derselben Liga und analoger Seniorität unterwegs ist, eben aus dem Augenwinkel. Er hat einen anderen Fachschwerpunkt, in dem er als anerkannter Experte gesehen wird. Ich krame aus meiner Erinnerung eine gemeinsam bestrittene Podiumsdiskussion und ein paar nebenbei verlaufene Begrüßungen bei einschlägigen Kongressen hervor. Er ist sehr umtriebig, steht gerne in der Öffentlichkeit. Einmal, vor Urzeiten, haben wir auch die Klinge fachlich gekreuzt, scheint mir, aber das könnte auch jemand anderer gewesen sein. Nicht unsympathisch, eher das Gegenteil, aber nie der Ansatz einer intensiveren Auseinandersetzung, was sich jetzt als Vorteil herausstellt, da wir sonst nicht miteinander arbeiten dürften oder zumindest nicht sollten.

Aber warum ich? Diese Frage stellt sich mir, seit er vor ein paar Wochen angerufen und um den Termin gebeten hat. Warum hat er mich ausgewählt? Er nimmt die Zügel ganz wie zu erwarten gleich selber in die Hand, kaum dass er seine raumfüllende Präsenz in meinem Sprechzimmer mit einem halbminütigen Schweigen sichergestellt hat. Genau in letzter Sekunde, mein Lieber, denke ich mir, denn länger hätte ich ihm nicht zur Akklimatisierung an die ungewohnte Situation geschenkt und sonst meinerseits mit der Eröffnung begonnen. Es wird herausfordernd werden, das ist mir klar. Er wird mich prüfen, was meine Authentizität und die Handhabung meiner Werkzeuge angeht. Das steht ihm natürlich zu. Würde ich auch so tun. Arbeiten werden wir an der feinen Trennlinie, an der es um Macht geht, das ist mir auch schon klar. Die Übertragungs- und Gegenübertragungsprozesse bewusst und für ihn fruchtbar zu halten, wird mich eine Latte an Supervision kosten. »Superfiziell spreitendes Melanom«, sagt er sehr kühl in den Raum hinein, als würde er bei einer Teambesprechung jetzt gleich zu einem Patienten referieren müssen. Professionell, distanziert, präzise, kein Zucken im Gesicht oder irgendeine Emotion von Beängstigung ablesbar. »Ich habe Glück, günstiger histologischer Typ, Tumordicke gerade noch 0,75 mm, das macht statistisch nach Breslow 97% Überlebensrate, keine Lymphknoten, keine Satellitenmeta oder andere, ein pT1, Clark-level II. Ich kann sie jetzt alle auswendig, diese verdammten Klassifikationen«, setzt er bitter hinzu. »Statistisch ungünstig ist, dass ich ein Mann bin und die Lokalisation genau hier, oberer Stamm ist, genau über dem Herzen.« Jetzt spiegelt sich Zynismus in seiner Stimme, aber auch Angst meine ich herauszuhören.

»Wir sind beide Ärzte, du und ich«, fährt er fort und klärt damit jetzt auch gleich, bevor ich es überhaupt anschneiden muss, dass er sich mit dem Du wohler fühlt, »wir wissen, dass dies ein hervorragender Befund ist, rechtzeitig vorbeigeschrammt könnte man sagen, Entwarnung. Zu viel ungeschützte Sonne in Jugendjahren und mit 52 das entsprechende Lebensalter. Genug an Erklärung. Aber es lässt mich nicht los, die Lokalisation, das Gefühl der Kränkung, dass mir das passiert ist. Es fühlt sich wie eine Warnung an, ich habe das Gefühl, dass da mehr kommen könnte, wenn ich da jetzt nicht hinschaue. Du hast das auch erlebt. Darum wollte ich zu dir.« Damit lehnt er sich zurück.

Ah, er spielt auf diese alte Sache an, als mir das medizinische System gerade noch ein Jahr gab. »Du hast irgendwann gesagt, dass es dich zwang, dich mit dir auseinanderzusetzen. Wir wissen beide, dass dieses Denkmodell, dass unsere Lebenshaltungen sich in unserem Körper abbilden, nicht anerkannter state of the art ist«, setzt er fort, als ich schweige. Denn ich glaube, dass es hier nicht um die Details meiner Krankengeschichte geht. »Wir wissen aber auch beide, dass es ganz real ist, weil wir es immer wieder in unserer Arbeit erlebt haben.« Ich nicke zögernd und blicke ihn fragend und ermunternd an.

»Seit dieses Ding hier herausgeschnitten wurde, habe ich immer wieder einen Traum. Vier einzelne Oleanderblüten, eine tief rosa, eine hellrosa, eine gelbe und eine weiße. Sie liegen auf einem groben Terrakottaboden in einem kleinen Quadrat, gerade so nahe, dass sie als Ganzes noch Bezug zueinander haben. Die Sonne steht tief und streicht über die Blüten, sie sind frisch, und dann tritt sie ein Schuh achtlos nieder. Ich weiß, dass es mein Schuh ist. Und jedes Mal wache ich auf und habe diesen ziehenden Schmerz über dem Herzen, obwohl diese Narbe schon vollkommen verheilt ist. Ich habe vier Ehen in den Sand gesetzt«, fügt er hinzu. »Also fangen wir an«, sage ich entschlossen und atme tief durch.

»Adam und Eva«, setzt er an, während ein feines Lächeln über seine Züge huscht, »heißen in meinem Fall Renate und Klaus. Weißt du, dass Klaus nahezu der beliebteste Vornahme in den 30er-Jahren bis hinein in die 50er war? Bedeutet Sieg.«

Jetzt ist der Zeitpunkt, der mir Spielraum gibt, ihn mir genauer anzusehen. Die Rahmendaten nehme ich im Hintergrund auf. Paul ist von sehr gepflegtem Äußeren, gut geschnittene Gesichtszüge, intelligente, im Ausdruck sehr wandlungsfähige Augenpartie, hohe Stirn mit einem bereits deutlich zurückgewichenen Haaransatz, stark graumeliert, nicht nur die Schläfen, ein schmaler Mund fällt mir auf, als würde er die Lippen zusammenpressen müssen, das Kinn nicht besonders betont, aber konturiert, feine, schmale

Hände, interessante Finger, in die viel eher ein Musikinstrument passt, als ein grobes Werkzeug. Trotzdem glaube ich, dass er auch anpacken kann. Nicht besonders groß, Durchschnitt, eher schmal in der Schulterpartie, keines dieser virilen Cornettos, dafür auch nicht diese flache, vordergründige Männlichkeit, die sich dir als Frau gleich vorab fordernd entgegenschiebt. Sein Sex-Appeal liegt mehr im Atmosphärischen, in der Art, wie er mit Kommunikation Verbindung schafft, es versteht, ungeteilte Aufmerksamkeit zu geben und im Spiel mit Worten, Gestik und Mimik sein Gegenüber einfängt. Er ist ein Kommunikationsmagier, eindeutig. Und so fruchtbar er dies im Beruflichen für seine Klienten einzusetzen vermag, so sehr muss es gleichzeitig mit der dahinterliegenden Geschichte Fallstrick für private Beziehungsfähigkeit geworden sein.

Pauls Mutter ist gerade 20 geworden, als sie Paul zur Welt bringt. Die Schwangerschaft war weder geplant, noch von ihr oder Pauls Vater, der zu diesem Zeitpunkt gerade sein Volkswirtschaftsstudium abschließt, gewünscht gewesen. Eine Mischung von Unwillen, Überforderung und Depression müssen die ersten Monate diese Mutter-Kind-Beziehung überschattet haben, mehr als Baby-Blues. In Pauls historischer Katalogisierung seiner persönlichen Familienchronik hat sich ihm dazu der später immer wieder von seiner Mutter gesagte Satz: »Ich habe mich erst mühselig an das Muttersein gewöhnen müssen« als Referenz eingeprägt. Pauls Vater muss es ähnlich ergangen sein. Eigentlich hatte er vorgehabt zu leben, nach dem Abschluss des Studiums seine Unabhängigkeit zu genießen und nicht plötzlich Oberhaupt einer Familie zu werden. Ehepartner einer Frau, die er zwar nett fand, mit der ihm aber eine Beziehung von ein paar Monaten als durchaus ausreichend vorkam. Seine Lösungsmöglichkeiten bieten ihm mehr Freiheiten, als Pauls Mutter offen stehen. Er lässt sie viel alleine. Der scheinbar dauernd brüllende, schwer in seinen Bedürfnissen zu lesende Säugling und ein Gesellschaftskonzept, das Väter zu dieser Zeit ohnedies erst für den Fußballplatz vorsieht, machen dies möglich.

Die tiefe Entfremdung zwischen seinen Eltern, die die ganze bewusste Kindheit Pauls geprägt hat, muss bereits sehr früh ihren Anfang genommen haben. Paul seinerseits ist in seiner Säuglings- und Kleinkindperiode häufig krank. Seine Verdauung gibt ernsten Anlass zur Sorge, er gedeiht schlecht. Vier Jahre nach Paul wird seine jüngere Schwester geboren, aus Pragmatismus, weil man eben mehr als ein Kind hat, wie seine Mutter Paul das erklärt. Pauls Vater hat inzwischen dahingehend in seine Rolle gefunden, dass er ein Unternehmen für Gummidichtungen gegründet hat. Damit gelingt es ihm, der Familie einen gesicherteren Lebensunterhalt zu bieten und gleichzeitig seine persönliche Parallelwelt zu begründen. Denn er ist viel unterwegs, bei Kunden, Lieferanten, auf Messen und bei seiner Schattenfrau, jener Frau, für die er mehr als für Pauls Mutter zu empfinden scheint, und die vor Paul bis in sein Erwachsenenleben als junger Mann verborgen bleibt, obwohl die Mutter von deren Existenz weiß.

Was Paul erlebt, ist eine immer gedrückte, leidende, stets den Tränen nahe Mutter, einen distanzierten, verschlossenen, der Mutter gegenüber unberührbaren Vater, quälend abgespulte Familienfeiern mit angestrengter Bemühung um falsche Leichtigkeit oder schweigsame Abende zwischen den Eltern. Paul entwickelt sich zum Mutterversteher. Mit der ihm eigenen Sensibilität hat er einen Antennenwald errichtet, mit dem er ihre jeweilige Befindlichkeit abtastet, auf ihre Schwankungen eingeht und in seinen Bemühungen, sie aufzuheitern und aus ihrer Schwermut herauszulocken, sogar so erfolgreich ist, dass er die von ihm so bitter benötigte Aufmerksamkeit bisweilen von ihr bekommt. Auffallen, laut sein ist ein weiterer Weg, auf dem dies gelingt. So kommt es, dass Paul als ein sensibles, musisches und gleichzeitig auch schwer zu bändigendes Kind von seinen Eltern gesehen wird. Dem Vater gegenüber entwickelt Paul im Heranwachsen eine hochambivalente Haltung. ER fasziniert ihn, doch entzieht er sich durch seine häufige Abwesenheit und scheint in die Grunddistanz, die er zu Pauls Mutter an den Tag legt, oft auch Paul miteinzubeziehen. Dieses Desinteresse kränkt Paul zutiefst, ja lässt ihn bisweilen den Vater hassen, da er sich von ihm verraten fühlt, obwohl er den eigentlichen Grund nicht kennt. Andererseits umgibt auch den Vater, trotz seines souveränen, selbstsicheren Auftretens eine Aura von Verzweiflung, sodass Paul auch wieder bereit ist, für ihn Salti zu schlagen, um die Stimmung zu verbessern.

Das Musische bietet Paul Zuflucht, und mit 14 gründet er seine eigene Band, in der er im elterlichen Keller wirklich laut auf seinem Schlagzeug unterwegs sein kann, bevor er wieder in die Oberwelt hinaufsteigt, um die Befindlichkeiten seiner Eltern zu bedienen.

»Eigentlich war in meiner Jugend der ›Abstieg in meine Unterwelt‹ der Himmel und der ›Aufstieg in die Oberwelt‹ der Gang in die Hölle«, beschreibt er die Anspannung seiner Jugend. »Das Schlimmste war, dass ich nie gewusst habe, warum alles so beschissen ist. Objektiv, äußerlich hat ja alles gepasst. Intakte Familie, zwei Kinder, wirtschaftlich soweit gut aufgestellt, wie es zumindest schien. Keiner krank, keine Gewalttätigkeit, kein Alkoholismus, Auto, Fernseher, Urlaube, alles da. Aber es war einfach eine Lüge, eine Pappkulisse. Es war spürbar, mit Händen greifbar, dass hier nichts stimmte. Doch man durfte es nie sagen!«

Als Heranwachsender versucht es Paul zu sagen, doch die Folgen sind verheerend. Beide Eltern verteidigen die Fassade, sprechen Paul seine Wahrnehmung ab, bezichtigen ihn der Undankbarkeit.

Paul zieht früh von zu Hause aus. Er studiert am Konservatorium, hat die Aufnahmeprüfung geschafft, doch fehlt diesem schmalbrüstigen jungen Mann das Selbstgefühl, um die notwendige Leidenschaft zulassen zu können. Eine ebenso leidenschaftslose Beziehung zu einer Studentin ergibt sich, ein frühes Kind und eine ebensolche Ehe entstehen. Paul verhält sich ganz wie sein Vater in der Ehe mit seiner Mutter, die Legitimierung der Beziehung wird zum emotionalen Abkehrpunkt von Frau und Tochter. Zwischenzeitlich ist Paul klar geworden, dass er es maximal zum

Musikprofessor in einer Schule schaffen wird. Eine deprimierende Aussicht für diesen so auf Gesehen-Werden ausgerichteten jungen Mann, in einer durchschnittlich bezahlten Staatsstellung zu landen. Das Medizinstudium scheint da eine bessere Option zu sein, und er sattelt kurz entschlossen um. Seine Ehe lässt er einfach auslaufen. Die medizinische Fakultät bietet einen weitaus besseren Hintergrund, eine Atmosphäre von zukünftigem Erfolgsversprechen. Mit der lauten, etwas großspurigen Art, die er sich zugelegt hat, kann er bei den Studentinnen, wie er feststellt, gut punkten. Sie passt zur Aura der Heroen, die den Kampf gegen Krankheit aufnehmen werden, und verschafft ihm Führungsstatus gemeinsam damit, dass er ein paar Jahre älter als die anderen Studenten ist. In den Sezierkurspausen sitzt er im Buffet und zumeist eine Traube von Studentinnen um ihn herum. Sein Erfolgsrezept: Du darfst nichts von ihnen wollen, musst sie kommen lassen.

Es funktioniert, aber es wird noch besser. Während des zweiten Studienabschnitts stolpert Paul in seine erste Gestalttherapiegruppe und fühlt sich wie der sprichwörtliche Fisch im Wasser. In der Psychiatrie herrscht Aufbruchstimmung. Diesen Gruppen hängt unter altgedienten Psychiatern zu dieser Zeit noch etwas Verruchtes an. Das hat sein Interesse geweckt. Etwas, was einem ein Alleinstellungsmerkmal verschaffen kann, Aufmerksamkeit auf einen zieht. Pauls hohe Kompetenz, die Befindlichkeit anderer Menschen wahrnehmen zu können, gemeinsam mit seiner Fähigkeit, dies in Sprachbilder zu gießen und dabei für sein Gegenüber hochempathisch zu wirken, bringen ihm endlich die rückhaltlose Bewunderung und Aufwertung, nach der er sich sein Leben lang so sehnte. Paul scheint endlich angekommen zu sein, das gelobte Land liegt in Reichweite. In Mindestzeit schließt er sein Studium ab und ergattert noch während seiner Turnusausbildung einen Ausbildungsplatz zum Facharzt für Psychiatrie. Er scheint goldrichtig zu liegen. Seine Erfolge sind beachtlich, schon während seiner Ausbildung wird klar, dass es sich bei ihm um einen aufgehenden

Zukunftsstern handelt. Seine Vorgesetzten schätzen ihn, die meisten Kollegen fühlen sich ihm, alleine schon durch sein selbstsicheres Auftreten, unterlegen und bemühen sich als Mitläufer im Dunstkreis seiner Freundlichkeit zu bleiben. Seine Empathie im Umgang mit Patienten lässt ihn zum ersehnten Behandler werden, bei dem man sich aufgehoben fühlt. Sein Wortwitz und die hohe Fachkompetenz seiner Publikationen, die Tiefe, mit der er ein Gegenüber zu erfassen vermag und seine Behandlungsansätze entwickelt, geben selbst bei Neidern Anlass zu Hochachtung. Seine Diagnostik ist nie schludrig, sondern immer präzise. Und wo er auftaucht, scheint der Raum gefüllt von einer Aura von optimistischer Selbstsicherheit.

Paul hat sein Lebensparadies gefunden, und er verteidigt es. Infrage gestellt zu werden, hält er nicht aus. Wen er nicht »kassieren« kann, den meidet er oder bekämpft ihn. Trotz all der vorgegebenen Selbstsicherheit lauert ein schwaches ICH in seinem Inneren, das äußerst kränkungsanfällig ist, ja nicht einmal eine mögliche Ebenbürtigkeit neben sich ertragen kann. So sorgt er durch kluges Taktieren und Allianzbildung zum Beispiel dafür, dass einem anderen Kollegen nach der Facharztausbildung der Dauervertrag verwehrt bleibt. Alleine die Gegenwart eines anderen, der nicht bereit ist, sich ihm unterzuordnen, verschafft ihm nagende Pein. Auch in der »Liebe« folgt er diesem Rezept und hat, bis er 35 Jahre alt ist, zwei weitere Ehen verbraucht. Zwar verliebt er sich jedes Mal mit großem Enthusiasmus in die betreffende Frau, doch fällt ihr nach der erreichten Eroberung und Stabilisierung der Beziehung die Rolle zu, ihn zu bewundern. Wehrt sich die Frau, verfolgt er sie mit Abwertung, emotionaler Kälte und sexuellem Desinteresse. Fügt sie sich, verliert die Beziehung rasch an Spannung für ihn und läuft aus.

Mit 42 lernt er Elvira kennen, selber Fachärztin für Psychiatrie, von ihrem Vater im Kampf gegen die Mutter missbraucht und instrumentalisiert, und verliebt sich heftig in sie. »Es war wie eine

Sucht«, beschreibt er sein Verhältnis zu ihr. »Ich vermeinte, damals die wahre Liebe gefunden zu haben.« Karrieremäßig steht er zu diesem Zeitpunkt bereits am Zenit, ist Primar, genießt allgemein hohe Reputation in Fachkreisen und wird von der Öffentlichkeit als gefragter Experte in seinem Fachgebiet wahrgenommen und eingeladen.

Auch wirtschaftlich spiegelt sein Konzept den richtigen Weg wieder, wenn er mit seinem Sportwagen vorfährt oder teure Urlaube an Luxus-Locations verbringt. Keine Frage, der Mann hat es geschafft. »Und wenn einem das permanent so rückgespiegelt wird, dann hast du keinen Grund zum Zweifeln. Du bleibst einfach in Bewegung, und solange alle applaudieren, hast du das Gefühl, im richtigen Leben zu sein«, sinniert er über diese Periode.

Mit Elvira wird es anders als bisher. Elvira kann in ihrem Beziehungsgestaltungskanon ein entscheidendes Register besser bedienen als Paul: emotionale Abwendung. Paul ist verzweifelt. Diese schöne, ihn faszinierende Frau wendet sich oft aus kleinen Anlässen mit Eiseskälte von ihm ab, errichtet eine für ihn impermeable Wand, die ihn in Panik versetzt, ja ihm sogar existentielle Angstgefühle beschert. Selbst als er den Mechanismus durchblickt, erkennt, dass es in ihrer Beziehung nicht um Liebe, sondern den Kampf um die Machtverteilung geht, ist er unfähig, sich zu entziehen. Aufgeben fühlt sich für ihn, der immer noch hofft, als unerträgliche Schmach an.

Elviras Gefühlskälte erweist sich als stärker als seine. Als sie einem beruflichen Angebot in eine andere Stadt folgt und die Ehe auflöst, lässt sie einen stark in seinem Selbstwert beschädigten Paul zurück. In der Grammatik dieser Ehe hat sie gewonnen, obwohl es nur Verlierer gibt. Äußerlich gibt sich Paul großzügig, jovial, ihre Motive nachvollziehend, kaum emotional beeinträchtigt, spielt den Verständnisvollen, ja Überlegenen. Doch in seinem Inneren ist die tiefe Wunde, nicht liebenswert zu sein, wieder vollständig aufgebrochen. Dass ihm hier ein Mensch gegenüberstand, der seinerseits gar nicht liebesfähig war, vermag er zu diesem Zeitpunkt nicht anzuerkennen.

Paul gräbt sich in die Bastion seines Berufs ein. Und er ist unerbittlich und äußerst hellhörig, was die kleinste mögliche Kritik angeht. So etwas wird mit härtesten Geschützen bekämpft, wodurch manche Kollegen abzurücken beginnen. Was Frauen angeht, lässt er sich auf nichts mehr ein. »Irgendwie ist damals etwas in mir gebrochen, hat zur Abspaltung meiner Emotion geführt. Ich war dann nur mehr als Jäger unterwegs, du verstehst, die Organisation von Sex hat ja für uns Männer besonderen Stellenwert im Leben.«

»Für uns Frauen auch«, werfe ich ein. Nicht nur, weil mir das Geschlechterstereotyp auf den Nerv geht, sondern um ihn von seiner Position des Frauen verschlingenden Wolfs runterzuholen. »Die wollten das, nehme ich an, alle genauso gern wie du.«

Er scheint kurz irritiert, aus seinem Omnipotenzkonzept geworfen. »Ja, wahrscheinlich, gibt er mir daher nur lahm zu, aber es waren durchaus ein paar sehr Gute dabei, wirklich nette Frauen.«

»Und …«, hake ich nach.

»Was, und?«, wiederholt er, und in seiner Stimme ist etwas Ungeduldiges, das mich verscheuchen soll.

»Ja, und, was war mit allen diesen guten, netten Frauen?«, stelle ich mich blöd, denn ich will, dass er es selber ausspricht.

»Nun, am Anfang immer fein, spannend, wie es eben ist, jemand kennenzulernen, mehr oder weniger netter Sex, je nachdem. Und dann, wenn ich sie hatte, wenn es weitergehen sollte, Verbindlichkeit kommen sollte, die Frau an mir zu hängen begann, ich sicher sein konnte, dass ich ihr wichtig war, dann habe ich immer total zugemacht, das war so ein automatischer Mechanismus in mir, hat mir dann einfach auf einmal nicht mehr gefallen, wurde mir vollkommen egal. Und das mit einem absolut kranken Befriedigungsgefühl dabei«, setzt er noch hinzu, und ich weiß, dass ihn der letzte ehrliche Satz Überwindung gekostet haben muss. Aber ich lasse ihn da noch nicht aus: »Und dann?«

Er seufzt, er hätte gern, dass ich ihm das erspare. Ziemlich laut, wie um sich von sich selbst zu distanzieren, sagt er dann: »Und dann habe ich sie jedes Mal von der Klippe gestoßen, abserviert, mit Bedauern, kavaliersmäßig, sie emotional vernichtet. Und je stolzer die Frau, umso mehr Triumph war es.«

Er schweigt. Ich auch. Ich will das Gesagte sich setzen lassen. Es liegt nun klar auf dem imaginären Tisch zwischen uns. Es geht um Macht und Rache, es geht um die alte Kränkung, die trotz aller narzisstischen Abwehr nie aufgewogen werden kann. Andere zu »Selbstobjekten« zu machen, sie also in der einen oder anderen Weise zu instrumentalisieren, vermag die bestehende Leere, in der die frühe Liebeserfahrung nicht ausreichend gemacht und ein stabiles Selbstgefühl nicht entwickelt werden konnte, nie zu füllen. Alles nur Beschäftigungstherapie, die viel Leiden für alle Beteiligten erzeugt.

»Alles nur Beschäftigungstherapie«, sagt er genau in diesem Moment selbst, »und heute fehlt mir dazu auch schon die Kraft. Ich bin jetzt in dem Alter, in dem man als Mann nicht mehr permanent an Sex denken muss.«

Für einen Moment fürchte ich, dass jetzt noch der Satz mit dem Blow-Job als bester Alternative kommen würde, aber er streicht sein schon etwas schütter werdendes Haar zurück und setzt fort. «Willst du wissen, wie mein Leben aussieht?«, fragt er und wartet nicht auf meine Antwort. »Ich mach meinen Job, nach allgemeiner Meinung großartig, wobei ich mir da nicht mehr so sicher bin, zeig mich bei jenen Veranstaltungen, bei denen es wichtig ist zu markieren, geh zum Fitness, denn das Altwerden macht mir schreckliche Angst, dreh ein paar Runden mit meinem Cabrio, wenn das Wetter in Ordnung ist oder die Sitzheizung ausreichend, hör viel Musik, geh in mein Luxusappartement, häng auf der Terrasse ab, schau mir den Sonnenuntergang an, kann mir dabei den besten Whisky leisten und überlege, ob ich rausgehen und mir was zum ›vögeln‹ checken soll. Und ich weiß genau, wie es ablaufen wird.

Ich weiß vorher schon, was ich sagen muss, wie ich sie zu nehmen habe, worauf sie reagieren wird, wie ich sie also manipulieren muss, damit sie mich will. Wie ein offenes Buch liegen sie alle vor mir da, da brauch ich gar keine gespreizten Schenkel mehr. Und dann, wenn sie sich verliebt hat und ich all den kleinen lächerlichen Zirkus ausgekostet habe, dann werde ich sie wieder wegwerfen. Erbärmlich! Ich sehe mich heute selber viel zu klar. Besser wäre, ich bliebe gleich zu Hause.«

Jetzt blickt er mir sehr gerade in die Augen, völlig unverstellt. Ein Moment der Wahrhaftigkeit und auch von tiefer Verzweiflung. »Aber jetzt ist dieses Ding aufgetreten«, setzt er fort, »hier ist es aufgetreten«, wobei er sich auf seinem hellblauen Maßhemd an die Herzgegend greift, »und dieser Traum. Jetzt muss ich etwas tun, wenn es mich nicht vernichten soll. Aber ich befürchte, ich habe zu wenig Angenommenwerden erlebt, um die Liebe finden zu können.«

»Wir werden die Liebe wohl erst entdecken müssen«, sage ich langsam in die Pause hinein, die nach seinen letzten Worten entstanden ist. »Wollen wir hoffen, dass es mehr als eine semantische Variante wird«, versetzt er mit einem etwas schwermütig wirkenden Lächeln. Mir ist klar, dass es für ihn nicht unbedingt einfach werden wird.

Wie wir wieder lebendig werden

Eine Freundin hat sich von mir Geld geliehen und es nicht mehr zurückgezahlt. Ein Mann, für den ich Liebe empfinde, hat versucht, mich zu kränken. Ich bin naiv, haben meine Freunde gesagt. Wären es nicht meine Freunde, hätten sie mich als dumm bezeichnet, denn es war ziemlich viel Geld für meine Verhältnisse, das ich meiner Freundin in diesem echten Engpass ihres Lebens gewährte. Und ich habe meine Affektion diesem Mann gegenüber offen bekannt und nicht taktiert. Einen Schuldschein hätte ich zumindest nehmen sollen und im Umgang mit diesem Mann immer alles vage halten. Oder noch viel sicherer: mit geheucheltem Verständnis und Bedauern gleich eine raffinierte, gut begründete Ablehnung für meine Freundin parat haben und mich auf ein tieferes Gefühl zu dem Mann erst gar nicht einlassen. Wie gesagt, get sex and stay detached.

Ich will aber nicht zu einem fühltauben Bioroboter werden, der mit der Sicherheit vollkommener Unberührbarkeit durch den Tag geht und abends Boxenstob an einer Rotweinflasche macht. Ich schätze sogar den Schmerz, den mir beide Vorkommnisse beschert haben. Er zeigt mir, dass ich noch lebendig bin. Und er zeigt mir die Grenze, meine Schmerzgrenze. Die muss ich achten, an der muss ich lernen und wachsen, muss kritisch mit mir sein, was ich wohl an diesen beiden Menschen übersehen habe, vielleicht nicht sehen wollte, wo ich mich eventuell von mir selber habe verführen lassen, um mir selber etwas Bespiegelung oder Hoffnung darauf zu verschaffen. Oder wo ich aktiv betrogen und hinters Licht geführt worden bin. Egal, ich muss lernen, auf mich selber noch ein Stück besser aufzupassen, an meiner Selbstmächtigkeit zu arbeiten. Aber was ich ganz sicher nicht will ist: mit dem Fühlen aufhören.

Der Ausweg aus der Misere – der selbstmächtige Mensch

Im bisherigen Text habe ich versucht, »die Liebe« und ihre Entwicklung als die universelle Entwicklungskraft des Lebens und als das Organisationsprinzip hin zu höherer Komplexität plausibel zu machen. Ich habe mich bemüht, eine Grundsatzerklärung zu formulieren. Um bessere Lesbarkeit zu erzielen, war ich gezwungen, zahlreiche kleinere Details der Beweisführungskette beiseite zu lassen. Ich hoffe dennoch, dass es mir schlüssig für den geduldigen Leser gelungen ist.

Es entspricht meiner tiefen Überzeugung, dass die posttraditionelle Technologiegesellschaft heute an der Wasserscheide zwischen Selbstvernichtung und neuer, wirklich freier Lebendigkeit der Liebe steht. Wollen wir den Quantensprung der von uns geforderten Entwicklungsfähigkeit schaffen, sind wir gefordert weiterzuwachsen, dorthin zu wachsen, wo wir das Konzept der Liebe für uns neu zu entdecken vermögen, um der geforderten neuen Komplexität von Leben Rechnung tragen zu können. Die große Anforderung besteht darin zu lernen, Liebe als eine Haltung in uns selber zu entdecken, mehr als nur eine Affektion, die sich auf ein Gegenüber richtet. Liebe als etwas, das in uns selber begründet ist und in der Begegnung mit einem Gegenüber Gestalt annehmen kann.

Diese Entdeckungsreise in Sachen Liebe bedeutet, sich von der Vorstellung frei zu machen, dass das Hauptziel wäre, »Liebe zu bekommen«. Das ist nicht ganz einfach, denn in dieser Gesellschaft wird uns von klein auf verdeutlicht, dass wir nur den/die Richtige/n finden müssten, um endlich diese fehlende Liebe zu bekommen. Doch mit dieser Idee ist in einer Gesellschaft von hochindividualisierten, stark selbstbezogenen Einzelwesen kein Staat mehr zu machen. Der Fehler liegt allerdings nicht in der angesprochenen Entwicklung persönlicher Individualität und wirtschaftlicher Autonomie, sondern im Festhalten an der Zielsetzung, jemanden zu finden, der einem den in der Kindheit erlittenen Liebesmangel nun aufwiegen sollte. Derartige Deals, werden sie überhaupt eingegangen, tragen immer ein hohes Leidenspotential in sich. Sie erzeugen als Beziehungskonstruktion maximal zwei Hinkende, die sich aneinander stützen und so durchs Leben gehen. Wurde diese Leidensgemeinschaft, die äußerlich oft wie eine Opfer-Täter-Gruppierung aussieht, in früheren Generationen noch durch limitierende und gleichzeitig akzeptierte Rollenvorgaben legitimiert und durch wirtschaftliche Abhängigkeit stabilisiert, so tritt das emotionale Elend, das sie bedeutet, heute für den selber viel stärker im Zentrum freier Reflexion stehenden Menschen viel deutlicher wahrnehmbar in den Vordergrund seines Seins. Es zwingt zur Handlung, zur notwendigen schmerzhaften Trennung und einem weiteren tiefen Frustrationserlebnis, nicht die Liebe gefunden zu haben.

Oder aber, mit anderen Worten: Meine Großmutter konnte meinen Großvater, einen sehr kühlen und emotional distanzierten Mann Jahrgang 1890 damals, Anfang der 20er-Jahre, zum Zeitpunkt ihrer Eheschließung allein schon deswegen schätzen, weil er weder trank, noch gewalttätig war und mit großer Verantwortung für seine Familie sorgte, um dem Sohn ein Fortkommen zu schaffen. Sie litt unter seiner mangelnden Wärme und der Strenge, die er dem Kind gegenüber an den Tag legte, doch sie liebte ihn nach damaligen Begriffen, weil er sie aus einem feuchten Häuschen in einem kleinen Dorf an der tschechischen Grenze nach Wien geholt hatte, ihr und dem gemeinsamen Kind Komfort bot und sie in der Erfüllung ihrer Hausfrauenrolle bestätigte. Sie gehörte zu jenen Glücklichen, die in Summe zufrieden sein konnten. Die wenigen erhaltenen, vergilbten Briefe an Verwandte im Dorf legen das sehr nahe.

Und mein Großvater? Mit ihm, mit dem mich trotz der scheinbaren Geschlossenheit seiner Fassade eine ganz besondere Beziehung verband, habe ich in Sachen Liebe noch kurz vor seinem Tod gesprochen. Ob er seine schon so lange tote Frau geliebt hätte? Gezögert hat er kurz, den Begriff »Liebe« in seine Dimension übersetzt und dann gesagt: »Freilich.« Und da war in seiner Stimme sogar eine gewisse, für ihn so schwer zuzulassende Wärme zu spüren. »Die Lore war die Beste, die Beste, die ich habe kriegen können. Ein schönes, braves Mädel mit liebem warmem Herz, eine gute Mutter. War nicht zänkisch oder rechthaberisch, und sie hats Geld zusammenhalten können.«

An die nachfolgende Pause erinnere ich mich noch heute, denn ich hatte angenommen, dass er hier fertig wäre. Doch er setzte fort, als wäre ihm noch etwas Entscheidendes eingefallen: »Und ihre Krautfleckerln und die Biskuitrouladen waren einfach die besten.«

Damit war der Kanon der Liebe erfüllt.

Wir sind in unserem Entwicklungsweg innerhalb einer vergleichsweise extrem kurzen Periode von zwei bis drei Generationen zu einer Gesellschaft von hoch individualisierten Einzelwesen geworden. Die Erwartungen in eine Beziehung sind heute nicht mehr dahingehend ausgerichtet, eine besser funktionierende Wirtschaftseinheit zu sein oder einen als notwendig erlebten »Rollenzukauf« für die Verbesserung des eigenen Lebensgefühls zu erzielen. Sondern die Hauptaufgabe einer Beziehung ist es, ein erlittenes Liebesdefizit ausgeglichen zu bekommen. Dies kann nicht gelingen, trägt einen Grundwiderspruch zum Wesen der Liebe als sich selbst gestaltender Kraft in sich und führt dazu, dass Liebe zum Kampf um die Macht degeneriert und wir durch die erlittenen Frustrationen letztendlich in der Fühltaubheit versinken.

Es kann nicht gelingen, da Liebe nicht erschlichen, erbettelt, erkauft, verdient, verhandelt oder aber erzwungen werden kann, sondern nur im freien Fließen geschenkt, eben gegeben wird. Die alte Camouflage von wirtschaftlicher Notwendigkeit oder Rollenabhängigkeit ist durch den neuen Freiheitsgrad und die gewonnenen Möglichkeit der Selbstreflexion und Selbstentwicklung weggebrochen. Aber es stellt sich damit auch eine neue Entwicklungsanforderung: Die Liebe in ihrem tiefen Wesen wirklich freier Selbstentwicklung zur gemeinsamen Zugehörigkeit zu entdecken. Um dies zu können, müssen wir bei uns selber anfangen, dürfen nicht vom anderen fordern, dass er unsere Defizite ausgleichen soll und dies mit einem breiten Repertoire von Schmeichelei, Unterwerfung, Verhandlung, Disziplinierung, bis hin zum Vorwurf erreichen wollen. Damit wir dazu fähig sind, müssen wir das Lieben in uns selbst als begründet und gesättigt entdecken, um aus dieser Position eines Gebenden auf unser Gegenüber zugehen zu können. Wir müssen also aufhören, »fremdmächtig« sein zu wollen, die

Kontrolle über das Lieben eines anderen Menschen zu uns zu erlangen, und stattdessen zu »selbstmächtigen« Menschen werden.

Diese Anforderung ist hoch, denn der selbstmächtige Mensch vermag für sich selbst und allein in seinem Lebenskosmos aufgestellt zu sein. Er vermag ohne Bedürftigkeit, aber mit offenem Herzen, sich vom anderen berühren zu lassen, um sich mit ihm zu einem eng verbundenen, aber unvermischten neuen Ganzen zusammenzufinden.

- *Der selbstmächtige Mensch ist seine eigene »good enough mother«. Er versteht es, die Bedürfnisse seines inneren Kindes wahrzunehmen und zu erfüllen.*
- *Der selbstmächtige Mensch begreift Materielles als Betriebsmittel der Lebensgestaltung und nicht als mit einer darüber hinausreichenden, aufwertenden Beladung versehen.*
- *Der selbstmächtige Mensch ist sich seiner Individualität bewusst und beansprucht seinen persönlichen Raum, nicht mehr und nicht weniger. Er versteht sich als einzigartig aber nicht besonders im Bezug auf das jeweilige Ganze, in dem er seine Aufgabe zu übernehmen hat.*
- *Der selbstmächtige Mensch versteht sich grundsätzlich für sich selbst in einer unaufkündbaren und unübertragbaren Verantwortlichkeit für die Konstruktionen, Schöpfungen und Überzeugungen, die sein Leben formen.*
- *Der selbstmächtige Mensch befindet sich in beständiger kritischer Reflexion sich selbst und nicht den anderen gegenüber.*
- *Der selbstmächtige Mensch hat jede Wehleidigkeit hinter sich gelassen und akzeptiert Schmerz in zwischenmenschlichen Beziehungen als Rückmeldung eines Interessenkonflikts an seiner persönlichen Grenze, dem er sich zu stellen hat.*
- *Der selbstmächtige Mensch fürchtet die Hingabe an einen anderen Menschen nicht, denn er hat gelernt, auf sich aufzupassen, und weiß, dass jede Macht eines Gegenübers von ihm verliehen ist und sich daher nur aus ihrem achtsamen Gebrauch begründen kann.*

- *Der selbstmächtige Mensch hat begriffen, dass jeder zwischenmenschliche Leidensprozess sein persönliches Konstrukt ist und in einem persistierenden Machtkonflikt wurzelt.*
- *Der selbstmächtige Mensch versteht, dass erst sein Fühlen und im zwischenmenschlichen Bereich die freie, unkontrollierte, von Respekt und Grundachtung getragene emotionale Begegnung mit einem Gegenüber seine Lebendigkeit zu begründen vermag.*
- *Der selbstmächtige Mensch verleugnet nicht, dass ihn jeder Atemzug seinem Tod näher bringt und hat verstanden, dass alleine die Fülle des lebendig gelebten Lebens ihn für diese vor ihm liegende Aufgabe vorzubereiten vermag.*

Ansätze zu lebendigem Leben – die Liebe entdecken Die Geschichte vom konstruierten EGO oder vom Verlust des wahren ICH – bekannt als die Story von der »Erbsünde«

Es war einmal ein Kind, ob es ein Junge oder ein Mädchen ist, tut hier nicht wirklich viel zur Sache. Es war schwer und groß gewachsen, in anderen Worten so richtig reif, sodass man fand, dass es hoch an der Zeit wäre, es anzuregen, diesen innersten Raum gedämpften schwebenden Schutzes des Wachstums zu verlassen. Und zwar, um hinauszugehen, die Welt zu entdecken, um eben ein gegebenes Leben in Fülle zu gestalten. »Kind«, sagte man also, »du bist nun mit allem ausgestattet, was du brauchst. Jenseits dieser Tür liegt dein erstes großes Spielzimmer. Dort sollst du alles finden und lernen, was du für alle Spielzimmer deines zukünftigen Lebens brauchen wirst. Eine spannende Reise liegt vor dir, aufregend, erfüllend. Du wirst alles versuchen können, woran du glaubst, wenn du auf dich achtest und vertraust.«

Und dann tritt dieses Kind durch die Tür.

Das Kind ist überwältigt, als es in dieses Spielzimmer tritt. Riesengroß, ja unüberblickbar erscheint es ihm, voll Trubel und aufregendem Neuem. Da gibt es sanfte Rutschen und hohe Klettergerüste, Ritterburgen aus Karton, Kasperltheater mit Handpuppen, ruhige Bücherecken und Kuschelinseln voller Pölster, Kreisspiele, Basteltische, Puzzles, Brettspiele, Puppenwägen, Kisten mit Bauklötzen, Murmelbahnen mit glänzenden Bällen, Sandkisten, Bastelstationen, Spielzeugautos und Tretautos, sogar Scooter und vieles mehr. Für unser Kind ist alles neu. Und so glänzend und bunt und verführerisch und anziehend auch all dies wirkt, so sehr fühlt sich das Kind selber auch noch ganz neu und fremd und auch ein wenig ängstlich. Und es blickt sich um, nach anderen Kindern, solchen, mit denen es sich vielleicht verbinden könnte, die ihm vielleicht all das Neue, Bunte, Fremde erklären könnten, und vor allem nach solchen, die auch mit ihm spielen würden.

Manche Kinder erwidern das Lächeln unseres Kindes, nehmen es bei der Hand, zeigen ihm, wie die Murmel zu werfen ist, damit sie sich auf der Bahn hält. Dann fühlt sich das Kind ganz warm und angenommen, richtig angekommen für einen wunderbaren, vollen Moment. Doch viele Kinder sehen achtlos an ihm vorbei, verstehen sein Sehnen nicht, oder aber sie fühlen sich sogar gestört, drehen ihm den Rücken zu, werden unwirsch und grob. Ein Junge boxt das Kind, als es ich zu ihm stellen will, um zuzusehen, was er denn hier mit Schere, Kleber und Pappe basteln will, und sagt ihm, dass es gänzlich unerwünscht ist. Zwei Mädchen tuscheln hinter vorgehaltener Hand, eines verdreht die Augen, das andere sagt etwas Unhörbares aber Böses, denn beide kichern dann über unser Kind. Und als es ganz verzweifelt Aufnahme in den Kreis zu einem Spiel fordern will, stoßen es ein großer Junge und ein Mädchen gemeinsam weg, und wieder lachen alle.

Das Kind wird ganz still. Es fühlt sich so kalt in diesem Spielzimmer, so allein, sein Herz ist furchtbar eng und eingeschnürt, sein Atem flach. Die Einsamkeit scheint unerträglich, alles Spielzeug grau und fern. Soll dies bereits das Ende seiner Reise sein? Ganz verzagt setzt sich das Kind in eine Ecke. So eindeutig und klar steht ihm vor Augen, dass es an ihm liegen muss, es seine Schuld sein muss, dass ihm die Aufnahme zumeist verweigert wird. Es muss wohl etwas falsch machen, wenn so wenige es verstehen. Aus seiner fernen Ecke beobachtet das Kind die anderen Kinder nun ganz genau. Das dämpft den Schmerz, sich selber nicht zu spüren, und scheint auch Weisung zu versprechen. Wie funktionieren sie? Was könnten sie gebrauchen? Wie muss ich mich hier nähern? Was beeindruckt sie? Was muss ich tun, wie muss ich sein, damit sie mich wichtig nehmen und mit mir spielen wollen? So fragt unser Kind. Den Blick ganz auf die anderen geheftet, lernt es ganz schnell. Da gibt es solche, denen muss man dienstbar sein, das Wischtuch holen, das Spielzeug wegräumen, mit dem die andern sich die Zeit vertrieben. Und andere, die wollen klagen, sich beschweren und benötigen ein Ohr oder auch einen treuen Verbündeten, wollen Gefolgschaft für Gefechte, die nicht die seinen sind und die es ganz und gar noch nicht versteht.

Gar viele gibt es, die Bewunderung wollen, obwohl sie sie gar nicht verdienen, und solche, denen das Kind gehorchen muss, da sie sonst bitterböse werden. Auch solche, denen es beweisen muss, dass es sich furchtbar anstrengt, in jedem von ihnen verlangten Spiel, bevor sie ihm ein Lächeln schenken. Und ganz besonders viele, so scheint dem Kind, sind, auch wenn sie laut und mit aufgeblähter kleiner Kinderbrust wild durchs Spielzimmer laufen, in Wirklichkeit genauso ängstlich wie es selber. Doch ziehen sie die Blicke anderer auf sich und haben stets gleich solche bei der Hand, die betteln, dass sie mit ihnen spielen mögen, denn sie verstehen ein seltsames Begehren zu erzeugen.

Da denkt unser Kind nach und seufzt ganz tief. Und irgendwann greift es vielleicht auch in die eigenen Taschen, denn es erinnert sich, dass es doch ausgerüstet wäre mit allem, was von Nöten wäre, für dieses doch so seltsame Leben. Da könnte es dann sein, dass es zum Beispiel ein Päckchen Streichhölzer findet oder gar ein Taschenmesser oder sonst etwas nicht ganz Übliches und

Aufregendes. Mit Bedacht wählt es den Platz und Zeitpunkt und beginnt ganz lässig und beiläufig mit diesem, seinem Ding zu spielen, als wären ihm die anderen ganz und gar egal.

Da geschieht etwas ganz Seltsames und Großes im Leben dieses Kindes, etwas Unerwartetes. Alle Blicke fokussieren sich, es wird ganz still im großen Spielzimmer, alle Kinder unterbrechen ihr Tun, und unser Kind steht im Zentrum. Die List gelingt, das macht es mutig. Es wird ganz laut und selbstgefällig, beginnt zu herrschen, weit auszuschreiten. Das tut sehr gut in seiner wunden Seele, und ganz besonders dann, wenn es sich dem bittenden Blick eines anderen Kindes verschließt und NEIN sagt.

Jahre vergehen, nun ist alles gelernt. Längst ist das SEIN vergessen, doch weiß das Kind stets, was zu TUN ist. Jetzt ist es fertig, kennt seine BESTE Rolle, um ein Gegenüber anzulocken, als »Helfer«, »Leidender«, »Geknechteter«, als »ewig Leistender« oder »Erfolgreicher«, als »Lauter«, »Blender«, »Führer«, »Dominator«, kennt jedes Wort für jeden Text, den es benötigt.

Nun wird es Zeit, und unser Kind ist bereit für das große Spielzimmer des Lebens. Die Rechnung stimmt, doch ist der Preis sehr hoch. Die Maske ist Gesicht geworden. Für einen oft ganz kurzen Moment des vermeintlichen Angenommenwerdens zehrt sich die Lebenskraft des Kindes in einem grotesken Tanz mit einem Gegenüber auf. Und dort, wo ein offenes Herz wartet, regt sich der uralte Schmerz so laut, dass es ganz panisch fortlaufen muss. Die Geschichte dieses Kindes ist in der einen oder anderen Ausprägung die Geschichte von vielen von uns.

Kennen Sie das Gefühl, einfach so, eben grundlos glücklich und zufrieden zu sein, ohne dass dem irgendetwas vorausgehen würde, das es ERKLÄREN könnte?

Sie sind irgendwo, fahren mit ihrem Auto eine gewohnte, ja fade Wegstrecke, die sie hunderte Male gefahren sind, gehen an einem Strand, an dem sie dutzende Male entlanggewandert sind, schauen gedankenleer von einer Bergspitze ins Tal. Und plötzlich, ganz einfach aus dieser unspektakulären, versonnenen Leere heraus, befällt sie dieses unsagbare Gefühl von Geborgenheit, Dasein, ein »es ist gut«.

Wenn Sie das kennen, und sei es für kleine Momente, dann wissen Sie tief in ihrem Inneren, wie sich wirkliches Angenommensein, Angekommensein in der Welt anfühlt. Es ist ein strömendes Gefühl, voll Jauchzen und Ruhe zugleich, voll berührender und unerklärbarer Dankbarkeit, voll Demut und unaufdringlicher Größe zugleich. Und ohne Anstrengung, einfach erfülltes SEIN. Es ist unvergleichlich mit dem flachen Gefühl von Freude, das begründeter Erfolg oder ein materielles Gut, ein Sieg über einen Rivalen oder die Verleihung einer besonderen Position zu vermitteln vermögen. Doch in dieser Welt der Zweitklassigkeit verschanzen wir uns, wie unser Kind, um wenigstens für Momente in diesem Schattenboxen des Lebens einen Ersatz, eine Simulation dieser Grundgeborgenheit zu erhaschen.

In unserer Angst und grundsätzlichen Lebensunsicherheit geht es uns darum, möglichst Kontrolle zum Zugang dieser Ersatzgefühle zu erlangen, denn sie halten nicht an, und ihr Nachschub ist lebenswichtig. Das Spiel um die Macht ist die Folge davon. Dafür lernen wir die Rollen unserer EGOs zu spielen, verbiegen uns, bis dass wir uns verleugnet haben, und vergessen, wer wir sind. Manche von uns, die, die am allerwenigsten an sich glauben, besonders tief verwundet und dabei doch die Lautesten sind, werden dabei sehr grausam, brauchen sogar den Schmerz eines Gegenübers, um sich ihrer Macht sicher zu sein. Das tiefe Sehnen, das Wissen, dass sie sich in einem falschen Leben bewegen, bleibt ihnen jedoch als ein so tiefer im Fleisch schmerzender Stachel erhalten, dass sie, wann immer ihnen »offene Liebesfähigkeit« entgegengebracht wird, flüchten müssen oder besser gleich gänzlich fühltaub werden. Weil sie die Konfrontation mit ihrer eigenen Lüge, die sie längst zu einem klugen, wohldurchdachten Leben erklärt haben, nicht auszuhalten meinen.

Anna, die Anwältin, hat sich zu einer verständnisvollen »Leiderin, Versteherin und vor allem Leisterin« gemacht. Das ist ihr Weg von klein auf, um ein Gefühl von »Wert«, das sie sonst in sich nicht zu finden vermag, zu erreichen. Ein ewiger, erschöpfender Kreisprozess. Männer wie ihr erster Ehemann Stephan, der seinen Blick starr auf sich selbst gehaftet hält, oder auch der anfänglich so sensibel wirkende Bernhard, sind ideale Sparring-Partner für sie. Denn sie vereinen die Charakteristika beider Elternteile, ja sie geben ihr ein überragendes »Heimatgefühl«, bis sie in der emotionalen Erschöpfung in der Fühltaubheit versinkt.

Auch Paul hat seine »Beschaffungskriminalität« für Aufmerksamkeit in seinen frühen Jahren erlernt. Die grundsätzliche Unerwünschtheit seiner Existenz fügt seiner Geschichte eine scharfe Basisdissonanz in der Grundmelodie bei. Einerseits wird er zum empathischen Frauenversteher, der sich wie ein Handschuh anzupassen weiß. Doch nicht um in sensiblen Austausch mit der Partnerin zu gelangen. Seine Zielsetzung ist vielmehr, sie abzutasten, einzurastern und für ihn kommunikativ und emotional berechenbar zu machen, um dann die Kälte, die seine Angst vor Nähe widerspiegelt, triumphartig über das Verstoßen der Frau ausleben und so wenigstens Macht statt Liebe empfinden zu können. Paul ist ein tief gekränkter, einer, der wie der »reine Knabe Narziss« NUR mehr »die Liebe« zu sich selber und zu keinem anderen zulassen kann. Und er ist laut, wirklich verdammt laut. Seine sozialen Bewegungen sind nicht ruhig und unaufdringlich, weisen nicht die in sich ruhende Sicherheit reiner Kompetenz auf, sondern die nach Applaus gierende Haltung des aufgeblähten, bedürftigen Selbstdarstellers, der »sich zeigen« muss.

Man sagt: »Die ängstlichen Jungs pfeifen im Dunkeln am lautesten.« Paul ist einer von ihnen. Doch er ist äußerst sensibel. Der weit innen, hinter meterdicken Panzertüren liegende, sich selbst im »normalen« Leben verleugnende Teil seines ICHS, dort wo er nicht EGO ist, schreit um Hilfe. Und in ganz tiefen Stunden, seinen

Träumen und durchbrechenden Einsamkeitsattacken oder in der Konfrontation mit seiner körperlichen Erkrankung, spürt er, dass die Fühltaubheit keine Lösung sein kann, sondern ihn töten wird.

Wir wollen den schwierigen Weg vom EGO zum ICH beschreiten, die beiden unterscheiden lernen, ihre Steckbriefe erkennen. Das Ego, das ist bereits hinreichend ausgeführt, verbirgt sich hinter vielen Masken. Das ICH hingegen trägt viele offene Gesichter. Dorthin zu gelangen erfordert Versöhnungsbereitschaft mit der eigenen narzisstischen Wunde, die Akzeptanz der Tatsache, dass früh Versäumtes nicht später nachgeholt werden kann. Stattdessen gilt es zu entdecken, dass mein ICH einzigartig ist und gleichzeitig ganz gewöhnlich, entlastet durchs Leben zu gehen vermag und nichts um des Erfolges willen tun muss.

Das EGO dagegen bleibt immer abhängig von Applaus, Anerkennung, Position, Bewertung, Machterhalt und lebt in ständiger Spannung und Zukunftsangst. Das ICH ist angekommen und braucht nur Austausch, lebt bewertungsfrei, in sich ruhend und erwartungsoffen.

Das EGO muss den anderen genügen und lebt in ständiger Bedrohung, das ICH muss nur sich genügen und lebt in beständigem Wunsch nach ruhiger Selbstverbesserung.

Das EGO sammelt Pokale, Medaillen, Orden, Urkunden, das ICH vollauf gefühlte Lebensmomente.

Das EGO vermag in seiner Wahrnehmung nie über sich hinauszuwachsen und in echten emotionalen Austausch mit anderen zu treten, sondern produziert beständig »Wirklichkeitskonstruktionen«, in denen andere für die eigene Bespiegelung instrumentalisiert und manipuliert werden. Das ICH vermag über die Selbstliebe hinaus zur Liebesfähigkeit anderen gegenüber zu wachsen und damit in lebendige Begegnung und gemeinsame Gestaltung zu treten.

Das EGO versucht immer zu bekommen, bilanziert, rechnet auf. Das ICH gibt sich frei und unberechnend oder abwägend und nimmt, was passt und die Begegnung zu geben vermag.

Das EGO erlebt das Gegenüber als Besitz und beansprucht Verwaltungs-, Verwendungs-, Kritik- und Veränderungshoheit (das DU soll sich ändern), das ICH betrachtet das Gegenüber als ein Geschenk, mit dem es in wechselseitige, gleichwertige Interaktion auf Basis vorausgesetzter grundsätzlicher Akzeptanz tritt. Es reflektiert in Situationen von Dissonanz sich selbst und seine Optionen.

Wie also kommen wir dorthin?

Die Entthronung des EGOs als Voraussetzung für die Heimkehr zum ICH

Um die verschiedenen Masken des EGOs ablegen zu können, gilt es, sie sich im ersten Schritt zu vergegenwärtigen, sich ihrer bewusst zu werden. Dies ist ein Wahrhaftigkeit und Authentizität erfordernder Prozess, eine Gewissenserforschung der anderen Art, die unweigerlich einer Selbstentlarvung gleichkommt. Ein Prozess, der all unsere Tricks und Schliche und damit die unterschiedlichen Arenen, Bühnen und Zirkusmanegen freilegt, die die Schauplätze unserer oft selbsterniedrigenden Kunststückchen sind. Es ist ein nicht nur Ehrlichkeit zur Selbstschau fordernder Prozess, so er gelingen soll. Sondern ein schmerzvoller noch dazu, führt er uns doch gerade jenen früh erlittenen Mangel an Liebe vor Augen, den wir unser Leben lang verzweifelt auszugleichen trachten. Und gleichzeitig auch die Vergeblichkeit all unserer bisherigen Bemühungen.

In den Rollen des EGOs, egal wie schillernd, prächtig ausgeschmückt und vordergründig mächtig sie auch wirken können, gleichen wir dennoch einem sich weit über die Schmerzgrenze seiner Gelenke verbiegenden Schausteller. Wir übernehmen den Part des dummen August, der sich demütigen lassen muss, um einen Platz ganz unten an der Tafel zu erhalten. Schrittweise wird uns dabei bewusst, dass UNSER Leben ein falsches Ersatzleben geworden ist, ausgerichtet darauf, möglichst Kontrolle, also Macht über die

Zuwendung anderer zu uns zu bekommen. Als Hebel dafür benutzen wir diese Rollen des EGOs, Muster, die uns in unserer Kindheit aufgeprägt worden sind.

Doch wir bleiben zwangsweise, da es ja dabei nie um uns selber geht, ja unser kleines ICH sich tief in uns zurückgezogen hat, immer draußen vor der Tür einer wirklichen Entfaltung unserer Talente. Stattdessen werden wir zu hervorragenden Manipulatoren. Im Grunde geht es in unzähligen Varianten der Melodie immer wieder darum, in einem fein abgestimmten kommunikativen Tanz mit unserer sozialen Umgebung unsere persönlichen Macht- oder Leidensbedürfnisse in der »erfolgsgewohnten« Weise zu etablieren.

Anna, die so erfolgreiche Anwältin, hat in ihrer Familie gelernt, dass ihre Leistungsbereitschaft und ihre Lernerfolge ein wesentlicher Weg sind, um bei beiden Elternteilen Aufmerksamkeit zu bekommen und für ihre frustrierte Mutter in ihrem Hausfrauendasein ein Fenster aufzustoßen. »Stilles Leiden« ist ein weiteres Muster, das Anna in ihrer Familie als Teilaspekt ihrer weiblichen Identität kennengelernt hat. Aber auch das Gefühl von »Verrat« durch den Vater, der sie zur Leistungsschwimmerin erzog und ihr mit Einsetzen der Pubertät diese Möglichkeit, seine Zuwendung zu erlangen, entzog, hat eine tiefe Infragestellung ihrer weiblichen Identität hinterlassen. Hinzu kommt eine »familiäre Grundmechanik« von emotionaler Kühle zwischen den Eltern, in deren Beziehung zwar Grundrespekt für die jeweilige Rollenerfüllung herrscht, darüber hinaus jedoch wenig Wärme den Umgang bestimmt.

In Annas erwachsenem Leben finden sich ihre Prägungen in sozial hoch anerkannter Weise in Form ihres großen beruflichen Erfolgs wieder. Nur herausragende Leistungen haben die Eltern anerkannt. Gerade daraus bezog Anna die Motivation zu jahrelanger, sich verausgabender Knochenarbeit für den Ausbau der herausragenden Position ihrer Anwaltskanzlei. Und das, obwohl sie sich in Haushalt und Mutterschaft von Stephan gänzlich allein gelassen fühlte und hier kontinuierlich in einem bitteren Leidenszenario steckte, das sich mit Bernhard magisch wiederholte. Die EGO-Maske der »Leisterin« bietet Anna den Zugang zu gesicherter äußerer und innerer Anerkennung und damit Stabilisierung ihres fragilen Selbstwerts. Die der »Leiderin, der sich Aufopfernden« die Möglichkeit, ihr soziales System aus dieser Position heraus dafür zu benutzen, über das Induzieren von Schuldgefühlen eine besonders anerkannte Position zu beanspruchen und damit Macht auszuüben.

Diese alles entscheidenden Aspekte der Tiefendynamik zu erkennen, seiner eigenen inneren Wahrheit zu begegnen und damit unsere große, zugrunde liegende Bedürftigkeit nach Nähe zuzugeben, trägt einen stark beschämenden Aspekt in sich, weswegen wir uns lang und mit großem Widerstand dagegen wehren. Doch erst dies öffnet den Weg dafür, unseren EIGENEN Beitrag zu unserem Lebensdisaster, der der entscheidende ist, zu erkennen. Annas »Geschichte«, von ihr in der Sprechstunde oder einer vertrauten Freundin erzählt, legt nahe, dass sie »ZU GUT« ist, und ringt jedem damit sofort die so ersehnte »Aufwertung« ab. Bewundernswert ausdauernd nimmt sie alles auf sich und hat sich zur Überverantwortlichen in ihrem System entwickelt. Wir applaudieren, zollen Anna unsere Hochachtung, geben ihr Streicheleinheiten und bestätigen sie darin, dass wirklich ALLE unterschiedslos auf magische Weise meinen, sie schlecht behandeln zu dürfen, wo sie doch alles für sie tut. Wenn jetzt, hier an dieser Stelle, der Vorhang fällt – und selbst im therapeutischen Prozess passiert dies vielfach, da das wirkliche Ablösen der EGO-Masken ein so schmerzhaftes Unterfangen ist – und wir uns scheuen, im Spiegel dem verweinten verstörten Gesicht unseres inneren Kinds zu begegnen, wird sich NICHTS, absolut gar nichts ändern. Wir werden nur genauer, mit größerer Expertise zu den Schnitzereien und Bemalungen unserer Masken als erfahrener Museumsführer oder intellektueller Sammlungsleiter der Ausstellung »Mein Lebensdisaster – dynamische Installation über Jahrzehnte« zu referieren wissen.

Anna musste erkennen, dass sie selber VIEL dafür unternahm, dass die Dinge so liefen, wie sie es taten. Diese Schattenseite der Märtyrerin zu entdecken, gestaltete sich für Anna zu einer genauso herausfordernden wie ernüchternden Aufgabe. Und sie, die jahrelang Überverantwortliche, musste einsehen, dass es Zeit wurde, für sich selbst Verantwortung zu übernehmen. Neue Perspektiven der »Szenen ihrer Geschichte« tauchten auf. Dass sie zum Beispiel schon früh in Konkurrenz zu Stephan getreten war. Nachdem sie festgestellt hatte, dass dieser sein Berufsleben weniger ehrgeizig als sie anlegte, hatte sie keine Gelegenheit ausgelassen, ihn abzuwerten. Genauso wie sie systematisch seine Unfähigkeit als Vater abqualifizierend referiert hatte. Und Stephan, mit seiner grundsätzlichen Kälte und emotionalen Expressionsarmut, hatte mit Beginn der Dissonanzen SEINEN Part der konsequenten Abwendung hervorragend im gemeinsamen Tanz übernommen.

Bernhard wiederum hatte sie von Anbeginn keine Chance gegeben, eine eigenständige Beziehung zu ihren Kindern zu entwickeln. Sondern sie hatte sich als »Managerin der Befindlichkeiten« dazwischengeschoben. Ganz aktuell musste sie auch einsehen, dass die respektlose und fordernde Art ihrer Kinder, die sie nun so kränkte, von ihr mit magischen Fäden eines Schuldgefühlgewebes gestrickt worden war. Zwar hatte sie in den vergangenen Jahren den Kindern jeden Wunsch unter Aufbietung letzter Kraftreserven erfüllt und sich damit selbst zu bestätigen gesucht, nicht ohne jedoch jedesmal gleichzeitig Vorhaltungen daran zu knüpfen. »Ich habe Verantwortung an der falschen Stelle und mich damit selbst überfordernd übernommen, letztendlich um mich über die so erzeugten Schuldgefühle und die mir zustehende Dankbarkeit zu erhöhen! Mein Gott, so viele Jahre, so viel Energie. Permanent dieses Gefühl, zu kurz zu kommen, zunehmend erschöpfter zu werden, mich ausgenützt zu fühlen, von Stephan, Bernhard, meinen Angestellten und jetzt sogar von meinen Kindern, und am Ende gar nicht mehr an ein Lieben glauben zu können.«

So hatte sie mit tiefer Traurigkeit an dieser Stelle der Erkenntnis gesagt und die Lebensbeschwernis der Jahre war wie ein kompakter Felsen im Raum stehend spürbar gewesen. »Und wofür? Für ein paar flüchtige Momente von Triumph, eine ernüchternde Bilanz. Ein Investment in ein Konkursunternehmen von Anbeginn!«

Damit brachte es Anna genau auf den Punkt, denn so kunstvoll die Masken des EGOs auch geschnitzt und uns als zweite Natur aufgeschweißt sind, die schon lange die erste geworden ist, es handelt sich um ein schwer defizitäres Ersatzsystem.

Am Beispiel von Paul wird dies noch deutlicher sichtbar, obwohl Paul einer ist, um den sich die Motten wie um das Licht scharen. Natürlich nur eine bestimmte Sorte Motte, was Paul, dem Intelligenten, Sensiblen nicht verborgen bleiben konnte und seine Fühltaubheit nur verstärkte.

Pauls Geschichte zu begleiten, ist noch berührender. Die Unerwünschtheit seiner Existenz verursacht ein bitteres Gefühl von Aufbegehren, denn keinem Kind sollte die grundsätzliche Rückspiegelung eines »es ist gut, dass es dich gibt« vorenthalten bleiben. Der Säugling Paul, der als Schreikind und häufig krank einen Einstieg in eine wenig sicher erscheinende Welt erlebt hatte, muss rasch erlernt haben, einen ganzen Antennenwald der Abtastung seiner sozialen Umwelt zu errichten. Er versteht es, sich minutiös auf die Bedürfnisse seines nächsten Umfelds zu kalibrieren, er wird zum Versteher der Mutter, zum Tröster und Aufheiterer in einem Kummer, mit dem er beständig lebt, ohne überhaupt zu wissen, dass dieser einen außerhalb liegenden Grund hat. Der Vater bleibt distanziert, und Paul findet in der Wirrnis emotionaler Tragik zwischen seinen Eltern, die eine Form ohne Inhalt leben, sein Paradies nur in der Unterwelt des Schlagzeugkellers.

Paul wird von beiden Eltern betrogen. Das Konstrukt seiner Familie hat kaum emotionalen Inhalt, denn der Vater hat mit einer anderen Frau ein paralleles Verhältnis. Eine Tatsache, die Paul bis in sein frühes Erwachsenenleben vorenthalten bleibt, obwohl beide

Eltern unter der damit verbundenen Anspannung leben und einander entsprechend begegnen. Es muss eine äußerst verunsichernde, von unerklärbaren, plötzlich heftig leidvollen Wellen durchzogene, Wut, Resignation, Kränkung enthaltende und vor allem auch das Kind Paul verwirrende Grundatmosphäre gewesen sein. Orientierungslosigkeit und grundsätzliche Schwäche in der Ausbildung der emotionalen Funktionen. Ein Rückzug der sich gerade entwickelnden Emotionalität ist die Folge.

Bei Klienten wie Paul kommt mir immer wieder ein grausames Spiel in den Sinn, das wir als Kinder des Öfteren mit Weinbergschnecken trieben. Wir sammelten sie ein und ließen sie auf der glatten Glasplatte, die unseren Wohnzimmercouchtisch vor Kratzern schützen sollte, auf ein Salatblatt oder sonst eine Leckerei zukriechen. Dazu hatten wir eine Wasserspur ausgelegt, der die Feuchtigkeit schätzenden Tiere bereitwillig folgten. Wann immer es uns Spaß machte, spritzen wir mit einer kleinen Pipette, die wir von einer alten Ohrentropfenflasche aufgehoben hatten, eine kleine Menge Salzlösung auf die Spur, was zu einem fast schockartigen Rückzug des sich entlang des Wasserfadens bewegenden Fußes ins Schneckenhaus führte. Wir stellten Wetten an, welche Schnecke wohl wie reagieren würde. Ähnlich müssen die Auswirkungen der familiären Atmosphäre auf Pauls sich entwickelnden emotionalen Apparat gewesen sein. Heute tut es mir leid, was wir den Schnecken angetan haben.

Paul entwickelte zwar eine hervorragende Fähigkeit, in Menschen zu lesen, sie einzuschätzen, herauszufinden, wie sie funktionieren, was sie brauchen, wie sie zu beeinflussen und zu lenken sind. Ja sogar eine solche Meisterschaft, dass es scheint, als ob er ihnen näher zu sein vermag, als sie sich selber. Doch seine eigene emotionale Beteiligung ist stark verkümmert. Das Wagnis, sich auf sich selber einzulassen, vermag er kaum einzugehen. Er ist in gewissem Ausmaß fühltaub von Beginn an. Seine Emotionalität, seltsam flach in der Feinanalyse, bleibt schon in frühen Jahren hauptsächlich auf sich selbst bezogen. Die kleinste Dissonanz in einer Beziehung wirkt sich für ihn so aus, wie ein Tropfen Salzlösung auf den Schneckenfuß. Paul trägt einerseits die Maske des »Empathischen« und anderseits, durch seine brennende Verletzung, einen unbarmherzigen Wunsch nach Macht und Kontrolle über Menschen, mit denen er in Beziehung tritt in sich. Denn nur, wenn er sie in der Hand hat, können sie ihm nicht gefährlich werden, kann er sie berechnen.

Er wird also ein »Lauter, Schillernder, ein Rattenfänger.« Als Arzt und Therapeut kann er auf sein ideales Spielfeld treten. Seine hohe Intelligenz, sein Talent mit Mimik, Gestik, Stimme, Selbstdarstellung und Wortgewalt zu spielen, sein fast magisch anmutendes Talent, andere in ihrer Feinmechanik zu erahnen, sind ein hervorragendes Instrumentarium dafür, Meisterschaft darin zu entwickeln, sich sichere Aufmerksamkeit und eine Machtposition zu sichern. Hinter seiner verführerischen Maske wartet eisige Kälte. Hat er ein »Opfer in Position gebracht«, kommt die Befriedigung nicht mehr aus einer erlebten, zugelassenen Zuwendung, sondern aus ihrer absichtsvollen Ablehnung und einem beim Gegenüber verursachten Schmerz. Auch Pauls Lebensstationen und die Nebensätze seiner Geschichte offenbaren die Fragilität seiner Lebensaufstellung, die, egal wie erfolgreich er nach äußeren Kriterien scheint, die Grundmatrix seiner Existenz ist. Tiefe Selbstunsicherheit lässt ihn biestig dafür sorgen, einen möglicherweise gleichwertigen Kollegen aus seinem Umfeld zu vertreiben, denn schon die Möglichkeit einer Ebenbürtigkeit ist zu beunruhigend, trägt zu viel Verunsicherung in sich. Und in der Ehe mit Elvira ist der verbindende und ihn marternde Aspekt, dass sie ihm durch noch größere Kälte überlegen ist. Eine tragische Lizitation um die Macht der Abwendung, Milchstraßen vom Gefühl der Liebe entfernt. Auch wenn die sich daran knüpfenden, heißen Gefühle der Verkeilung ineinander vielleicht sogar von beiden so benannt worden sind.

So sitzt der großartige Paul, ein Kind mit wirklich großen Anlagen und einem sensiblen Herzen, in einem einsamen, kahlen Palast, letztendlich zu Tode gelangweilt, in den vorsorglich nur ihm zujohlende Plebejer vorgelassen werden. Jeder, der ihm auch nur annähernd das Wasser reichen könnte, bleibt aus Angst vor Kränkung ausgesperrt.

Auch in seinem Fall ein energetisch schwer defizitäres System, das ihn nicht einmal zu schützen vermag, denn Elvira kann ihn mit noch größerer Abwendung übertrumpfen und damit seinen Rückzug in die bis zu seiner Erkrankung endgültige Fühltaubheit bewirken. Hinter Pauls Masken liegt das rohe Fleisch des Gesichts seines inneren Kindes. Die Energie und den Mut zu einer Ablösung konnte er erst durch die erlebte Bedrohung durch seine Erkrankung beziehen. Paul gehört zu den am schwersten Verwundeten, denen, die einen nahezu totalen Glaubensverlust in das Lieben erlitten haben. Ein Verlust, der so schwer ist, dass sie fühltaub, ja nahezu abgestorben, jede Zuwendung ablehnen und nur auf sich selbst fixiert wie der Knabe Narziss leben müssen. Gleichzeitig liegt Paul damit ganz im Zeitgeist und gehört zu jenen, denen gerade heute in großem Stil eine bestätigende Bühne geboten wird.

Von einer Metaebene aus betrachtet ist anzumerken, dass unsere Anstrengungsgesellschaft, nicht umsonst Leistungsgesellschaft genannt, mit ihren gängigen Werten viel dazu beiträgt, Menschen wie Paul oder Anna hervorzubringen und in ihrem narzisstischen Maskentanz als Lebenskonzept zu bestärken. Paul ist ein Beispiel für einen EGO-Rausch. Seine Masken tragen in erster Linie das Emblem von vordergründiger Macht. Anna lebt ihre Masken mehr hintergründig, scheinbar sozialer. Sie ist ein Beispiel für eine EGO-Agonie. Sie scheint in den Bedürfnissen ihrer sozialen Umwelt aufgegangen und von ihnen aufgebraucht worden zu sein. Doch beiden ist gemein, dass sie von ihrem EGO abhängig sind, nicht in ihrem ICH, ihrer speziellen Identität ruhen, sondern entsprechend der EGO-Konstruktion ihr Leben inszenieren müssen.

Gleichzeitig wird das Thema der »EINLÖSUNG des VERSPRECHENS« für uns als Gesamtgesellschaft nun schlagend. Immer lauter werden die Stimmen, die sich die Frage nach dem »SINN des Ganzen« zu stellen getrauen. Wenn wir unsere ganze Gesellschaft in ihrer Entwicklung als ein aufwachsendes Kind betrachten, dem wir gesagt haben, dass es, wenn es sich nur gehörig anstrengt, »Großes« vollbringt und Materielles sowie Machtpositionen erringt, auch glücklich und zufrieden sein wird, so dürfen wir heute nach der Wende des Jahrtausends konstatieren: Wir haben so viel und in so kurzer Zeit wie noch keine Generation vor uns erreicht. Wir sind so toll, waren beim Mond und haben gerade ein elektronisches Erfassungssystem erfunden, mit dem jeder Haarnadel eine verfolgbare, niederheftbare und jederzeit auffindbare »Identität« gegeben werden kann. Sogar unsere Autos beginnen schon miteinander Daten auszutauschen, damit wir noch besser unterwegs sein können. Wir haben uns doch so sehr verbogen, so sehr das eigene SEIN weggesperrt. Und trotzdem ist keine LIEBE in SICHT.

Unser Globus ist im Aufruhr wie noch nie. Globale Katastrophen, für die wir zumindest Mitverantwortung nicht verleugnen können, tauchen bereits am Horizont auf. Wir hoffen, dass, was deren Lösung betrifft, es uns vergönnt sein möge, unseren Kopf noch bis zum Ablaufdatum unserer Generation erfolgreich in den Sand stecken zu können. Immer mehr von uns stellen fest, dass sie in ihrem Sinnfundament ausgebrannt sind, dass all das letztendlich NICHT zur Liebe führt. Und wenn wir dann noch realisieren müssen, dass für die narzisstische Beanspruchung des Geliebtwerdens kein passendes Gegenüber aufzutreiben ist, wir im Machtspiel um Zuwendung unterliegen, weil es immer mehr von uns perfektioniert haben, bleibt uns nur mehr die Fühltaubheit.

Die Quellen meiner ICH-Sättigung und meinen Dienst erkennen lernen

Es gibt verschiedene Wege, diese EGO-Masken zu erkennen: im Verlauf von psychotherapeutischer Begleitung oder an einem gewöhnlichen Tag, an dem eine geheime innere Mechanik von achtsamer Selbstschau beginnt, ganz so als wäre ein inneres Uhrwerk abgelaufen und hätte diesen Prozess einer Selbstkonfrontation als jetzt notwendig in Gang gesetzt. Oder als Ergebnis eines Einschnitts unseres Lebens, wie bei Paul, der ein so tiefes Beben in uns verursacht, dass wir uns mit dem Rücken an der Wand erleben und gleichzeitig die Mauer, die wir vor uns aufgebaut haben, unerträglich wird. Egal was der Auslöser und Wegbereiter dieser Entwicklungschance einer Entthronung des EGOs und einer Heimkehr zum ICH sein könnte, das Unterfangen wird uns nur als ein emotionales, als ein spürendes, fühlendes gelingen. Das Verstehen der eigenen Geschichte alleine, das Begreifen der Strukturen, die reine Analyse der Faktoren und Analogien zwischen meiner Kindheitssituation und meinem Leben als Erwachsener vermag zwar ein wesentlicher Türöffner zu sein. Doch wer denkt, dass mit intellektuellen Kapriolen und minutiösen Beweisführungen, die häufig zur brillanten Anklageschrift eines imaginären Staatsanwalts gegen die Elterngeneration degenerieren, die Arbeit getan ist, irrt gewaltig. Kennen Sie den Ausdruck: »Der Schmerz der Erkenntnis« oder aber auch umgekehrt: »Die Freude der Erkenntnis«, denn die gibt es auch. Doch sprechen wir in beiden Fällen von emotionalen Prozessen. Erkenntnis in unserem Sinn eines tiefen Heimkehrens zum eigenen, früh verlassenen ICH ist eine berührende Begegnung. Die eigentliche Arbeit besteht in der Integration der abgespaltenen Emotionalität, im achtsamen, bei sich bleibenden Zulassen von Spüren und Fühlen. Ein schweres Unterfangen für uns alle, die ihr »Fühlen« so lange Zeit einer klugen Mechanik des Taktierens untergeordnet haben, um die Ziele ihrer Masken zu erreichen.

Wie fühlen wir in der Begegnung mit einem anderen Menschen unverstellt? Wie trauen wir uns, einfach zu fühlen und dies gar auszudrücken, ohne an die Konsequenzen zu denken? Ohne Angst, dass wir uns damit etwas vergeben, blöd aussehen, uns zu weit aus dem Fenster lehnen oder gar als schwach angesehen werden? Diese Achtsamkeit des eigenen Herzens zu entwickeln, erfordert die Bereitschaft zur Übernahme von rückhaltloser Selbstverantwortung. Auch dies schreibt sich mit mehr oder weniger geübten Fingern auf dieser Tastatur gerade leicht hin. Aber wie entwickle ich »Achtsamkeit meines eigenen Herzens?« Was bedeutet es, »rückhaltlose Selbstverantwortung zu übernehmen?« Wie lebt sich das?

Erinnern wir uns an das junge Kind, das voll Begeisterung in sein erstes Spielzimmer gelaufen kam und sich irgendwann enttäuscht oder sogar verstört in eine stille Ecke zurückgezogen hat. Unser Kind gab es in der Folge auf, sich selbst als ersten Bezugspunkt seines Selbstausdrucks wahrzunehmen. Was so viel heißt wie, dass es damit aufhörte, sich spontan zu äußern, sein individuelles Sein in die Gemeinschaft einbringen zu wollen. Stattdessen begann es einen großen Teil seiner Energie dahingehend zu investieren, seine Umgebung zu BEOBACHTEN, um »gewünschtes Verhalten« zu produzieren. Die Aufmerksamkeit wanderte also von der Selbstwahrnehmung als Bezugspunkt hin zur Umgebungswahrnehmung. Und zwar nicht in jener Form, die von einem stabil gefühlten ICH mit seinen Bedürfnissen ausgehend die jeweilige Umgebung evaluiert, ob sie attraktiv ist und feine Gestaltungsmöglichkeiten für das ICH bietet, sondern in einer Form, in der sich das ICH mit der UMGEBUNG identifiziert, gleichsam in das Gegenüber hineinkriecht und zu spüren versucht, was es diesem zu liefern hat, damit es selber interessant und angenommen wird. Das Kind passt sich wie ein Handschuh seiner Umgebung an. Es ist den allergrößten Teil der Zeit in seiner Aufmerksamkeit nicht mehr bei sich, sondern bei den anderen. Damit tritt das Kind selber, unser inneres Kind, unsere individuelle Kernexistenz, alles das, was wir positiv Gestaltendes in uns tragen und was sich entfalten möchte, immer tiefer in den Hintergrund unserer Lebensbühne, auf der im schlimmsten Fall nur mehr ein einziges Stück gespielt wird: »MEIN KAMPF UM AUFMERKSAMKEIT!«

Damit es uns gelingt, unsere EGO-Masken in der Requisite verstauben zu lassen und lebendiges, interagierendes Sein in der gestaltenden Begegnung mit einem Gegenüber zu leben, mit anderen Worten, damit wir lieben können, UNS wirklich furchtlos geben können, braucht es SELBSTvertrauen, braucht es dieses entwickelte eigene ICH, ein GUT GENÄHRTES INNERES KIND. Für viele von uns bedeutet dies, erst an dieses Kind, sein eigentliches Sein, seine Bedürfnisse, seine Kapazitäten und Grenzen, seine Eignungen wieder Anschluss zu finden, für dieses innere Kind in uns, unser ureigenes Sein ernsthaft einzutreten und sorgen zu lernen.

Für Anna, die Anwältin, bedeutete dies auch, Grenzen zu setzen. Grenzen für ihre Umgebung und Grenzen für sich selber. Dies zog natürlich Friktionen nach sich, da ihr Bezugssystem gewohnt war, dass Anna »möglich macht«, ja möglich zu machen hat. Als Anna sich zum Beispiel den üblichen sehr teuren Urlaubsvorschlägen ihrer Kinder für Luxusresorts zu entziehen begann und auch bisher partizipierende »Freundinnen« mit einer neuen Realität konfrontiert wurden, staunte die Umwelt nicht nur, sondern sie reklamierte »Unrecht«. All dies gelang nur dadurch, dass Anna sukzessive begann, Selbstverantwortung für dieses ihr inneres Kind zu übernehmen, indem sie Anschluss an jene alten verschütteten Teile ihrer Person fand, die ihr ureigenes persönliches Sein repräsentieren und damit Unabhängigkeit von vordergründigem »Lob« erwirkte.

Zum Beispiel wurde Anna während unserer Arbeit ein sehr intensives positives Gefühl ihrer selbst zugänglich, als sie sich daran erinnerte, dass sie als kleines Mädchen mit großem Enthusiasmus auf Bäume geklettert war. Wohl eine seltsame, schlecht nachvollziehbare Sache für viele, doch gültig für Anna und ihr individuelles Sein. Anna schrieb sich mit knapp 50 in einen Hallenkletterkurs ein. Es müssen heute für Anna nicht mehr Bäume sein und auch überhängende Felsen braucht sie nicht, aber jenes Lebensgefühl von Freude, das sie hat, wenn sie sich an manchen Wochenenden mit jetzt auch neu in ihr Leben getretenen, gleichgesinnten Menschen bereits frühmorgens aufmacht, um einen herausfordernden Klettersteig oder Bergwanderweg zu erleben, würde sie nicht mehr aufgeben wollen.

Und es muss für Anna etwas dran sein, an der tiefen Freude, die sie beschreibt, wenn sie als bekennende Spätaufsteherin bisweilen noch im Dunkel der letzten, gerade ausdünnenden Nacht bereit ist, ihre Bergwanderschuhe zu schnüren, um die aufgehende Sonne auf einer Bergzinne zu begrüßen.

»Es gibt mir so viel Kraft und ein Gefühl von Ich-sein-können, das ganz von selber in meine Art, mit anderen umzugehen, einfließt«, beschreibt sie ihre Erfahrung. »Es ist ziemlich seltsam und ich verstehe den Zusammenhang nicht wirklich«, wunderte sie sich selber, »aber irgendwie fühlt es sich so an, als würde ich jetzt nichts von meiner Umgebung brauchen, als wäre ich innerlich ruhig, dabei fühle ich mich anderen Menschen gegenüber viel unbefangener und auch offener und mehr an ihnen selber interessiert, als ich es je war. Eigentlich wirklich seltsam.«

Nein, eigentlich gar nicht seltsam, denn erst das »gefüllte Ich« entwickelt die Fähigkeit, ohne etwas zu brauchen, nämlich Aufmerksamkeit und Rückversicherung seiner Wichtigkeit, auf ein Gegenüber erwartungsoffen und gestaltungsbereit sowie auch angstfrei zuzugehen. Das erforderte allerdings für Anna weit mehr, als sich nur an die alte Quelle freudvoller Körpererfahrung zu einer ICH-Sättigung anschließen zu lernen.

Sowohl in meiner Arbeit als Therapeutin, wie auch in der systematischen Beschäftigung mit dem Thema, im Rahmen der über Jahre laufenden Arbeitsgruppe »Creativity in Education« der Marcelino Botin Foundation, ist mir die zentrale Rolle, die »Play« für diese Rückkehr zu unserem ICH spielt, bewusst geworden. Play bedeutet in diesem Zusammenhang weit mehr als spielen. Es umfasst alle Aktivität kreativen, ungelenkten, spontanen, aus sich selbst heraus erwachsenden Tuns, egal ob es sich dabei um Sport, unterschiedliche Hobbys, malen, Texte schreiben, irgendetwas gestalten, basteln, kochen, intensive Gespräche, miteinander lachen oder was immer sonst handelt. Wesentlich ist dabei nur, dass es anspruchsfrei und mit jener Präsenz geschieht, die es für Außenstehende oft wie Versunkenheit wirken lässt. Die Tätigkeit selber ist dabei nur das Trägermaterial, wie ein Klumpen Ton, der dem individuellen Sein die Möglichkeit gibt, sich zu entwickeln und zu manifestieren. Das Ergebnis ist nicht vorbestimmt, sondern Beiwerk und Überraschung. In diesen Prozessen erlebt sich authentisches ICH-SEIN, sie fühlen sich beglückend, in ganz besonderer Weise intensiv und real, als spontaner Selbstausdruck und lebendig an.

Wenn ich aus einem tiefen Erleben heraus mich hinsetze und ein Gedicht in diesem seltsamen Gefühl einer Verdichtung meines Spürens in der Verschränkung mit Worten für mich schreibe, geht es mir so. Es ist dies ein mein ICH zentrierender, mich mir selber näher bringender und mich wärmender Prozess, der mir vermittelt, dass ich da bin und es für mich auch gut ist, dieses mein Da-sein, ich mich annehme, so wie ich bin. Und es gibt kein anderes Ziel dabei, denn ich werde diese Gedichte nicht einmal veröffentlichen.

Anna explorierte noch verschiedene weitere Möglichkeiten, authentisches Selbst zu erfahren und zu einer Ich-Sättigung zu kommen. Sie fand zur großen Freude ihrer Kinder heraus, dass es ihr enormen Spaß bereitete, kreativ zu kochen und eine Art »Salon« einzurichten. Das waren Abendessen, zu denen sie entweder Freunde ihrer Kinder oder eigene einfach zum Genießen und miteinander Diskutieren einzuladen begann.

Für Paul, der fast seine gesamte Lebensaktivität in den Dienst einer lauten, erschöpfenden Selbstbespiegelung gestellt hatte, gestaltete sich die Aufgabe, Anschluss an sein inneres Kind zu finden, noch weitaus schwieriger und schmerzvoller. Mit viel Zögern und Zaudern setzte er sich dann doch wieder an ein Schlagzeug, beklagte sein mangelndes Rhythmusgefühl, seine Ungelenkigkeit, sein langsames Vorwärtskommen und alle anderen Kategorien einer Leistungsbeurteilung, bis er mir endlich berichtete: »Es war mir einfach egal. Ich habe nur mehr gespielt. Auf nichts mehr geachtet, einfach das Schlagzeug vor mir und ich und losgelassen. Und es war herrlich.«

Fast zwangsläufig begegnet uns auf diesem Weg einer authentischen ICH-Aufstellung natürlich irgendwann auch die Frage, ob unser Beruf auch unserer Berufung entspricht. Das Kap Horn unserer Reise ist erreicht, denn natürlich ist unser Beruf, mit dem wir viele Stunden unseres Lebens in absoluter Selbstverständlichkeit zubringen, idealerweise eine ganz wesentliche Quelle einer ICH-Sättigung. Oder aber im anderen Fall nur ein zäher, anstrengender Schauplatz unseres Maskenspiels. Sowohl für Anna wie für Paul bedeutete dieser Zeitpunkt der Auseinandersetzung eine tiefe, krisenhafte Infragestellung ihrer Existenz.

»Habe ich meinen Beruf vollkommen verfehlt? Habe ich meine Chancen auf eine erfüllte berufliche Existenz damals weggeworfen, als ich nicht zum Reinhardt-Seminar gefahren bin, sondern in jene Straßenbahn einstieg, die mich zur juridischen Fakultät gebracht hat? Vielleicht hätte ich mir Stephan und alles andere, diesen wahnsinnigen Konkurrenzkampf ersparen können.«

Ein tiefes, die ganze Lebensschwere der vergangenen Jahre umfassendes Seufzen begleitete ihre Aussage. Und ich erinnere mich, dass sein Blick mich niederzunageln schien, als auch Paul irgendwann sehr betroffen formulierte: »Bin ich ein Scharlatan, der seine Patienten nur zu seiner eigenen Selbstbespiegelung ausgenutzt hat? Wer wäre ich geworden, wenn ich mich damals in meiner Jugend wirklich hätte spüren können? Sag mir, wo reisen wir da jetzt hin?«

Sowohl für Anna wie für Paul stellte sich nicht wirklich überraschend heraus, dass viele Aspekte ihres Berufs durchaus freudvoll waren. Das, was beide zu lernen hatten, war den Blickwinkel zu verschieben, eine neue Haltung in ihrer beruflichen Tätigkeit zur Anwendung zu bringen.

Für Anna waren es nicht mehr die spektakulärsten Fälle, sondern jene, hinter denen sie wirklich von Herzen zu stehen vermochte. Nicht mehr zu beweisen, dass sie über die schärfste Klinge verfügte, war das Ziel, sondern dort, wo sie sich am richtigen Platz erkannte, ihre scharfe Klinge einzusetzen. Und auch Paul entwickelte einen neuen beruflichen Zugang: »Paul, du kennst doch den alten Therapeutenwitz, der die drei unterschiedlichen beruflichen Lebensabschnitte charakterisiert?«, hatte ich in einer dieser Sitzungen, als er besonders verunsichert, ja fast verzweifelt erschien, angemerkt, worauf mich sein entgeisterter Blick getroffen hatte. »Also, ich habe ihn ein wenig verändert. Der junge Therapeut erzählt überall begeistert von seinen Fällen und wie genial er seine Interventionen setzt und seine Patienten damit weiterbringt. Kennen wir ja. Der Psychotherapeut der mittleren Berufsjahre denkt darüber nach, was er verdienen kann, auch das kennen wir. Aber der reife Psychotherapeut, so sehe ich es, hat aufgehört Psychotherapeut sein zu WOLLEN. Er ist einfach da und tut das, wozu er sich eben eignet, was ihn jahrelange Arbeit gelehrt hat. Er hat seinen Dienst gefunden.«

Die Suche nach dem »bestätigenden Blick« – unsere grundsätzliche Liebesfähigkeit und mich zur Grundkraft des »Lieben-Wollens« bekennen – ICH liebe DICH

Aus dem Erleben des »gefüllten ICH« vermögen sich die Interaktionen mit der Umwelt in vollkommen neuer Art zu gestalten. Der selbstmächtige Mensch versteht es, sich unaufdringlich einzubringen. Dort, wo seine Kompetenz gefragt ist, tritt er in den Vordergrund, und er überlässt bereitwillig, ohne Gefühl eines Versagens,

Mangels oder der Beschämung einem anderen das Feld, wenn dieser besser geeignet ist. Die Freude, beitragen zu können, lenkt ihn und bestimmt seine Interaktion, nicht der Sieg oder das Herausstechen aus der Gruppe der anderen. Er macht »sein Ding«, doch nicht in der lauten, aufdringlichen Art des Selbstdarstellers, der ständig beteuert, »sein Ding zu machen« und dabei dennoch nur den Effekt, den seine Pseudo-Unabhängigkeit auf andere ausübt, im Sinn hat.

Diese Fähigkeit, bei sich zu sein, ist ein Weg der Bescheidenheit und ruhigen Demut, die gleichzeitig fest in ihrem Inhalt ist, sich zu der eigenen Seinsweise zu bekennen vermag und sich auch in der Liebe zu einem Gegenüber offen lebt. Denn obwohl oder gerade erst dadurch, dass der selbstmächtige Mensch ein gefülltes ICH lebt, ist ihm das Lieben ein zentrales und gleichzeitig unaufdringliches Anliegen, eine Haltung, mit der er seiner Umwelt begegnet und die mit einem spezifischen Gegenüber, einem »significant other« besondere beglückende Gestalt anzunehmen vermag. »Ich bin dieser, mit jenem ganz spezifischen Sein, dies sind meine Werte, Vorlieben, dies meine Weise, mein Lieben zum Ausdruck zu bringen, Leben gestalten zu wollen, meine Möglichkeiten zu geben, dich zu verstehen, mich mit dir abzustimmen und dies meine Art, dein DU sein zu erkennen, ihm Achtung und Respekt und meine Liebe auszudrücken«, ist die Botschaft. »Zu meiner eigenen Freude will ich dich aus vollem Herzen mein Lieben spüren lassen, und wenn dies auch für dich so ist, werden wir gemeinsam in unserer Begegnung neue Fülle schaffen, ein »Größeres« erleben, als uns dies alleine möglich ist. Verbunden, aber unvermischt, ohne uns also selber verleugnen zu müssen.«

Anna und Paul

Wenn verschränkte Teilchen über tausende Kilometer hinweg sofort ihren immer zueinander gegenläufigen Spin einnehmen, sobald auf eines der Teilchen ein entsprechender verändernder Einfluss genommen wird, so mag es legitim sein, daran zu glauben, dass unser Universum von einer geheimen Mechanik bestimmt wird, die auf alles Einfluss zu nehmen vermag. Umso mehr in dieser Geschichte.

Verdammt, wie sagen meine Kinder so schön? Ich pack mein Leben nicht mehr. Kontinent, tu dich auf. Da hat doch tatsächlich wieder so ein Idiot meinen reservierten Platz in der Garage zugeparkt. Diese zunehmende Ignoranz geht mir gehörig auf den Geist. Der jetzt notwendige »Amtsweg« beginnt sich blitzschnell zu einem verärgernden Film in meinem Hirn zusammenzusetzen. Das reizt meine Amygdala nur noch mehr. In 20 Minuten soll ich mit der Praxis anfangen. Pünktlichkeit, meine Pünktlichkeit als Therapeutin ist mir heilig. Eine abgehetzte Therapeutin – wo kommen wir da hin?

Von meiner gemütlichen Einstimmungsviertelstunde mit einem Cappuccino kann ich mich gleich verabschieden, wenn es nicht noch schlimmer kommt. Der Panzer meiner Contenance zeigt bereits einen empfindlichen Sprung. Das könnte sich zu einem Krater auswachsen. Ich atme tief durch. Wird sich schon alles ausgehen. Der Übeltäter wird gleich in rasender Eile durch die blaue Metalltür, die die Garage vom Aufzugskorridor trennt, gehechtet kommen und eine formvollendete Entschuldigung mit gleichzeitig eleganter Kavaliershaltung vorbringen. Irgendeine altruistische Rettungsaktion hat ihn zu diesem Regelverstoß genötigt, alles wird sich in Wohlgefallen auflösen, ich werde mein Bild, dass in jedem Menschen der Wunsch nach Achtsamkeit, Güte und respektvollem Grundumgang steckt, bestätigt bekommen, und wir werden Freunde fürs Leben werden. Bleibt nur noch zu klären, warum ich mir den »Verbrecher« als Mann vorstelle und so bereitwillig an seine Transformation glaube.

Im Geist gehe ich die heutige Seite meines roten Terminbuchs durch. In inzwischen zehn Minuten wird Anna an meiner Praxistür stehen. Und nach ihr? Da war doch eine Umschichtung. Wer kommt nach Anna? Oh, Paul natürlich, er hatte um eine Verlegung seines Termins wegen eines Gigs seiner Band ersucht. Also besonders unangenehm. Ein Organisationsmanagement-Mangel kommt nicht gut unter Kollegen. Der Typ vom Wagen taucht natürlich nicht auf, und alles nimmt seinen Lauf.

So wie es damals eben sein musste ...

Anna sitzt selbstverständlich bereits seit gut einer Viertelstunde in meinem Wartezimmer und lächelt mich verständnisvoll an, als ich noch etwas unversöhnt mit der Welt endlich in meiner Praxis aufschlage. Der Affe aus der Garage war von derjenigen Sorte, die nicht einmal zur Einsicht zu bringen ist. Meine Assistentin hat Anna schon informiert.

»Keine Sorge«, meint sie. »Ich habe die letzten Minuten dazu benutzt, selber von meinem getriebenen Tag runterzukommen. Hat mir gut getan. Ich sollte meine Termine selber mit etwas mehr respiro planen. Diese Erkenntnis verdanke ich Ihrer Verspätung. Früher hätte ich mich geärgert und als Opfer gefühlt. Mich von Ihnen nicht wertgeschätzt gefühlt, mir gedacht, dass sie sich wegen mir eben nicht beeilen würden oder ich als Klientin irgendetwas falsch gemacht habe.«

Jetzt muss auch ich lächeln und denke, dass meine eigene Fähigkeit, Situationen anzunehmen, noch ein breites Übungsfeld für mich bereithält, wenn ich mir vor Augen führe, wie ich in der Garage emotional hineingekippt bin.

Aber jetzt ist Anna dran. Die letzten Monate waren intensive Veränderungsarbeit gewesen. Besonders ihre halbwüchsigen Kinder hatten die Therapie sicher mehrfach verflucht, da Anna das Rundumservice drastisch auf ein altersadäquates Maß zurückgenommen hatte und sogar Mitbeteiligung und Selbstverantwortung in Haushaltsanliegen und der Selbstorganisation verlangte. Erst vorige Woche hatte sie ihre jetzt 19-jährige Tochter mit ihrer Weigerung vor den Kopf gestoßen, die dringend notwendige Anmeldung für die Fahrschule statt ihr zu erledigen, die sich gerade mit Freunden zum chillen treffen wollte.

Selbst die süffisante Anspielung darauf, dass Anna doch eh Zeit habe, da sie sich als weitere Neuerung ihres Lebens nun einen halben, ungeplanten Tag pro Woche ganz für sich gönnte, war an ihr abgeprallt. Dafür gab es jetzt Zeiten, die einfach langsamer waren und so dazu einluden, aufeinander zuzugehen. Auch in der Kanzlei hatte sich einiges getan, was die »Verhaltensflexibilität« ihrer Mitarbeiter forderte. Bei zweien war es sogar notwendig geworden, sich von ihnen zu trennen. Rückblickend ist Anna ihr jahrelanges Unbehagen, das immer wiederkehrende Gefühl, trotz ihrer übergeordneten Position beiden ausgeliefert zu sein, ihnen etwas zu »schulden«, sie bei Laune halten zu müssen, als eine Reinszenierung ihrer Kindheitssituation mit ihrer Mutter klar geworden. Aber auch für die anderen Mitarbeiter und Junior-Partner war die Welt etwas rauer geworden, seit Anna es nicht mehr zuließ, dass alles unterschiedslos die Tendenz hatte, an sie rückreklamiert zu werden, wenn es intensivere Auseinandersetzung forderte. »Ich brauche das jetzt nicht mehr, um mich bestätigt zu fühlen oder die ›Liebe, Großzügige‹ zu sein«, hatte sie irgendwann im Laufe ihres Prozesses festgestellt. Gleichzeitig mit der Aufgabe dieses zwar ihr EGO stabilisierenden, aber ihre Lebensenergie bis in die Sinnentleerung der Fühltaubheit aufzehrenden Verhaltens, hatte sie die alten wie neuen Quellen ihres wahren individuellen ICHs erschlossen und bereits nachhaltig die beglückende, erfüllende Speisung ihrer Kraft dadurch erfahren.

Nun begann sich sogar ein erster zarter Wunsch nach einem Gegenüber zu formieren. »Kommen Sie, Anna, lassen Sie uns fortsetzen, wenn Sie schon allein begonnen haben«, sage ich nun endlich wieder entspannt und öffne die Doppeltür zu meinem Sprechzimmer. »Ich hoffe, Sie haben heute eine Viertelstunde länger Zeit.«

»Das sicher«, meint sie fast schelmisch. »So weit bin ich schon lange, dass ich mir nach der Therapie etwas Zeit für mich reserviere.«

Wir haben gerade unsere heutige Arbeitssitzung beendet und vereinbaren den Folgetermin, als Paul in der Praxis eintrifft. Wenig später öffne ich die alte hohe Doppeltür meines Sprechzimmers, um Anna hinauszubegleiten und Paul zu begrüßen. Ganz kavaliermäßig schnellt er sofort von meiner leuchtend roten Couch hoch. Genau in dem Moment, als Pauls Blick von Anna aufgefangen wird, geschieht etwas. Im Raum passiert eine atmosphärische Verschiebung. Ein einzelner, eingefrorener Zeitkristall scheint aus dem Lebensstrom herausgeschnitten zu sein, als Paul und Anna einander fokussieren, so als wäre der Film für ein paar Momente angehalten worden, bevor diese seltsame Zeitdehnung wieder Anschluss an das normale Tempo findet.

Ist der Kerl seit letzter Woche gewachsen? Paul, grundsätzlich schon stets von einer Aufmerksamkeit anziehenden Aura umgeben, wirkt heute absolut raumfüllend. Und mit seiner Selbstverständlichkeit, Annas Hand zu ergreifen und sich als Paul vorzustellen, unabweisbar. Was veranstaltet der da in meiner Praxis? Und Anna? Wirkt es nur auf mich so oder war diese Röte, die sich auf ihren Wangen abzeichnet, schon vorher bei unserer Arbeit da? Irgendwie habe ich jetzt das Gefühl, eingreifen zu müssen, klarzulegen, was hier auf dem Spielplan steht. Ich komplimentiere Paul ziemlich eindeutig, ja fast direktiv in mein Sprechzimmer, während ich Anna, die natürlich mit Pauls Hilfe in ihren eleganten kurzen Kamelhaarmantel geschlüpft ist, zum Praxisausgang begleite. Es fühlt sich an, als würde ich mich wie ein Störfeld zwischen die beiden schieben. Und irgendwie ist es genau das, was mein Instinkt im Sinn zu haben scheint. Das Ganze riecht nach Gefahr. Ich spüre das, auch wenn ich es nicht einzuordnen weiß.

Anna wirkt seltsam betäubt und etwas abwesend, als sie mir die Hand zum Abschied gibt.

Paul ist heute von besonders aufgeräumter Stimmung. Breit ausladende Gesten, viel offene Mimik im Gesicht, nachdrücklich im Augenkontakt und sehr laut im Gesamteindruck, versucht er mich locker parlierend anzuspringen, so in Richtung »off records«: »Anna, und ...?« Sein Ton ist fragend, auffordernd, dabei übergriffig selbstverständlich und absolut hautnah, so als hätte er einen bereits ausgezogen. Das ist also seine Masche. So nimmt er sie also alle. Auf nebenbei, selbstverständlich, etwas frech, dabei aber unwahrscheinlich charmant und gleichzeitig weiter drängend. Einfach unabweisbar. Vermittelt das Gefühl, dass er bereit ist, sich zu exponieren, zu bekennen zu dem, was er will, von einnehmender Stärke. Wenn er mich anbaggern würde in freier Wildbahn, würde das schmeicheln, wahrscheinlich sogar mehr als das. Da liegt sie, seine Feinmechanik, ist unserer Arbeit durch die kleine Begegnung draußen im Vorzimmer geschenkt worden.

»Anna, und was ...?« wiederhole ich daher durchaus kokett und mit etwas Kampfeslust im Tonfall.

»Na, wie heißt sie? Komm, wir haben uns einander doch vorgestellt ...«

Seine Stimme hat jetzt einen sehr vertraulichen, ja konspirativen Ton angenommen. Er versucht mich sozusagen hinter vorgehaltener Hand in ein Kulissengespräch unter Therapeuten zu ziehen. Nicht zu glauben. Rein atmosphärisch schafft er es, dass ich jetzt gleich als der biedere Spielverderber rüberkommen werde, wenn ich ihm nicht zu Diensten bin.

»Paul ..., du weißt, ich kann nicht. Könntest du auch nicht. Wir müssen die Intimsphäre unserer Klienten schützen. Sie hat sich als Anna bei dir vorgestellt. That's it.«

»Ja, aber nur, weil ich ›Paul‹ gesagt habe«, versucht er einen letzten Vorstoß. Mein Blick macht deutlich, dass er auch damit bei mir nicht durchkommen wird. Trotzdem bleibt er ganz in Siegerpose und lehnt sich zurück. »Attraktive Frau«, sinniert er, nicht bereit, das Thema loszulassen, »intelligent, sicher überaus empathisch, sensibel, sehr schlank, fast dünn …«

Er setzt eine nachdenkliche Pause. »Eher zart, aber da ist auch etwas Hartes oder Gekränktes, rund um den Mund, dieser leicht spöttische Zug, wie sie die Lippen formt, ist ein Hinweis von Abwehr. Auf jeden Fall sehr tief«, beendet er seine Analyse.

»Beeindruckend, Paul, was du so alles in wenigen Augenblicken zu sehen vermagst. Du hast deinen Ruf nicht umsonst. Allerdings werde ich dazu natürlich keine Stellungnahme abgeben, falls du auf diese Art mehr über sie erfahren willst«, antworte ich ehrlich beeindruckt. »Aber Anna ist hier vollkommen uninteressant. Paul, ich würde gerne nochmals auf die ›Show‹ zurückkommen, die du gerade vorhin hier abgezogen hast. Haben wir bisher wirklich so wenig erreicht, dass der ›alte Jäger‹ in dir wieder aufgewacht ist?«

Eine nachdenkliche Stille schiebt sich zwischen uns. Irgendetwas hat ihn gerade berührt.

»Ich weiß nicht, was da erwacht ist«, antwortet er schließlich sehr ernst.

Eine gute Woche später sitze ich in meiner Praxisküche und genieße meinen Cappuccino. Ganz ein Tag nach meinem Geschmack. Manche dieser entschiedenen, schon stabilen Frühlingstage tragen eine spürbare Kraft der Erneuerung, eine Klarheit der Luft und Farben in sich. Dies ist ein solcher. Das war am Vormittag bei der kleinen Radtour ins Leithagebirge so belebend zu erkennen, zu riechen, ja nahezu zu schmecken. Und jetzt liegt ein feiner Praxisnachmittag vor mir.

Ich blättere zur Orientierung in meinem roten Terminplaner. Anna und Paul, heute wieder nacheinander, fällt mir auf. Seltsam, dass sich das gleich zweimal hintereinander so ergibt. Donnerstag ist doch normalerweise für Paul tabu, sein eigener langer Praxistag, war doch nur wegen seines Gigs vorige Woche anders. Naja, ist halt so. Ich habe noch ein paar Minuten Zeit. Da geht sich sogar noch eine Zigarette zum Cappuccino aus. Gedankenverloren wandert mein Blick aus dem Küchenfenster. Auf dem Flachdach im Hinterhaus, das genau bis zu meiner Stockwerkhöhe reicht, hat jemand dutzende große Terrakotta-Töpfe aufgestellt. Als ich dies vor 25 Jahren vorgeschlagen habe, hat mir die Hausverwaltung etwas von Traglastüberschreitung vorgebetet und mich für verrückt erklärt. Bei manchen Dingen dauert es eben länger, bis man sie bekommt, denke ich mir. Dafür brauche ich jetzt auch nicht jeden Tag hinüberzuhirschen um Hektoliter von Wasser zu verteilen, damit ich mich an der üppigen Pracht, die heuer schon beeindruckend zu wuchern begonnen hat, erfreuen kann. Der Typ muss den grünen Daumen haben.

Auf dem blechernen Dachsimms gegenüber bahnt sich zwischen zwei Tauben gerade eine intime Turtelei an. Der Täuberich hat sein lila schillerndes Brustgefieder aufgeblasen und schlägt Kapriolen vor seiner Angebeteten, wobei er sie mit Kaskaden von seltsam steif anmutenden Verbeugungen umrundet. Sie ist ein Biest. Tut ganz unbeteiligt und beobachtet ihn dabei aus dem Augenwinkel. Aber sie überzieht es nicht. Auf ein geheimes Zeichen hin weiß er, dass sie bereit ist, und fliegt im wahrsten Sinne des Wortes auf sie. Ein paar Sekunden, und sie gehen beide wieder ihres Weges. Das muss einfach sitzen.

Die geckenhafte Kavaliersmanier des Tauben-Männchens ruft mir Paul wieder in Erinnerung. Irgendwie fühlt sich das Ganze doch komisch an. Donnerstag lehnt er doch sonst so kategorisch ab. Diesmal ist Paul als erster und danach Anna dran. Hm, aber wahrscheinlich höre ich schon das Gras wachsen, klassische Überinterpretation. Auf jeden Fall werde ich dafür sorgen, dass Paul schon weg sein wird, wenn Anna kommt, denn ich beende die Stunde pünktlich, und Anna ist immer sehr knapp. Dann läutet es.

Wir schließen punktgenau und er macht auch keine Anstalten, mich noch in irgendein Gespräch im Vorraum verwickeln zu wollen, sondern räumt das Feld kampflos. Eine ergiebige Stunde, und es bleiben mir noch zehn Minuten, um meine Notizen in Ruhe festzuhalten. Anna ist fast pünktlich. Wirkt heut etwas abgehetzt oder atemlos, ziemlich viel Röte auf ihren Wangen. Wir sprechen von einem erstmals seit Langem wieder auftauchenden Gefühl, das ein männliches Gegenüber aus dem Nebel auftauchen lässt. Aber ganz neu und anders als bisher, kein Beziehungswunsch im alten Sinn, kein Bedürfnis nach Bestätigung, mehr ein vages Gestalten, ein Begegnen ohne Plan und Ziel oder Erwartung. Anna ist verwirrt. Was sie fühlt, sprengt den Rahmen des bisher Gelebten. Beziehung ohne Selbstaufgabe. Beziehung, in der man bei sich bleibt und sich den Bezug aufeinander selbst gestalten muss, wenn er einem gegeben ist. Kann das überhaupt gehen?

Ganz am Ende der Sitzung, als ich sie gerade zur Tür begleite, sagt sie, mehr in den Raum als zu mir gewandt, mit fast abwesender Stimme: »Ich habe Paul zufällig im Stiegenhaus nach seiner Sitzung hier getroffen. Er war gerade am Gehen. Er scheint ein sehr interessanter Mensch zu sein.« Der Bastard. Er hat Anna abgepasst!

Die nächsten Wochen passiert gar nichts, zumindest nichts, was in unserer Arbeit in anderer Form als einem feinen, seismischen Beben in den tieferen Schichten Gestalt findet. Doch dann gräbt es sich ziemlich zeitgleich bei beiden an die Oberfläche und platzt heraus.

»Ich habe sie die letzten Wochen ein paarmal getroffen«, schneidet es Paul unvermutet mit dieser selbstbewusst selbstverständlichen Art während einer Sitzung plötzlich an. Er tut so, als wäre alles klar und bringt einen dadurch in die Position, nachfragen zu müssen. Mit jeder Regung im Zentrum stehen, seine habituelle Kommunikation. Ich werde ihm den Gefallen tun. Das ist jetzt wichtiger, als auf dieses Muster einzugehen.

»Wen, ›sie‹? Paul, ich kann dir nicht wirklich folgen, worum es hier geht? Und um welche Art Treffen geht es?«

Er fixiert mich kurz und hart. Dabei kann er sehr unberührbar und kalt wirken. Es ist ihm also klar, dass ich weiß, wovon er spricht, ich es ihn aber aussprechen lassen möchte. Das irritiert ihn, triggert Wut, streift bereits an seiner Schmerzgrenze. Und für mich ist jetzt deutlich, dass hier etwas laufen muss, was ihn ernsthaft beschäftigt und was er deswegen runterspielen möchte. Seine Abwehr von Gefühl ist wirklich beeindruckend.

»Anna«, sagt er kurz, wie nebenbei und mit einem Anklang in der Stimme, als gäbe er der letzten Idiotin Nachhilfe in Sachen Begriffsstutzigkeit.

»Hm, und ...« Mein Ton ist sachlich, unbeeindruckt.

»Ich hatte Recht. Tolle Frau, äußerst intelligent, viel aufgestellt und erreicht, scheint in ihrem Rechtsgebiet ziemliche Ansage zu haben und Leute ins Schwitzen bringen zu können. Kann gut denken, spannend in der Konversation. Und ›limitless‹, wenn du weißt, was ich meine«. Natürlich weiß ich das. Will er mich jetzt beleidigen? Ich arbeite schließlich schon einige Zeit mit ihr. Ist wohl die Retourkutsche für vorhin.

»Will sich von außen keine Grenzen und Regeln mehr auferlegen lassen. Hm ...«, er bricht kurz ab, scheint die Gedanken seiner Analyse neu zu ordnen, »aber da ist auch etwas sehr Verletztes an ihr. Die Geschichte mit ihrem ersten Mann war eine ziemlich böse Verschränkung. Muss, unter uns gesprochen, ein echt böser Narzisst gewesen sein. Ähnlich wie ich.« Dabei grinst er mich an. Ich bleibe unberührt, nehme keinen Bezug. Er ist noch nicht fertig. »Einerseits ist sie sehr weich, sehr, sehr weich und auf der anderen Seite wie eine Steinmuschel, klapp, zu und dabei vollkommen hart. Und dann auch wieder extrem offen, scheint sich nichts zu scheißen, was ich von ihr denken könnte, richtig frech. Ich kann sie nicht richtig einordnen.«

Er macht eine neuerliche Pause und sieht mich dabei fragend an. Als ich keine Anstalten mache, mich zu äußern, fährt er wieder fort: »Und sie ist äußerst attraktiv für ihr Alter. Du spürst, dass sie will. Da ist etwas sehr Totales, eine Art, hemmungslos Weiblichkeit leben zu wollen. Ja, äußert geil könnte das sein.«

Damit lehnt er sich, nun in Siegerpose, endgültig in seinem Fauteuil in Erwartung meiner Antwort zurück.

»Paul, wenn du denkst, du kannst mich jetzt in ein Gespräch ÜBER Anna verwickeln, wäre ich das Geld nicht wert, das ich koste«, stelle ich die Richtung gleich klar. Eine Mischung aus Enttäuschung und Zufriedenheit spiegelt sich auf seinem Gesicht wider. Geld und Qualität sind ihm Gott sei Dank wichtig. Das erspart uns ein Gefecht um meine Verweigerung, mich konspirativ instrumentalisieren zu lassen. »Bleiben wir bei dir. Scharfsichtige Analyse, die du da geliefert hast. Natürlich dein Blickwinkel von Anna, und ich werde, wie gesagt, darauf nicht eingehen. Du warst jetzt gerade vorhin wie der sprichwörtliche Fisch im Wasser. Ganz auf deinem Terrain. Du bist also in erster Linie wieder draußen in deiner Wahrnehmung, bei den anderen, hier im konkreten Fall bei Anna. Tastest sie ab, scannst sie. Hier in unseren Sitzungen geht es um dich. Was löst diese Anna, egal wer sie ist, in dir aus? Für unsere Arbeit ist es vollkommen Nebensache, wer Anna ist, die ich noch dazu ja auch kenne, wie du weißt. Trotzdem referierst du mir ihr Profil runter, als ginge es darum, dich damit nochmals zu habilitieren. Was sind deine Gefühle? Wo stehst DU? Du hast Anna in ihre kleinen Mosaikteilchen zerlegt und beim Zusammensetzen festgestellt, dass dein Bild von ihr irgendwie fuzzy bleibt. Du hast sie nicht im Griff. Ist es das, was dich herausfordert? Ist es das? Herausforderung? Willst du nur ihre ›Mechanik‹ erfassen können, um dich perfekt auf sie kommunikativ einstellen zu können? Ist der alte Jäger wieder in dir erwacht? Willst du sie erlegen und deiner Trophäensammlung beifügen?«

Irgendetwas kämpft jetzt in ihm, das ist sehr deutlich. Er streicht sich mit der Hand über das Gesicht und durch sein schon etwas schütteres graues Haar, fasst sich danach ans Kinn und wechselt seine Sitzposition. Ich segle gerade hart an seiner Grenze. Aber wir stehen jetzt an der Brücke zum realen Leben, und da ist eine Weggabelung, deren eine Straße wieder zurück in die Abwehr von

Gefühl und damit in die Fühltaubheit führt. Wird er mich gleich in die Schranken verweisen? Es vielleicht mit einem Witzchen verbrämen, also ins Lächerliche ziehen oder die Begegnung mit Anna gleich in die Bedeutungslosigkeit einer »netten Frau«, mit der er eventuell eine kleine Affäre anfangen könnte, verbannen? Das sind die Zeitpunkte in meiner Arbeit als Therapeutin, zu denen ich Herzklopfen spüre. Er lässt meine Worte nachhallen. Für eine kurze Zeit ist es wirklich sehr still in meinem Sprechzimmer. Das Geräusch des gerade vorbeifahrenden Busses auf der Straße dringt plötzlich hörbar über alle fünf Stockwerke herauf.

»Unruhe«, sagt er schließlich sehr langsam und sieht mir dabei vollkommen gerade in die Augen. Wie immer, wenn er ganz bei seinem Fühlen ist, wirkt sein Blick dabei sehr jung und etwas überrascht, so als wäre sein Fühlen für ihn neu. »Sie macht mich unruhig.«

»Jetzt sind wir dort, wo wir hin wollen, Paul«, meine ich sehr sachte und füge dann mit mehr Entschiedenheit hinzu: »Die Unruhe wirst du aushalten lernen müssen, Paul, wenn du lebendig sein willst!«

Inzwischen hat er sich wieder gefasst und kann sich eine letzte Schlussbemerkung, so als müsse er wieder Kontrolle und Oberhoheit gewinnen nicht verkneifen: »Aber vögeln will ich sie auch.«

»Ich möchte heute über Paul sprechen«, greift dann in einer ihrer nächsten Sitzungen Anna das Thema auf. Ich habe das bereits erwartet und setze somit keine überraschte Reaktion. Diese Zurückhaltung gehört allerdings zum üblichen »Therapeutenkodex«, an den sie gewohnt ist. Daher gibt ihr meine Ruhe keinen Hinweis darauf, dass ich von Paul bereits informiert sein könnte.

»Ich rede von Paul, der auch Ihr Patient ist«, sieht sie sich bemüßigt, klarzustellen, worum genau es geht. »Sie erinnern sich, ich habe ihn an jenem Tag hier kennengelernt, als Sie zu spät gekommen sind.«

Ja, die Situation, die hier ihre Finger im Spiel gehabt hat, ist glasklar in meinem Bewusstsein verankert.

»Ich habe ihn eine Woche später zufällig hier im Lift getroffen, als er von ihnen wegging und ich gerade gekommen bin. Ich glaube, ich habe das auch erwähnt.«

Von wegen zufällig, denke ich mir. So hat er das also gemacht. Hoffe nur, er musste zehnmal im Lift hin und her fahren, bevor Anna auftauchte.

»Wir haben kurz geplaudert, und er hat mich auf einen Kaffee eingeladen, weil ich ja keine Zeit mehr hatte, da ich zur Therapie musste.«

Das klang jetzt fast wie eine Entschuldigung. Ich nicke auffordernd.

»Wir haben uns ein paar Tage später zum Kaffee getroffen und dann auch zum Essen und nochmals zu einem Drink«, listet sie auf, »und es ist ziemlich eindeutig, dass er mit mir flirtet. Seine SMS sind nahezu frech.«

Ihrem Gesichtsausdruck nach scheint ihr das aber zu gefallen.

»Ja, und Anna ... was halten Sie an dieser Bekanntschaft für bedeutend für Ihren Prozess hier?«, frage ich nach.

»Er ist sehr empathisch, aufmerksam, versteht es, einem im Kontakt das Gefühl zu geben, dass man im Zentrum steht. Aber er ist ja Therapeut«, sie lächelt etwas entschuldigend, als hätte sie Angst, mich damit zu beleidigen. »Er ist auch äußerst intelligent, vermag Dinge ausnehmend gut zu erfassen und zu beschrieben, und da ist sehr viel Spüren in diesem Mann, wirklich faszinierend, habe ich bisher selten getroffen. Aber da ist auch etwas total Geschlossenes in ihm, eine Unnahbarkeit. Und dann noch diese Ausbrüche von Selbstdarstellung. Dieses unbedingt Laute, auf sich Hinweisende. Das passt zu so einem intelligenten und spürenden Menschen gar nicht.«

»Hm«, ich hoffe, dass Anna nicht dasselbe Spiel wie Paul mit mir versuchen will und jetzt Antwort von mir erwartet. Aber sie setzt selber fort: »Ich will hier natürlich nicht Paul mit Ihnen analysieren, sondern Ihnen nur beschreiben, was der Hintergrund dafür ist, dass er mich verwirrt. Vielleicht ist das alles ja auch gar nicht richtig und nur meine verquere Wahrnehmung, aber auf jeden Fall bin ich froh, dass er mich überhaupt beschäftigt, dass er das in mir auslöst. Sie wissen ja, dass ich da innerlich alles, was mit Emotionalität und Männern im Zusammenhang steht, abgeschlossen hatte.«

Ich nicke. Nur zu gut sind mir unsere ersten Sitzungen, Annas innerer Rückzug, ihr Gefühl von Sinnleere, diese zähe Fühltaubheit noch in Erinnerung.

»Ich weiß nicht, was das ist, ob es überhaupt irgendetwas ist oder sein könnte. Ich finde ihn sehr, sehr anziehend, eigentlich benennt es herausfordernd noch viel besser. Aber ich weiß nicht, was er will, und ich spüre, dass ich ganz sicher an keinen Spielen mehr interessiert bin.« Anna lehnt sich im Fauteuil zurück und streicht eine Haarlocke, die ihr ins Gesicht gefallen ist, sehr energisch wieder zurück. Sie lässt ihren Blick im Zimmer umherwandern und bleibt an meiner großen Zimmertanne hängen. Das tut sie immer, wenn etwas in ihr arbeitet, sie ins Spüren geht, dann verinnerlicht sie in dieser Form, geht aus dem direkten Kontakt mit mir. Ich will sie nicht stören, gebe ihr nur ein unterstützendes »Das verstehe ich, Anna«, und lasse im Weiteren die Stille ihr Werk tun.

Schließlich kommt sie mit dem Ergebnis ihres Spürprozesses zurück. »Er ist ein sehr schillernder Mensch und ja, es ist Herausforderung, die ich spüre, nicht seine, er ist da nur Protagonist, sondern ich fühle mich vom Leben, von meiner eigenen Lebendigkeit herausgefordert.«

Sie hält inne und ich nicke.

»Und ich glaube, dass ich heute bereits einiges gelernt habe, um auf mich aufpassen zu können.« Dabei richtet sie sich sehr gerade in ihrem Polstersessel auf, und wir lächeln beide.

Eines der schwierigsten Kapitel: die eigene Sexualität in Besitz nehmen

Sexualität ist einerseits sicher die banalste und trivialste Angelegenheit der Welt und kann doch in manchen Momenten vollkommener Hingabe einer magischen, ja heiligen Begegnung mit dem Universum gleichkommen. Was sie ganz sicher immer ist, ist Ausdruck der jeweiligen Lebenskraft, die sich im lebendigen Menschen manifestieren und gestalten will. Die Form ist unterschiedlich und nicht immer mit dem, was Sprachgebrauch und Konvention mit sexueller Handlung gleichsetzt, ausgeschöpft. Als Prinzip ist sie in weiterem Sinn mit unserem Lebensantrieb gleichzusetzen, mit jenem Feuer, das in jedem lebenden Organismus brennt, um seinem evolutionären Auftrag, einen Beitrag in Entwicklung und Gestaltung zu liefern, zu entsprechen. Egal, ob wir dabei Kinder in die Welt setzen oder nicht. Die intensive Lustempfindung, die Sexualität begleitet, bis hin zu einem momentanen Empfinden von Selbstauflösung, Verschmelzung mit einem großen Ganzen, das Umfangensein von einer Urgeborgenheit, wie es in Situationen großer Hingabe geschenkt werden kann, verdeutlicht diese positive Kraft. Dies weist letztendlich viel weiter darüber hinaus, als die einzelne sexuelle Handlung es vermuten lässt und macht deutlich, warum es die Evolution so eingerichtet hat, dass mit dem Orgasmus eine Ausschüttung von Bindungshormonen einhergeht.

Die Bedeutung der Liebe manifestiert sich somit in der Sexualität im emotional gesunden Menschen, der nicht der Abwehr und im extremen Fall der Fühltaubheit anheimgefallen ist, hier besonders eindeutig in seiner Grundausrichtung. Anderseits erklärt gerade das Letzte, warum in dieser unserer heutigen Gesellschaft das Thema Sexualität eine Vielzahl von Beladungen, Erwartungen, Beurteilungen und Reglementierungen zu tragen hat und ganz sicher nicht das ist, was die sexuelle Revolution lautstark proklamierte, nämlich »frei«.

Frei ist nur die Kommerzialisierung von Sexualität. Pornographie ist die »liebesfreie« Darstellung und auch Ausübung von Sexualität. Nicht lieblos ist damit gemeint, sondern eine grundsätzliche Abwesenheit der Haltung von Liebesvermögen. Sie presst Sexualität in ein mechanistisches »Beckenkonzept« und rollt dies, da sich an der Erzeugung von Erwartungsspannung, Erfüllungsdruck und Aufwertungsversprechen gut verdienen lässt, gesellschaftlich breit aus. Einer der privatesten Bereiche des SEINS und Gestaltens, jener des intimen Ausdrucks zwischen Menschen, der den Raum für unverstellte Begegnung der jeweils individuellen Identitäten von Menschen bietet, wird in hohem Ausmaß veröffentlicht und gleichzeitig normiert und bewertet.

Die Liebe, und hier ist nicht von der romantischen Affektion die Rede, sondern von der Fähigkeit zur rückhaltlosen, offenen, annahmebereiten Begegnung, bleibt in diesem Konzept ganz draußen. Damit wird Sexualität von der gestaltenden Sprache einer sehr persönlichen Begegnung, vom intimen Ausdruck spezieller Kommunikation zu einer Tätigkeit. Und dadurch wird sie sehr schnell und sogar logisch anmutend zum Gegenstand von Bewertung. Denn Tätigkeiten wie Skifahren, Knödel kochen, operieren, streicheln oder aber masturbieren, bumsen oder auch vögeln, kann man gut oder auch schlecht machen, womit dann gleich eine ganze Latte von »Benchmarks« angesagt ist, damit man sich orientieren kann, ob man auch die richtige Qualität fürs Bett eingekauft hat.

Und so lernen schon unsere Jüngsten über Internet sehr rasch, worum es geht und was richtig ist und es daher einzuüben gilt. Wenn sie dann bereits im Kindergarten, zum Horror der mich kontaktierenden Pädagogin, mit Barbie und Ken »ficken« spielen und dies ganz treuherzig kommentieren.

Etwas später wissen wir dann bereits, dass es einen breiteren Katalog zu erfüllen gibt. Ein mich nicht wenig beschäftigender Fall war in einer Unterstufenklasse eines Gymnasiums angesiedelt, in dem zwei Mädchen einen »Leistungskatalog sexueller

Dienstbarkeit« gegen Bares für die »Zehn-Uhr-Pause« der vorhandenen Männlichkeit angeboten hatten. In einem Package von zehn Minuten bei entsprechendem Tarif ließen sich drei Kategorien mit der jeweiligen Minutenanzahl auf einem vorher entsprechend angekreuzten und ausgefüllten Tabellenzettel auswählen. Der Handytimer lief nebenbei und bedüdelte den Stellungswechsel mit dem Signalton eines Echolots. Totalservice, was diese sogenannten »Männerschweine eben so wollen«, versteht sich. Mein Schmerz in diesem Fall galt nicht den umfassenden sexuellen Handlungsangeboten der Tabellenliste, die jedes für sich genommen durchaus lustvolle und begeisterungswerte Komponenten einer sexuellen Begegnung sein könnten. Sondern der Leere des Blicks, der maximalen Mechanisierung von Sexualität in diesem maschinenhaften Konzept. Wo, habe ich mich gefragt, ist die gefühlte Liebe im Leben dieser Kinder?

Und auch die Erwachsenenwelt steht gehörig unter Druck, in Sachen Sexualität, und ich hoffe, Sie haben schon alle die Pforten eines Swinger-Clubs überschritten und an Sexpartys an interessanten Locations teilgenommen. Denn egal, wo die eigene Ekelgrenze liegen mag, es geht ums Tun, will man zu jenen zählen, die sexy und als sexuell befreit durchgehen sollen.

Der selbstmächtige Mensch erlebt hingegen keine Angst vor der Hingabe an ein Gegenüber mehr, da er in sich selbst zu Hause ist. Er hat gelernt, Sexualität als von Vorgaben befreiten, selbstgestaltenden Ausdruck der Begegnung leben zu lernen. Egal, ob in der situativen Gelegenheit oder im Rahmen einer Beziehung. Die lebendige erotische Begegnung verbindet für ihn gleichermaßen die Elemente von ruhiger, gelassener Erfahrenheit und jungfräulicher Schüchternheit, die sich den wechselseitig führenden Händen anvertrauen muss. Er vermag die Balance zwischen vollkommen versonnenem Verharren im eigenen Spüren und intimster Kommunikation mit dem anderen zu meistern.

Paul durchquert heute mit besonders elastisch federndem Schritt den fast zehn Meter langen Vorraum, der zu meinem Sprechzimmer führt. So wie er unterwegs ist, muss er wohl irgendein kapitales Wild in einem der Gremien, in denen er sitzt, erlegt haben. Er hat etwas sehr Jungenhaftes an sich, wenn sich diese leichte Hyperaktivität, die seine Körperlichkeit zu bestimmen scheint, so ausdrücken darf. Da wirkt er sehr authentisch, vielleicht sogar aufregend und vor allem glaubwürdig, wenn einem hohes Energiepotential gefällt. Sehr viel mehr ER, als wenn er seine kalte, aussperrende Vernichterfassade hochzieht, die ihm unter ein paar Kollegen einen schlechten Ruf und den Verdacht leichter Kränkbarkeit eingebracht hat. So entlarvt man sich selber.

Er bestimmt sofort den Einstieg, als wir uns in der üblichen Weise einander gegenübergesetzt haben: »Ich habe mit ihr gevögelt!«

Dabei fährt er sich, wie immer, wenn er etwas unterstreichen möchte, mit einer unbewussten Geste mit beiden Händen vom Stirnansatz bis zum Hinterhaupt durchs Haar. Der Satz klingt wie eine Ansage und Trophäe zugleich. Jetzt sitzt er grinsend, als wäre ihm ein Geniestreich gelungen, betont relaxed vor mir. Beine gespreizt, die Finger der linken Hand trommeln einen abwesenden Takt auf seinem Oberschenkel, Oberkörper locker nach hinten in die Polsterung gelehnt, scheint er den Effekt des Gesagten auf mich abtasten zu wollen. Präsentiert er mir jetzt gerade wieder seine Abwehr von Gefühl? Auf jeden Fall beobachtet er mich scharf. Er muss ständig testen, ob ich ihm gewachsen bin, er sich also in der Arbeit mir anvertrauen kann. Versucht er mit seiner harten Diktion meine Grenze auszuloten?

Na gut, mein Lieber, dieses Muster werden wir uns auch noch ansehen. Darauf werde ich zurückkommen. Aber jetzt willst du augenscheinlich an einem anderen Thema arbeiten. »Erektile Dysfunktion, plötzlicher Libidoabfall, weil sie dir zu nahe gekommen ist, Ejaculatio praecox?«, gebe ich in fragendem Ton zurück. Er scheint sichtlich durch meine Antwort aus dem Konzept gekommen.

»Wenn du hier in deiner Therapie davon reden willst, gehe ich davon aus, dass irgendetwas nicht geklappt hat, als du mit Anna – sagtest du »gevögelt« oder »gefickt« hast?«, präzisiere ich mit vollkommen neutraler Stimme und blicke ihm dabei sehr fest und gerade in die Augen. Gerade so, wie er es gerne tut, wenn er ein Gegenüber festnageln möchte. »Es ist ja nicht unbedingt dein erstes Mal, dass du eine Frau in deinem Bett gehabt hast«, mache ich es noch absolut klar. Er versteht.

»Touché«, meint er und grinst, doch er wirkt jetzt viel offener und echter. »Wir haben es getan«, bringt er es auf einen neutralen Terminus.

»Und ... was macht es für hier und unsere Arbeit so wichtig?«, frage ich nach.

»Ich weiß nicht«, versetzt er gedankenverloren. »Es war sehr normal, aber auch anders. Natürlich hatte ich es irgendwie vorbereitet. Es war klar, dass es jetzt passieren würde. Wir waren einfach an dem Punkt angekommen. Du kennst das. Es entwickelt sich einfach darauf hin. Dann bestimmst du noch das Setting und tust es eben. Holst dir den Sex. Der ist dann etwas besser oder weniger gut, da kannst du dann noch deine Erwartungen im Nachhinein mit der realen Erfahrung abgleichen, und das ist es dann eben. Nicht wirklich viel Überraschung, wenig Aufregung. Wie gut es ist, hängt mehr davon ab, wie geil ich an dem Abend bin.« »Hm ...«, sage ich, »klingt wie masturbieren auf einem Gegenüber. Hoffe, die Frauen sehen es ähnlich.«

»Ich hab SIE gespürt«, sagt er dann, »ich hatte das Gefühl, viel tiefer in sie einzudringen, als dieses lächerliche Ding es vermag.«

»Dann könnte das zwischen dir und Anna also wirkliche Sexualität werden«, ist meine simple Antwort.

Anna und ich sitzen und schweigen. Unüblich lange. Es ist etwas im Raum, das Form annehmen will und seine Gestalt erst in den richtigen Worten finden muss. Ich atme langsam und tief, achte auf meine eigene Entspannung. Mein Job ist es, Anna dabei zu unterstützen, ihr das Gefühl zu geben, dass hier der Raum dafür vorhanden ist, sie sich jene Zeit nehmen kann, die sie für den Prozess braucht, um es in ihrem Spüren richtig erfassen und übersetzen zu können. Kein Drängen soll sie irritieren. Schließlich löst sich ihr Blick von meiner Zimmertanne, und sie sucht den Augenkontakt mit mir. »Es ist wirklich schwierig zu fassen für mich«, beginnt sie, »Paul und ich, wir sind einander nahe gekommen, sehr nahe, Sie wissen, was ich meine. Es hat sich aufgebaut, eben entwickelt, und dann kommt der Punkt, wo es unvermeidlich wird, eben dazu drängt.«

Anna hält inne und macht eine Pause. Sie sucht eindeutig danach, wie sie weitersprechen soll. »Es ist wirklich schwierig für mich, das jetzt zu beschreiben. Es ... es fühlt sich so persönlich an, so privat, dass es mir schwer fällt, davon jetzt zu reden, aber irgendwie ist hier auch der geeignete Ort dafür. Sie wissen, dass ich einige Männer in den letzten Jahren kennengelernt habe und in ähnlichen Situationen wie mit Paul gestanden bin. Aber mit Paul war es irgendwie speziell, anders, und ich weiß nicht, woran es liegt. Ganz brutal gesprochen hat er auch nichts anderes getan, als die Männer vor ihm, und trotzdem war es komplett anders. Ich weiß nicht einmal, ob es an ihm liegt oder an meiner Veränderung. Ich habe nichts erwartet, nichts tun wollen oder irgendwie wirken wollen, sondern war einfach da. Habe mich einfach von Moment zu Moment tragen lassen, in einer Art Austausch mit ihm. Wie soll ich sagen, es hat einfach gepasst! War einfach selbstgestaltend, echt. Und für ihn auch. Das war spürbar. Da gibt es so einen Ton im Stöhnen, der ganz von innen kommt. Das bricht aus einem heraus. Das klingt sicher konfus. Vielleicht ist es so besser erklärt: Normalerweise ergibt sich diese erotische Spannung, und dann wird es irgendwann klar, dass es jetzt zum Sex kommt, und dann beginnt der Spielplan. Die meisten Typen ziehen dann ihr Ding ab. Das mag sich besser oder weniger gut anfühlen, technisch ausgefeilter sein und mehr oder weniger Erregung bewirken, aber es bleibt im besten Fall ein ›füreinander Tun‹, im schlimmsten Fall ein Kerl, der sich abstrampelt, dich in Position bringt und dich am Ende fragt, ob es fein für dich war, als wäre er nicht dabeigewesen und würde jetzt von einem Zuschauer die Zensur für seine Performance einholen. Hier hat es einfach gepasst. Es war, als würde er meinen Willen manifestieren, bevor er mir bewusst wurde.«

Sie hält inne, und in ihrem Gesicht zeichnet sich Verwunderung ab, der Versuch, diese Begegnung mit Paul einzuordnen. »Wenn das, was da zwischen ihm und mir gelaufen ist, einfach SEIN Ding war, dann ist SEIN Ding einfach auch MEIN Ding«, fasst sie es zusammen. »Was soll das heißen? Es macht mich unruhig!«

»Hm, dass es Sie beschäftigt, ist deutlich«, stelle ich klar. »Was es heißt? Ich würde sagen, dass Sie und Paul einander sehr authentisch und offen sexuell begegnet sind. Sie sich der Magie offener, erwartungsfreier Begegnung, die aus ihrer wechselseitigen Anziehung entstanden ist, hinzugeben vermochten. Verschränkte Teilchen. Nicht mehr und nicht weniger.«

Die Angst vor Abhängigkeit und der Mythos von Unabhängigkeit, der immer böse Abhängigkeit erzeugt. Warum nur wechselseitige Abhängigkeit wirklich Freiheit zu schenken vermag

Eine Person liegt, wie in dieser typischen Comics-Darstellung, an allen Gliedmaßen bandagiert oder eingegipst, praktisch bewegungsunfähig in ihrem Spitalsbett. Wenn sie dabei dennoch trotzig darauf beharren würde, sich selber ausreichend und unabhängig von anderen versorgen zu können, so würden wir zwar Mitgefühl für die missliche Lage des Betreffenden verspüren, ihn aber gleichzeitig für uneinsichtig oder, mit einem einfachen Wort benannt, für dumm halten.

Im zwischenmenschlichen Bereich, dort wo es um das Thema gemeinsamer Beziehung geht, benehmen sich äußerst viele von uns allerdings in genau dieser Weise. Beziehungen dürfen die persönliche Freiheit nicht einschränken, heißt die Parole, die landauf landab in klugen Stammtischrunden und natürlich mit gefälliger Expertenmeinung unterfüttert im Hochglanzboulevard zelebriert wird. Und zu der wir anerkennend zu nicken haben, wenn uns die uneingeschränkte Entwicklung des eigenen Potentials, der gesellschaftlichen heiligen Kuh, wichtig ist, wir uns also zu den »denkenden, sich selber wichtig nehmenden Menschen« zählen möchten.

Die heilige Kuh hinterlässt, nebenbei gesprochen, ziemlich viele stinkende Fladenhaufen mitten in den Wohnzimmern von Beziehungen. Und zwar, weil ihr heute partout nicht beigebracht werden will, wo diese abgesetzt werden sollten.

»Ich will eine Beziehung haben und gleichzeitig vollkommen unabhängig sein«, ist die trotzige Aussage, auf die sich der Wunsch nach einer Betriebsmechanik zusammenschmelzen lässt, in der sich der andere, natürlich immer auf uns beziehen soll, wir aber auf unserer Freiheit, was auch immer dies ist, beharren. Andernfalls sind schnell Etikettierungen wie »klettig oder klebrig« bei der Hand, wo im eigentlichen Sinne die Fähigkeit zu reifer Verbindlichkeit und das Klarlegen eigener Fähigkeiten und Grenzen gefordert sind.

Hier manifestiert sich in neuem Kleid, nunmehr in der täglichen Umgangskultur miteinander, wiederum der Mangel einer primären ICH-Sättigung. Das alte Trauma unseres ersten Spielzimmers erwacht, diesmal die erlebte Ohnmacht, die Auslieferung gegenüber dem Nicht-Angenommenwerden. Es gibt viele Wege, wie wir zu unserer Angst, uns anzuvertrauen, uns auf die Zuwendung eines Gegenübers einzulassen, uns »abhängig« zu machen, gekommen sein können. In der Konsequenz entwickeln wir ein trotziges Beharren auf unserer »Freiheit« und eine oft sehr ausgefeilte, schillernde Methodik, einen anderen von uns abhängig zu machen, um so Kontrolle und Macht auszuüben, ihn sicher in der Tasche zu haben. So erfolgreich, ja machtvoll wir vielleicht sogar damit sein können, der Preis ist äußerst hoch, denn eine über Macht erzwungene Zuwendung ist nur ein mieser Abklatsch einer aus Freiwilligkeit erwachsenen, liebevollen Geste. Sie vermag substantiell nicht zu nähren und führt zu Einsamkeit und im schlimmsten Fall ihrer Unerträglichkeit zu Fühltaubheit.

Pauls Schilderung in seiner ersten Sitzung, wie er es versteht Frauen zu lenken und ihm gleichzeitig trotz seines »Erfolgs« emotionale Wärme versagt bleibt, die Erkenntnis des Mechanischen, Machtgetriebenen daran und gleichzeitig seine Gefangenheit darin, geben ein eindrucksvolles Beispiel dafür, wie sich Angst vor wirklichem Einlassen auf ein Gegenüber destruktiv niederschlägt.

Ich war als kleines Kind einmal sehr krank. So etwas passiert eben. Zur damaligen Zeit dachte man nicht viel über die Bedeutung einer Eltern-Kind-Beziehung nach, und ich fand mich plötzlich von meinen Eltern verlassen und »verraten« in einer gänzlich fremden Situation in einem Krankenhaus wieder. Dort gab es kein Ankommen oder Angenommenwerden, und es warteten äußerst unangenehme Untersuchungen auf mich. Meine Erinnerung ist sehr schemenhaft, vielleicht auch nur von den kummervollen, späteren Erzählungen meiner Mutter gespeist, denn eigentlich war ich fast zu jung, um diese Erfahrung über mein Körpergedächtnis hinaus in einer bewussten Form verankern zu können. Doch dieses Erleben muss sich als jene tiefe Einsicht auf meiner »Festplatte« eingebrannt haben, jedes rückhaltlose Sich-Anvertrauen einem anderen Menschen oder einem System gegenüber, zu meiden. Die liebevolle Umsorgung durch meine Eltern vermochte dies zwar wahrscheinlich danach zu mildern, jedoch nicht zu löschen, denn später war mir meine Unabhängigkeit, meine Freiheit immer besonders wichtig, und zwar grundsätzlich und unhinterfragbar. Egal in welchem Kontext. Es sollte immer nach meinem Kopf gehen. Mich beugen, anpassen, abstimmen waren schwierige Übungen, die ich nur an der Oberfläche zu meistern vorgab. Wer mir das abverlangen wollte, »liebte« mich wohl nicht genug. Es sei denn, mein Verstand konnte die Argumentation rein logisch nicht zurückweisen. Es dauerte lange, bis ich ein Ankommen in mir erobern konnte, wie ein Schwimmer, der einen Ozean überqueren musste, um endlich wieder festen Grund unter den Füßen zu spüren.

Erst dann erschloss sich mir die Einsicht, dass wirkliche Begegnung und Beziehung freigewählte wechselseitige Abhängigkeit miteinschloss, ja erst dann eröffnete sich der beglückende Aspekt von Abhängigkeit. Voraussetzung dafür ist die Entwicklung von ICH-Sättigung, die Autonomie verleiht, jene Autonomie, die die Wahlmöglichkeit eröffnet, nicht mehr korrumpiert von der Bedürftigkeit nach einer Ergänzungssuche des eigenen ICHs und der Sucht nach Bespiegelung zu sein. Erst dann können jene Menschen zugelassen werden, mit denen wirkliche freie Gestaltung möglich wird. Sich diesem Menschen zu geben, nicht um sich selbst erst zu füllen und »ganz« fühlen zu können, sondern Leben gemeinsam zu gestalten, die »wechselseitige Abhängigkeit« zu akzeptieren, bedeutet gleichzeitig die Anerkennung unseres Menschseins als zoon politikon, als Wesen, das in der Gemeinschaft seine höchste Bestimmung findet. Eine Tatsache, die uns bis in unsere Neurochemie eingeschrieben ist. In diesem Sinn sind wir abhängig voneinander in Beziehungen, um ein größeres, beglückenderes Ganzes schaffen und erleben zu können, als wir dies jeder für sich, als einzelne, durchaus lebensfähige und zufriedene Einheit vermögen. Die eigene Autonomie ist der strenge Zensor in der freien Wahl eines richtigen, das heißt zu uns passenden Gegenübers, und regelt damit auch das RICHTIGE Maß unserer Abhängigkeit. Denn absolute Freiheit ohne Abhängigkeit führt zu Einsamkeit, zieht Kälte, Resignation und Fühltaubheit nach sich, so wie absolute Abhängigkeit ohne Freiheit in die Versklavung führt, das heißt Überanpassung, Verlustangst, Selbstverleugnung und Selbstaufgabe, also ebenso Fühltaubheit nach sich zieht.

Die freudvolle, lustvolle Abhängigkeit des richtigen Maßes jedoch zelebriert die Gemeinsamkeit, ohne die Autonomie des Einzelnen zu gefährden. Wir schenken Aufmerksamkeit, Zuwendung, Achtsamkeit im Umgang, Wertschätzung, liebevolle Gestik, und bekommen dieselben Geschenke. Und das Geschenkhafte hat eine besondere Kraft. Ein Geschenk gründet seinem Wesen nach nicht auf Verpflichtung, sondern kommt aus der Freiwilligkeit des Gebenden. Die löst bei uns Freude aus, wobei sie gleichzeitig ein Band zwischen Gebendem und Empfangendem knüpft. Diese Freude, gesehen zu werden, anerkannt zu werden, bewirkt das Bedürfnis nach Dank, womit sich das Band zwischen Gebendem und Empfangenden stärkt, die Richtung des Energieflusses sich von uns als Gebendem zum Gegenüber und wieder zu uns zurück bewegt.

In den ersten Monaten ihrer Bekanntschaft mit Paul hatte Anna eine schwierige Verhandlung am frühen Morgen in Klagenfurt angesetzt. Durch eine Terminkollision ergab es sich, dass es ihr erst am späten Abend des Vortags möglich war, dorthin aufzubrechen. Sie war bereits sehr müde, als sie ins Auto stieg. Paul, der davon wusste, ersuchte sie, sich bei ihm zu melden, sobald sie sicher angekommen wäre, und drückte mit dieser liebevollen Geste seine Anteilnahme aus.

Er hätte dies auch unterlassen können, sich und seine Gefühle für Anna verbergen, sich emotional eben nicht exponieren müssen. Anna ihrerseits hätte sein Verhalten, die Bitte an sie, »sich bei ihm zu melden«, als »ihr und ihrer Bedeutung zustehend« erleben können, eben eine entsprechende »Erwartung« in ihrem Kopf vorbereit haben können, an Hand derer sie Paul dann »bewertet« hätte. Da sie sich jedoch beide in einem erwartungsoffenen Raum bewegten, konnte Anna sich einfach an der liebevollen, Anteil nehmenden Geste Pauls erfreuen, und das Band zwischen Anna und Paul erfuhr Festigung.

»Wir gehen es langsam an, Anna und ich«, verkündet mir Paul ein paar Wochen nach seiner ersten Eröffnung, dass er und Anna einander näher gekommen wären. Er sagt das in feststellendem Ton, in dem gleichzeitig ganz sachte, aber unmissverständlich, ein abweisender Klang mitzuschwingen scheint, der mich aufhorchen lässt. Ganz so, als wolle ein Teil von ihm nicht, dass ich an dieser Stelle eventuell nachfragte. Ich bemerke das nur, weil ich in diesem Moment gerade selber sehr durchlässig bin. Der Sommer steht kraftvoll spürbar vor der Tür. Bald werde ich in die Sommerpause gehen, nach einem heißen Tag mit dem Motorrad in den rosablauen Abend einer sinkenden, mediterranen Sonne hineinfahren, mit einer Mischung aus aufwühlender Faszination und Respekt die Vibrationen der Kraft des Motors zwischen meinen Knien fühlen, mit meinen Kindern und Freunden üppige Essen veranstalten, nächtelang in immer wieder niederbrennenden Kerzen bis zum Morgengrauen diskutieren. Und dann während der grellen Tage auf flachen Steinplatten neben dem klaren Meer die Sonne unendlich für den Herbst aufsaugen, vielleicht auch wieder von Klippen springen, einfach all das leben, was dieses wohltuend organisierte Leben hier braucht, um prächtige Ergänzung zu erfahren.

In diesem Fühlen bin ich bei Pauls Satz, und nur deswegen fällt mir die kleine Stufe auf, die Rhythmus- und Lageänderung in der Stimme, mit der er mich wegscheuchen will. Wovon, frage ich mich? Ich verlasse mich auf meinen Instinkt. »Askese ist die Grundvoraussetzung für die Möglichkeit eines Erlebens von Fülle in der sinnlichen Begegnung«, sage ich genauso feststellend wie er zuvor. Ich lächle dabei. Er kann das jetzt freundlich oder auch spöttisch deuten.

»Was meinst du damit?« Jetzt ist Kampfeslust in seinem Ton, die Augen hat er zu engen Schlitzen zusammengezogen, sein Blick scheint mich gerade eben aus dem Schutz seines Helmvisiers taxierend zu vermessen. Also bin ich richtig gelegen. Wir sind auf weichem Grund. Er geht noch immer rasch in Harnisch, fühlt sich rasch bloßgestellt, meint zu wittern, dass er vielleicht nicht in seiner Größe respektiert wird. Er muss dann immer gleich klarstellen, wer er ist. Das Brandmal seiner Verletzung ist sehr tief. In diesen Momenten würde ich ihn gerne umarmen können und sagen:

»Alles ist gut, du bist da und vollkommen in Ordnung, du brauchst nicht kämpfen, komm, lass dich halten und raste dich aus.«

Könnte er nicht nehmen, jetzt nicht. Vielleicht einmal später. Einfach menschliche Wärme und Annahme. »Nun, Paul, ich glaube du wolltest etwas Bestimmtes damit ansprechen, als du gemeint hast, dass Anna und du es ›langsam angehen‹.«

Ich bemühe mich um einen weichen, versöhnlichen Ton, denn ihn aufs »Arbeitsfeld« zu bringen, ist schon gelungen. Jetzt muss er nur dableiben, damit wir weiterkommen.

»Ja, wir treffen einander so alle zehn bis 14 Tage«, erklärt er, »wir haben dann eine wirklich gute Zeit miteinander, wirklich sehr intensiv, ziemlich ungeplant, was da so entsteht, fühlt sich bisher immer sehr echt an.«

»Und ...?«, frage ich nach.

»Und ... das ist es«, meint er. »Dazwischen ein wenig Kontakt, aber im Prinzip ist es das. Wir sind natürlich beide auch extrem beruflich und mit dem, was uns sonst noch alles wichtig ist, jeder für sich genommen eingeteilt.«

»Und ...?«, frage ich wieder nach, mich wenig beeindruckt gebend. »Und passt das zwischen euch so? Ist diese Form jene, in der eure Begegnung am besten Gestalt annehmen kann?«, präzisiere ich, als ich merke, dass er sichtlich gerade nach Ausdruck ringt.

»Ehrlich gesagt habe ich mir gedacht, dass es so das Beste wäre, dass sich das Ganze so am einfachsten handhaben ließe«, antwortet er etwas zögernd. »Einfach so im Durchschnitt alle zwei Wochen einen intelligenten, nahen, sinnlichen und geilen Abend, und dazwischen zu die Box, ausblenden, das eigene Ding machen.« Er klatscht wie zur Bekräftigung seine Handflächen gegeneinander. »Genug Abstand eben, dann gibt's auch weniger Gefahr, dass man zu schnell auf fade Stellen stoßen oder irgendwelche Spiele beginnen könnte oder der Sex vielleicht schlechter wird, weil man nicht geil genug ist, und sonst wollte ich mein Leben ganz und ohne Behinderung leben. Du verstehst mich?«

Ich schürze die Lippen und runzle etwas die Stirn. »Das braucht noch etwas Erklärung für mich«, wende ich ein und werfe die Angel gleich noch weiter aus: »Da weiß ich jetzt noch nicht genau, worauf du hinaus willst.«

»Nun, es ist anders mit ihr. Sie versteht es, mich zu berühren. Sie kann mich herausfordern. Ich kann sie nicht wirklich berechnen. Sie würde es merken, wenn ich nicht präsent bin, und das thematisieren. Das verlangt, dass ich mich einlasse. Für diese spezielle Situation mit ihr, wenn wir zusammen sind.«

Nach dieser Präsentation seines Konzepts lehnt er sich im Polster zurück und versucht in meinem Gesicht zu lesen.

»Prickelndes Konzept, Paul«, setze ich jetzt an, »äußerst raffiniert, nützt sowohl die physiologischen Prozesse unserer eingeschränkten Gedächtnisleistung unter den Laborbedingungen von begrenzter Wiederholung, sowie gleichzeitig sozialpsychologische Aspekte erfolgreichen Marketings von Zugangsverknappung. ›Stay hungry and don't get seriously attached‹, würde ich deine Erfolgsstrategie in Bezug auf Anna zusammenfassen. Aber was ist faul daran? Klingt doch gut durchdacht.«

Dass ich auf etwas hinaus will, ihn jetzt nicht mehr auslassen werde, steht ihm deutlich vor Augen. Das macht ihn unruhig. Zweimal wechselt er seine Sitzposition, bis er sich richtig platziert fühlt. Seine Finger trommeln wieder einen unhörbaren Stakkatotakt auf seinem Oberschenkel. »Sie taucht immer wieder in meinen Gedanken auf. Sie beschäftigt mich. Ich denke an sie. An die Dinge, über die wir geredet haben, die wir getan haben und an den Sex mit ihr«, meint er schließlich. Es klingt, als würde er eine Ungeheuerlichkeit bekennen. Wahrscheinlich ist es das ja auch für ihn. Das hat er lange nicht zulassen können, dass ihm eine Frau über den Moment hinaus, in dem er sie konsumiert, ins Hirn schießt.

»Unsere Biologie lässt sich zwar in Schach halten, Paul, aber nicht betrügen. Bindung, du sprichst von Bindung, die sich zwischen dir und Anna entwickelt und die uns einfach in unser

Menschsein eingeschrieben ist. Bindung, die von alleine zwischen euch entsteht, einfach aus der Tatsache heraus, dass ihr einander etwas zu geben vermögt, wodurch ihr speziell füreinander seid. Du hast das natürlich in der Hand. Du kannst es an dieser Stelle natürlich auch abdrehen und dich abwenden. Du kannst sie zu einer weiteren Frau machen, mit der du eben gevögelt hast, und dich gut und sicher weiter alleine beschäftigen. Du schaffst es sicher, sie in die Bedeutungslosigkeit zurückzuargumentieren. Du kannst aber auch aus deiner schon gewonnenen ICH-Sättigung und dem Gefühl, grundsätzlich für dich selber sorgen zu können, den Mut beziehen, das Wagnis einzugehen und es weiter fließen zu lassen.«

Jetzt ist er sehr nachdenklich.

Aber auch Annas Seelenleben zeigt beachtliche Turbulenzen, wenn es um Paul geht. »Wir sehen einander wenig und haben auch sonst nur sparsamen Kontakt. Das liegt an unseren engen Terminkalendern, aber natürlich ist es so, weil wir das so anlegen. Wir wollen es speziell halten und dann wieder auf Distanz gehen. Irgendwie brauche ich das. Diese Intensität macht mir Angst, wenn ich ganz ehrlich bin. Ich würde fast sagen, ich muss mich nach unseren Treffen ›erholen‹, wieder die Kontrolle finden. Er macht zwar immer wieder Vorschläge, was wir miteinander unternehmen könnten, aber es kommt dann zu keiner Umsetzung. Es freut mich schon, wenn er in dieser jungenhaften Art ein gemeinsames Tun anspricht, aber gleichzeitig denke ich mir immer: Oh mein Gott! Ich kann das nicht. Das wird mir zu nahe. Da kommt dann diese Angst. Am liebsten treffe ich ihn, spüre diese enorme Spannung, dieses Ballett in unseren Gesprächen, diese ganz starke Spannung zwischen uns, ein Vibrieren der Zellen, so blöde das klingen mag, geh mit ihm ins Bett und verschwinde wie die Prinzessin beim letzten Glockenschlag wieder aus dem Ballsaal, bevor sie sich in Aschenputtel rückverwandelt.«

Ist das jetzt mehr Verwirrung oder Beängstigung, die ich in ihrem Gesicht zu lesen meine, frage ich mich selber. Bevor ich zu einer Nachfrage komme, dängt es sie, weiterzureden. »Anfangs war das durchaus okay. Wir hatten sozusagen unseren ›Tanz‹, und dann konnte ich es abschneiden und damit basta. Aber jetzt ist es anders, obwohl wir einander nicht häufiger sehen. Das wirkt irgendwie nicht mehr. Er ist manchmal auch sehr intensiv da, wenn er nicht da ist. Sie verstehen? Er ist in meinen Gedanken. Ich ertappe mich, dass ich über ihn nachdenke, ihm etwas würde erzählen wollen und so weiter. Das verwirrt und beängstigt mich.« Jetzt lehnt sie sich endgültig zurück und blickt mich erwartungsvoll an.

»Hm, Anna …«, beginne ich meine Antwort etwas zögernd, »bei Ihrer Beschreibung ist mir eine Stelle aus dem ›Kleinen Prinzen‹ eingefallen: ›Wenn du mich zähmst, wird mein Leben wie durchsonnt sein. Ich werde den Klang deines Schrittes kennen, der sich von allen anderen unterscheidet.‹ Das sagt der Fuchs in der Begegnung mit dem kleinen Prinzen, als er ihm zu erklären versucht, dass ›zähmen‹ einander vertraut werden bedeutet. Für mich sieht es so aus, als würde Sie genau das beängstigen.«

Anna nickt. »Ja, genau das macht mir Angst, dass ich beginne, den ›Klang seines Schrittes von allen anderen zu unterscheiden‹, um Saint-Exupéry zu zitieren.«

»Das ist aber nun mal ein normaler Prozess, Anna, und wenn es Passung zwischen Menschen gibt, so gleicht er mehr einem Entdecken, einem einander Erkennen als einem mühseligen sich aneinander gewöhnen. Dann bleibt die Quantität ein der Qualität der Erfahrung untergeordneter Aspekt. Es ist dann mehr so, als würde man die Straße eines Heimkommens gefunden haben. Man braucht sie nur wenige Male zu gehen, um sich auf ihr vertraut zu fühlen und spürt an jeder Weggabelung die richtige Abzweigung.«

»Genau das«, sagt sie, »verwirrt mich so. Genau dieses Gefühl. Es macht mich zeitweise sogar auf Paul wütend. Ich stelle mir dann vor, dass er nur mit mir spielt, dass er, entschuldigen Sie, Sie sind ja auch Therapeutin, perfekt in Menschen zu lesen kann und dies benutzt.« Eine steile Falte zeichnet sich jetzt auf Annas Stirn ab.

»Anna, ich würde gerne noch einmal auf ihre Beschreibung von vorhin zurückkommen. Sie haben erwähnt, dass sie sich damit am wohlsten fühlen, wie die Prinzessin beim letzten Glockenschlag wieder aus dem Ballsaal zu verschwinden, bevor sie sich in Aschenputtel rückverwandelt. Das ist ein interessantes Bild, das sie da verwenden. Prinzessin, Aschenputtel ... was drückt das für sie aus?«

Annas nachdenklicher Blick verfängt sich im Geäst meiner Zimmertanne.

»Trivialisierung«, sagt sie dann langsam, während sie sich wieder zu mir wendet. Ein angedeutetes, etwas verschämt entschuldigend wirkendes Lächeln huscht kurz über ihr Gesicht. »Die Prinzessin bedeutet für mich das Besondere der Begegnung, und Aschenputtel ist ein Synonym für den Alltag, das Triviale der Existenz, die Routine, das, was man dann Beziehung nennt. Ich will dort nicht hin mit Paul. Es ist so, wie es ist – oder besser war – einfach so ...«, Anna sucht nach Worten, »einfach so aus sich getragen, authentisch, echt, so besonders eben. Ich will das nicht durch eine Gewohntheit, mit der immer Spiele beginnen, zerstören.« Ihre Stimme ist jetzt viel flacher als sonst, wirkt müde und auch etwas traurig. »Ach, es ist doch immer das Gleiche«, setzt sie dann fort, »mit jedem Typen war es letztendlich so, dass er in dem Moment, wo er merkte, dass er mir etwas zu bedeuten begann, sich entweder an mich wie eine Klette zu hängen begann und unter meiner ›Selbstständigkeit‹ litt oder sinnlose, idiotische Machtspiele liefen. Das ertrag ich einfach nicht mehr. Es wäre mir so furchtbar, es wäre so enttäuschend, wenn ich mit Paul auch in solchen Machtspielen enden würde.«

»Dass Sie diese Erfahrung haben, glaube ich durchaus. Doch dass sich diese Beziehungen so entwickelt haben, ist nicht dem grundsätzlichen Charakter von Beziehungen zuzuschreiben, sondern der Art, wie sie gelebt werden, getrieben von Verlustangst und daraus resultierendem Kontroll- und Machtwunsch. Da haben Sie ihren jeweiligen Part auch virtuos mitgespielt. Sie können natürlich das Kind mit dem Bad ausschütten, wenn sie danach trachten, Beziehung gleich ganz zu vermeiden. Dann werden Sie Paul, der sie zu berühren versteht, allerdings bald gänzlich meiden müssen. Oder aber, Sie können lernen, wirklichen Bezug aufeinander mit Respekt ihrem jeweiligen SEIN gegenüber zu entwickeln. Wenn Sie das wollen, werden wir uns das allerdings nächste Stunde ansehen müssen«, schließe ich die Stunde mit einem Blick auf meine Uhr.

Hingabe statt Angabe – Mut zum Bekenntnis statt Taktieren und Machtausübung

Wenn jener andere Mensch, von dessen Existenz wir bis vor Kurzem nicht einmal geahnt haben, beginnt in unseren Gedanken seinen festen Platz zu erobern, wir ein vages oder auch konkretes sehnsuchtsvolles Gefühl feststellen, wir seiner Berührung mit gespanntem Sinn entgegenblicken, uns die erotische Begegnung nicht loslässt, sprich, wenn dieser Mensch Bedeutung für uns bekommt, dann beginnt bei den meisten von uns eine geheime Mechanik in Gang zu kommen. Eine Mechanik, die der Besicherung des Positiven dienen soll und dennoch der Träger von Leiden und Zerstörung wird. An dieser Klippe können wir diese Begegnung auch als einen »More-Night-Stand« zu relativieren versuchen oder gleich in die Fühltaubheit, die Abspaltung der Wahrnehmung von Fühlen abbiegen.

Die meisten anderen, die noch keinen dieser Notausgänge gewählt haben, fahren eine weitere Karussellrunde nach den Gesetzen dieser geheimen Mechanik. Der Auslösungspunkt für die Bewegung des Räderwerks ist, so paradox es erscheinen mag, die Feststellung der Freude, die der andere Mensch in uns auslöst, der Signifikanz eines Gegenübers. Damit, dass wir feststellen, dass uns die spezielle Aufmerksamkeit, die Zuwendung, das Zusammensein mit einem speziellen anderen Menschen eine besondere, positive, lustvolle, bestätigende Empfindung zu vermitteln vermag, scheint dieser Mensch einerseits zur besehnsuchteten Quelle und gleichzeitig zur Gefahr zu werden. Magisch fürchten wir seinen Verlust und ein damit aus unserer ursprünglichen Ungesättigtheit gespeistes Versinken in einem alten Krater von Einsamkeit bis hin zu Existenzverlustängsten.

Wir haben keine Urgeborgenheit und können nicht vertrauen, weder auf den Bestand dieser Verbindung noch auf unsere Fähigkeit, mit dem etwaigen Verlust über die natürliche Kaskade von Schmerz, Trauer, Akzeptanz und Neuorientierung konstruktiv umgehen zu können. Folgerichtig setzen wir alle unsere Energien, Tricks und Kniffe, alle unsere Masken dafür ein, Macht und Kontrolle über unser Liebesobjekt zu erlangen, das im schlimmsten Fall zu unserem Selbstobjekt gemacht wird.

Unsere Eintrittspforte dafür, der Passierschein und Exekutionstitel in einem, ist das Konzept von Beziehung. Und die notwendige Kampfgrammatik liefert sich aus den sogenannten »normalen Beziehungsansprüchen«, einem Regelwerk von sogenannten legitimen Erwartungen, die im Spannungsfeld sozialpsychologischer Kulturnormen der jeweiligen Gesellschaft, unseren eigenen Erfahrungen und unseren persönlichen Bedürftigkeiten sorgfältig in unseren Köpfen kultiviert werden.

Die muss unser Gegenüber, das ist dann der sogenannte »Liebesbeweis«, bedienen können. Die Liebe wird auf dieser Strecke zwischen Begegnung und Kennenlernen hin zu Beziehung und Gewohntheit zerrieben. Viele von uns haben dies längst mit einem bedauernden Schulterzucken fast als ein Naturgesetz zur Kenntnis genommen. So als würde sich die Liebe nur aus einer Erregung der Sinne speisen und durch Gewöhnung einfach abstumpfen. Wer dies glaubt, und das scheinen viele zu sein, gleicht einer Person, die vielleicht durchaus fasziniert ein paar Minuten dem lebhaften Wellenspiel der Meeresoberfläche mit ihrem Blick folgt, bevor sie sich wieder gelangweilt abwendet, die aber die gesamte Tiefe und Fülle des darunterliegenden Ozeans und jene Kräfte, die das Wellenspiel erst formen, nie begreifen kann.

Denn es ist nicht die Erschlaffung der Sinne, die den Verlust der Liebe und ihre Umwandlung ins Leiden bewirkt, sondern jene Fesselung von Lebendigkeit durch vielgestaltige Macht- und Kontrollansprüche, die aus dem sich immer neu gestaltenden Wellenspiel eine glatte, fade Oberfläche spannt, die unsere Sinne nicht mehr zu reizen vermag. Das sicherste Erkennungszeichen für Paare, dass sie dort angekommen sind, findet sich darin, wenn sie aufhören, über ihre Bedürfnisse und Anliegen miteinander zu reden und stattdessen zu verhandeln beginnen. Wenn wir dies feststellen, so bewegen wir uns nicht im Balancefeld freiwilliger, lustvoller wechselseitiger Abhängigkeit, dann fehlt es uns an der so notwendigen Autonomie, die nur durch eine eigenständige ICH-Sättigung erlangt werden kann, dann können wir nicht gemeinsam gestalten, einander frei geben, sondern wollen vom anderen bereits beständig bekommen.

Es ist also nicht Beziehung oder Gewohnheit, die die Liebe killt, sondern die Tatsache, dass erst der ICH-gesättigte Mensch wirklich zu lieben vermag. Für alle anderen, und das sind wiederum viele, werden Beziehungen zur Kampfarena um ein Gut, das zwischen den Fingern zerrinnt und im sandigen Boden versickert, sobald sie es zu packen suchen. Interessanterweise, man würde es gar nicht ahnen, beschreibt das kirchliche Treuegelübde bei genauer Betrachtung den selbstmächtigen, in seinem ICH selbständig gesättigten, liebesfähigen Menschen in SEINER Beziehungsmechanik: »Ich will dich lieben, achten und respektieren, in guten wie schlechten Zeiten«, heißt es da. Hier wird das Lieben als ein aktiv gebender Akt frei entschieden, vom eigenen Willen getrieben und damit bewusst verantwortet angesprochen. Keine Rede von einem Einkaufskatalog der eigenen Bespiegelung. Achtung, die sich darin, Acht zu geben, aufmerksam miteinander umzugehen, also in Achtsamkeit niederschlägt, wird als Umgangshaltung des Miteinander gelobt. Wer achtsam handeln will, muss fähig sein, einen anderen gut zu erfassen, sich auf ihn einzulassen, ihm nah zu sein und ihn nahe an sich selber heranzulassen.

Die Zusicherung, den anderen respektieren zu wollen, beinhaltet genau genommen das Versprechen, seine Eigenschaften und die Art wie er das Leben anlegt, seine Wesenheit, seine individuelle Seinsweise unangetastet in seiner Autonomie zu akzeptieren. Gleichzeitig findet im Gelöbnis der guten und schlechten Zeiten die Fähigkeit des selbstmächtigen Menschen zu Verbindlichkeit und der Selbstbegründetheit seiner eigenen Stabilität ihren Ausdruck. Der selbstmächtige Mensch ist also kein Bedürftiger, der ein »Herz stehlen« möchte, sondern ein frei Gebender, der bereit ist, auf den anderen Acht zu geben, ihn in seiner Individualität nicht verändern oder für sich und eigene Interessen ummodellieren oder manipulieren will. Er ist zuverlässig und kein Blatt im Wind, das sich durch Turbulenzen leicht wegtreiben ließe. In diesem Sinn ist er sich und seinem Partner absolut treu.

Der selbstmächtige Mensch ist selbstgenügsam, im Sinne von selbstgeborgen in der Welt. Dies ermöglicht ihm, sich der Wahrhaftigkeit verpflichtet zu erleben. Natürlich fürchtet er genauso wie jeder andere den Verlust eines geliebten Menschen, doch ist sein Blick und Handeln nicht mehr von einem Bedürfnis nach Selbstergänzung getragen, wodurch er den Mut aufbringt, sich ehrlich zu bekennen und gleichzeitig seine Grenzen zu leben, ohne in Taktieren zu verfallen, um möglichen Schmerz zu vermeiden.

Die Beziehungssprache des Selbstmächtigen formuliert sich in etwa so: »Aus ganzem Herzen und mit vollkommener Offenheit will ich achtsam mit dir wie mit mir umgehen, dein wie mein spezielles unverhandelbares Sein respektieren und bin darin als Richtschnur allein der Wahrhaftigkeit meines Fühlens verpflichtet, das ich ohne Taktieren und manchmal auch mit ängstlich gespanntem Herzen bekenne. Wir verbinden uns zu unserer Freude und gestalten ein gemeinsames Ganzes, das nur durch unser beider Interaktion möglich wird, aber wir bleiben darin unvermischte und getrennte Identitäten, die aus sich selbst bereits hinreichend begründet sind.«

Auch wenn es für Außenstehende vielleicht gar nicht so erscheinen mag, so hat diese Innenmechanik von Bezugnahme aufeinander, man könnte es auch als spezielles »Set von Spielregeln« sehen, fundamentale Bedeutung, da damit die Marionettenfäden der Puppenspielermechanik von Macht und Kontrolle durchtrennt werden und erst damit das Lieben als Ausdruck gestalterischer Lebenskraft auf der Ebene einer Paarbeziehung gelebt werden kann. Gleichzeitig rekrutiert sich aus dieser Art von Selbstverständnis auch ganz von selbst, dass Beziehungen keine Verbiegungen und zähen Kampfverhandlungen um Claims werden. Im Zuge der näheren Bezugnahme aufeinander wurde Paul damit konfrontiert, dass Anna eine intensive Begeisterung für Klettersteige hegte. Es war für ihn, so wie Anna ihm dies auch aus ihrer Geschichte heraus transportierte, sehr deutlich, dass es sich hier um ein echtes Anliegen von Anna handeln musste. Für ihn selber war dieses »Hobby« vollkommen neu. Von Annas Begeisterung angesteckt, und auch weil er neugierig war und an allen ihr wichtigen Bereichen Anteil nehmen wollte, begleitete er sie einige Male bei ihren Touren, stellte aber fest, dass für ihn Klettersteige ganz sicher kein ernsthaft gesuchtes Terrain werden würden.

An dieser Stelle finden sich viele Beziehungen in zahllosen Varianten wieder. Der eine Partner hat ein Anliegen, einen Sport, ein Hobby, eine persönliche Leidenschaft, die Zeit, Hinwendung und oft auch Geld bindet und emotional stark besetzt ist – und die vom anderen Partner nicht geteilt wird. Nahezu regelmäßig finden sich in der Folge unerquickliche Machtspiele, zähe Verhandlungskämpfe, Umerziehungsversuche im Namen irgendeiner Vernunft, heftige emotionale Plädoyers, Kränkungen, Zurücksetzungsgefühle, Vorwürfe, Sticheleien, Sabotagen, selbstvergewaltigende Anpassung und jede Menge sogenanntes »Leiden am anderen« wieder. Allesamt Ausdruck mangelnden Respektierens des betreffenden Partners und seines individuellen Seins und damit den Brunnen vergiftende, oft jahrelang verfolgte Aktivitäten, die zur Patt-Stellung eines »Wenn du mich liebst, hörst du auf damit – nein, wenn DU mich liebst, dann hörst du auf, auf mich Druck auszuüben« führen und die Liebe zunehmend untergraben.

Genauso regelmäßig muten diese die Beziehung vergällenden Konflikte wie ein vom Partner geführter Rivalitätskampf um die Aufmerksamkeit an. Es scheint, als ginge der betreffende Partner in Konkurrenz zur Aktivität des andern. Für den selbstmächtigen Menschen gibt es diese Konstellation jedoch gar nicht. Er buhlt nicht mehr um Aufmerksamkeit, er braucht nur Raum zur Gestaltung des Bezugs aufeinander.

Für Paul hieß es daher nicht, herauszufinden, welche Register er ziehen könnte, um Anna davon zu überzeugen, von dieser seltsamen, sich in die Beziehung schlecht einfügenden Tätigkeit, die noch dazu viel Zeit konsumierte, zu lassen. Sondern er fragte sich schlichtweg, ob eine »kletternde Anna« samt der damit für die Beziehung verbundenen Konsequenzen für ihn als Bezugspartnerin passend wäre.

Dies ist sein Teil der Entscheidungsfreiheit, Anna und ihre Begeisterung fürs Klettern jedoch sind unverhandelbar. Was es braucht dafür, ist miteinander zu reden statt zu verhandeln, Mut zum Bekenntnis und Mut zum ehrlichen Hinsehen, zu »rücksichtsloser« und damit »hinterhaltloser« Wahrhaftigkeit der eigenen Persönlichkeit, ihren wirklichen Bedürfnissen und eigenen Grenzen. Und die wechselseitige Arbeit an liebevoller Integration.

»Wir haben letztes Mal von Ihrer Angst vor Trivialisierung Ihrer Begegnung mit Paul und einen Einstieg in mögliche Machtspiele gesprochen, Anna. Und Sie haben beschrieben, dass Sie zeitweise, wenn diese Furcht sehr intensiv wird, sogar wütend auf Paul sind, Sie sich vorstellen, dass er mit Ihnen nur ›spiele‹.« So greife ich das Thema wieder auf, nachdem in unserer Sitzung klar geworden ist, dass darin der Anna gerade beschäftigende emotionale ›Knackpunkt‹ für sie in ihrem Prozess mit Paul liegt.

»Ja, das haben Sie ganz richtig in Erinnerung«, quittiert sie mit einem Nicken, wobei sie die Beine überschlägt, die Arme vor sich verschränkt und ihr Kinn auf eine Hand aufstützt. Sie sitzt jetzt in einer sehr geschlossenen Haltung gespannter Aufmerksamkeit vor mir, ein Zeichen dafür, dass es gerade um das sogenannte »Eingemachte« geht. Wir segeln ganz knapp am Rand einer ihrer tiefsten Ängste: möglicher Verrat. In dieser Projektion über Paul hebt die alte Hydra, von ihrem Vater verraten worden zu sein, ihr vielköpfiges Haupt empor.

»Wollen Sie mir das etwas näher ausführen, Anna?«, frage ich nach, »wie Sie zu dieser Idee oder diesem Verdacht, dass Paul mit Ihnen nur ›spielen‹ würde, kommen?«

Anna richtet sich kurz in ihrem Fauteuil auf, sucht nach einer anderen Sitzposition, um dann jedoch wieder in die ursprüngliche zurückzukehren. Sie streicht sich fahrig am Hinterkopf durch ihr blondes Haar, als wolle sie es aufplustern. In ihren Gesichtszügen zeichnet sich jetzt große Spannung ab. Sie zögert, beißt sich nochmals auf die Unterlippe, und ich meine, sie jetzt im Gerichtssaal vor ihrem Plädoyer zu sehen.

»Sehen Sie«, fängt sie erklärend an, »ich habe in meinem Beruf über die Jahre auch einiges an Menschenkenntnis erworben. So unterschiedlich sind unsere beiden Sparten nicht wirklich. Menschen und was ihr Handeln treibt, ist das Grundmaterial unserer beiden Berufsstände. Wir beschäftigen uns nur mit verschiedenen Aspekten davon. Und ich habe natürlich genauso wie Sie mit jeder Menge Pathologie zu tun, massig, um es genau zu sagen, auch ich muss in die verschiedensten menschlichen Abgründe blicken. Nebenbei stehen viele Staatsanwälte, Richter, Ermittler und vor allem Anwälte, wie es sicher auch für Ihren Berufsstand gilt, nur durch glückliche Fügung oder aber um Haaresbreite auf der richtigen Seite des Gitters.«

»Hm, Anna, worauf wollen Sie hinaus?«, versuche ich die Arbeit nicht in eine Diskussion über die Anziehung, die verschiedene Berufsstände auf gewisse psychopathologische Züge haben könnten, entgleisen zu lassen. »Was hat das mit Ihrem Bedenken, dass Paul nur mit Ihnen spielen könnte, zu tun?« Ich lehne mich zurück und blicke sie fragend an.

»Paul ist kommunikativ sehr stark, ein Magier könnte man sagen. Er versteht es perfekt, sich auf ein Gegenüber einzustellen. Ich sehe so etwas. Das spüre ich. Hat er ja über Jahre geübt. Und er ist darin einer der besten am Markt.«

»Und, Anna?«, frage ich nach. »Das macht ihn noch nicht unlauter, oder?«

»Ich bin mir einfach nicht sicher, nicht klar. Einerseits ist er ganz da, wenn Sie verstehen, was ich meine. Da sind Momente, in denen ich sicher bin, dass er in seinem Ausdruck vollkommen echt und spürend ist. Und dann wieder diese Geschlossenheit. Ich weiß nicht, ob das die Klarheit und Härte dessen ist, der einfach zu sich stehen kann und authentisch ist, oder ob ich da die Kälte eines Spielers sehe, eines Verführers, eines Mannes, der nur Macht und Kontrolle will. Oder ob er sogar einer ist, der Empfindungsfähigkeit nur vorgibt und mich aus irgendwelchen eigenen pathologischen Zügen heraus kränken will. Er hat schließlich auch eine, benennen wir es so, ziemlich komplexe eigene Geschichte am Hals.«

Jetzt ist es heraußen. Ist er ein Verräter? Diese Frage ist Annas innerer Konflikt. Und natürlich hat sie in Paul, der mit seiner Fühltaubheit ringt, auch den idealen Sparring-Partner für die Inszenierung ihres Konflikts gefunden.

»Anna«, beginne ich sehr vorsichtig und leise, da sie im Moment, jetzt wo sie es ausgesprochen hat, ganz stark in ihr inneres Spüren zurückgesunken wirkt, »Anna, Sie sprechen sehr eindeutig von Ihrer Angst vor der Entpuppung von Pauls Macht und Kontrollansprüchen. Bis dahin, dass er Sie vielleicht nur narren möchte, bloßstellen, kränken. Wie ist das mit Ihren eigenen

Macht- und Kontrollansprüchen? Sind Sie da nicht bereits mit Ihrer mitternächtlichen Tanznummer in ein entsprechendes, gegengelagertes Schattenboxen eingestiegen? Für mich wirken Sie beide wie zwei Heere, die einander gegenüberstehen.«

Annas Blick ist jetzt sehr nachdenklich.

»Sie sind in ihrer Wahrnehmung nicht bei sich, sondern ganz auf Paul und die möglichen Interpretationen seines Verhaltens gerichtet. Das Ergebnis ist, dass Sie jede Menge Projektionen produzieren, die natürlich richtig sein können, aber auch falsch. Was diese auf jeden Fall bewirken ist, dass Sie ihren Prozess beeinträchtigen, als unsichtbare Mitspieler auf einer Bühne stehen, die von einem Zweipersonenstück schon ausgefüllt ist«, setze ich fort. »Sie verstehen, was ich meine?«

Anna nickt langsam.

»Bleiben wir doch bei Ihnen, Anna, bei Ihren Gefühlen für Paul. Was empfinden SIE? Was sind Ihre Wünsche in Bezug auf Paul?«

Anna scheint sich zu ordnen. Es wirkt, als müsste sie ihren inneren Scheinwerfer nun auf einen anderen Seelenteil richten.

»Ich finde ihn spannend, fühle mich lebendig neben ihm. Er kann fantastisch Situationen erfassen. Wir sehen einander an und wissen im selben Moment, dass der andere dasselbe denkt. Er blickt hinter die Dinge, ist nicht stumpf, hat diese hohe Potenz, sehr genau beschreiben zu können. Es macht einfach Spaß, sich mit ihm auszutauschen. Ich kann denken neben ihm, ohne mich dabei allein zu fühlen. Das geht mir mit wenigen Menschen so. Ich mag auch, wie er sich die Welt einfach nimmt. Das mache ich auch so. Normalerweise wird mir dann Egoismus vorgeworfen. Dieses Gefühl habe ich bei ihm nicht. Und er ist witzig. Sogar dieses Laute, manchmal Angeberische finde ich witzig und süß an ihm. Er spielt damit, mit seiner Wirkung auf andere. Er nimmt das selber nicht ernst. Und ich mag diese spezielle erotische Präsenz und Gestaltung, wie sie zwischen uns läuft. Ich erlebe das sehr authentisch, sehr nah, sehr entwickelnd und mich in meiner Weiblichkeit fordernd.«

Sie hält inne.

»Gut, Anna«, hake ich hier ein, »Sie haben ihr situatives Erleben im Zusammensein mit Paul beschrieben. Und was wollen Sie von ihm?«

Anna stutzt kurz, zögert und meint dann: »Es mag seltsam für Sie klingen, aber ich habe da keinen Plan. Ehrlich gesagt ist es so, dass ich das einfach leben will. Ich habe nicht das Gefühl, Paul für mein Leben zu brauchen. In den letzten beiden Jahren habe ich mein Leben ziemlich drastisch geändert, nicht äußerlich, aber sie wissen schon. Sie haben das ja begleitet. Ich habe das erste Mal das Gefühl, wirklich angekommen zu sein, für mich selbst sorgen zu können, einfach in einer runden Sache zu sitzen. Es gibt so vieles, das mir heute Freude macht, auch ohne Paul, dafür brauche ich ihn nicht. Das klingt jetzt vielleicht kalt und sie denken, dass ich in meiner ursprünglichen Fühltaubheit weiter fein eingenistet geblieben bin, aber das ist es ganz und gar nicht. Paul ist mir wichtig, sogar sehr wichtig. Er bevölkert meine Gedanken, ich will ihm vieles mitteilen, Dinge mit ihm tun und erleben, aber nur wenn wir einander auf Augenhöhe begegnen können und jeder sein eigenes Leben und seine eigene Identität behält. Ich möchte einfach, dass wir füreinander Freude bedeuten und dieses Gefühl von unserer speziellen Intensität in der Begegnung leben. Ich würde ihn manchmal gerne anrufen oder eine Nachricht schicken, aber dann ist da diese plötzliche Verschlossenheit oder Kälte, und dann fange ich an nachzudenken, und es kommen mir solche Gedanken.«

Sie bricht ab und lässt ihren Blick hinunter zu ihren Knien und dem knapp darüber liegenden Saum ihres kurzen grauen Bleistiftrocks gleiten. Für einen Moment wirkt sie wie ein Schulmädchen auf mich, das zwar seine Hausaufgaben gemacht hat, aber sich nicht sicher ist, ob es den Stoff für die bevorstehende Prüfung auch schon ausreichend beherrscht.

»Dann gehen Sie in Ihrer Wahrnehmung von sich selber weg und beginnen darüber nachzudenken, wo wohl Paul in Bezug auf

Sie stehen könnte«, setze ich fort und versuche, ihren Blick wieder einzufangen. »Dann brennt die alte Narbe von Verrat wieder sehr heftig und Sie fürchten, dass der alte Schmerz wieder auflodern und sie gänzlich überschwemmen könnte.«

Annas Reaktion ist heftig. Ihre Lippen beben, ein tiefes Schamgefühl, als würde sie nackt vor ein sie verspottendes Publikum gezerrt werden, zeichnet sich in ihrem Gesicht ab. Tränen rinnen langsam in schmalen Rinnsalen über ihre Wangen. Es dauert ein paar Minuten, wir sprechen nicht, lassen es einfach laufen. Schmerz muss sich aus sich selbst lösen, muss heraustreten dürfen in der Tiefe seines Ausdrucks, um schrittweise, Welle für Welle, zu heilen. Schließlich ebbt es ab.

»Lassen Sie uns etwas versuchen«, schlage ich vor, »bleiben wir bei Ihrem ›Worst-Case-Szenario‹, Paul betreffend. Gehen wir davon aus, dass Paul nur mit Ihnen ›spielt‹. Sie werden mir nun genau das erzählen, was Sie mir zu Ihrem Erleben von ihrer Begegnung mit Paul und zu dem, was Sie von ihm wollen, gerade beschrieben haben. Und ich werde Ihnen in der Rolle von Paul antworten.«

Für einen Moment scheint sie irritiert, doch dann beginnt sie. Zuerst etwas stockend, dann immer flüssiger, sie wirkt mehr und mehr mit unserem Rollenspiel assoziiert. Als sie geendet hat, habe ich mich in Position gebracht. Ich habe lang genug mit Paul gearbeitet, um seine Haltung und kommunikative Eigenheit spiegeln zu können. Einen Moment bin ich unsicher, ob ich mehr einen bedauernden, in seiner Fühltaubheit eingebauten Paul oder die vollkommen aalglatte, triumphierende Variante des Jägers, der sein Wild nun ausweiden möchte, geben soll. Schließlich wird es ein intellektuell seine Unerreichbarkeit mit einem Schuss Achselzucken begründender Paul, der gleichzeitig sehr arrogant und genussvoll Annas Abwertung als Frau rüberbringt. Das sollte sitzen. Mit einer Andeutung seiner üblichen, hyperaktiven Gestik beende ich meine Darbietung. Plötzlich huscht ein Lächeln über Annas Gesicht. Sie strafft sich. Richtet den Rücken gerade.

»Was läuft jetzt gerade bei Ihnen, Anna«, frage ich nach.

»Sie haben es gut getroffen«, meint sie anerkennend, »wirklich sehr gut. Sie haben ihm die schlimmste Version in den Mund gelegt und ihn sehr real hier in diesem Zimmer erstehen lassen.«

»Und ... wieso lächeln Sie?«

»Weil ich bei dieser kleinen Übung jetzt ganz bei mir sein konnte und spüre, dass es nichts ändert. Es kann mir nichts mehr anhaben. Das ist heute nur ein Paul, der einfach nicht kann. Einer der fühltaub ist, wie Sie das nennen, oder eben sogar ein maligner Narzisst, einer der in sich selbst gefangen ist. Das ist nicht mehr mein Vater und das hat mit mir nichts zu tun. Das kann mich nicht mehr beschädigen. Das macht mich natürlich traurig, weil es heißt, dass etwas, das sich sehr gut anfühlt, sich nicht entwickeln darf, wohin auch immer es führen mag, weil er viel zu viel Angst hat. So viel, dass er jedes Fühlen abspalten muss und sich in seiner aufgeblähten Seifenblase nur an deren Innenwänden bespiegeln kann. Das heißt dann einfach für mich, dass ich einige Zeit über traurig sein werde, Zeit brauche, mich damit abzufinden, und aus meiner Liebe für den lebendigen Jungen, den ich in diesem Ton beim Sex wahrgenommen habe und der bei ein paar anderen Gelegenheiten durchgebrochen ist, wahrscheinlich irgendwann Mitgefühl werden könnte. Das ist alles. Und ...« – sie macht eine kurze Pause – »es ändert auch nichts an der Intensität, die ich in den vergangenen Situationen mit ihm erlebt habe. Das war mein Fühlen. Wenn er das nur gespielt hat, ändert es trotzdem nichts an dem, was ICH erleben konnte. Und wenn er es genauso gespürt hat, wie er auch angedeutet hat, so ist es schlimm für ihn, dass er es sich nicht weiter leben lässt.«

»Sehen Sie, Anna, es geht nur darum, bei sich und in der realen Anforderung zu bleiben und nicht in die Geschichten zu gehen, die in unseren Köpfen gespeichert sind.«

»Was ich jetzt tun werde, ist mir allerdings auch klar geworden«, ergänzt sie.

Ich blicke sie fragend an.

»Reden«, sagt sie nur, »und, entschuldigen sie den Ausdruck, mich nichts scheißen, denn es gibt hier nichts zu verlieren.«

»Die letzte Sitzung ist mir ziemlich hängen geblieben«, knurrt mich Paul sofort an, als wir uns setzen. Er fackelt nicht lange, wenn ihn etwas bedrängt, im Tonfall leicht anklagend, als hätte ich ihn absichtlich Nachtschlaf gekostet.

»Dann dürfen wir uns ja zu unserer Arbeit gratulieren«, schieße ich flapsig zurück und atme einmal tief durch. Das wird intensiv heute mit ihm. Das spüre ich schon jetzt. Seine leicht aggressive Grundvibration ist deutlich spürbar. Wirkt, als wäre er auf Entladungssuche. Er lässt den Blick in meinem Sprechzimmer umherwandern, vermessend, abschätzend, so als suche er etwas, das er kritisieren könnte. Meine Augen wandern kontrollierend mit. Gott sei Dank war die Putzfrau diesmal gründlich, und meine Schreibtischunordnung traue ich mir zu, als kreative Löwin vor ihm zu verteidigen. Fantastisch wie der Kerl es versteht, Aufmerksamkeit auf sich zu ziehen und einen unter Druck zu setzen. Ich atme nochmals tief, mach mich weich und entspannt. Nicht mit mir. Damit muss ich bei meinem Honorar fertig werden. »Nun, Paul, wenn du mit der Inspektion meines Sprechzimmers fertig bist, können wir uns dem Ganzen ja gerne widmen, wenn du es präzisieren möchtest.« Ich lehne mich in die Polsterung zurück und lächle ihn offen an.

»Das ganze Zeug, das du letztens vom Stapel gelassen hast«, seine Stimme ist heute sehr hart, kalt, der ganze Mann in einer soliden Aura von Panzerung eingemauert. Ich ziehe meine Augenbrauen fragend in die Höhe und versuche mich unbeeindruckt zu geben, obwohl es wirkt. Er schafft es, einen ins Frösteln zu bringen. Es fühlt sich an, wie unter Anklage zu stehen und eine Verhörlampe ins Gesicht geknallt zu bekommen. Er will jetzt im Schatten bleiben. Ich soll mich in einem Theoriegebilde verheddern, und er wird mich schlachten. Wir fixieren einander und schweigen. Lange. Der Raum fühlt sich kalt an. Ich gebe nicht nach. Kann ich nicht, nicht jetzt. Schließlich setzt er fort. Seine Defensive ist immer aggressiv. »Von wegen ›stay hungry and dont get attached‹, das ganze Referat zu Bindung und dem Scheiß, deine psychoromantische Formulierung vom Mut, es weiter fließen zu lassen oder der Option, sie wieder in die Bedeutungslosigkeit zurücksinken zu lassen. Feines Konstrukt, Kollegin.« Wenn er sich in die Enge getrieben fühlt, wird er beleidigend, fällt mir auf, entwickelt eine Neigung zu arroganter Untergriffigkeit, richtig auf Dominanz versessen. »Hat sie überhaupt Bedeutung, das ist viel mehr die Frage?«, dabei betont er das Wort »überhaupt« in einer Mischung von Spott und Abweisung. Er wirkt auf mich wie ein Ritter, der vor dem Kampf zur Abschreckung heftig auf seinen Schild schlägt. Ich schweige noch immer.

»Das halbe Leben vergeht damit, sich Sex zu organisieren und die damit verbundenen Schwierigkeiten zu bewerkstelligen. Und die Aufteilung in dieser Hälfte ist deutlich zu Ungunsten von Sex. Also warum es nicht auf das Eigentliche verdichten. Ich habe heute mit dieser Arbeit an meiner Autonomie, du nennst das Selbstmächtigkeit, ein äußerst rundes, feines Leben für mich allein. Es geht ums Vögeln, und das ist es. Warum sollte es mehr sein?« Seine Gesichtszüge wirken jetzt vollkommen starr, völlig undurchdringlich, er vermittelt mir eine Fremdheit zwischen uns, als wären wir einander noch nie begegnet. Wäre er Richter, so wären die beiden letzten Sätze ein Urteil gewesen, mit dem er mich jetzt regungslos und ohne jedes Bedauern auf die Guillotine schicken würde.

»Sollte es gar nicht«, antworte ich, wobei ich die Lippen etwas schürze und einen abgegrenzten, geschäftsmäßigen Ton dabei anschlage. »Es sollte gar nicht mehr sein.« Ich betone das »sollte«. Er wirkt noch immer sehr geschlossen, fast feindselig.

»Es sollte gar nichts sein müssen, nur das, was es ist. Und was es ist, bleibt natürlich DEINE Entscheidung.« Auch meine Stimme kann sehr klar sein, wenn es notwendig ist. »Man kann sich sein

Leben lang äußerst erquicklich durchbeschäftigen und mal hier und mal da Sex zukaufen. Aus Gründen der Fairness und des eigenen Selbstrespekts ist es dann allerdings empfehlenswert, sich einem Gegenüber darin offen zu zeigen und nicht zu kokettieren,« kann ich mir einen Seitenhieb nicht verkneifen. »Das Einzige, Paul, was du allerdings SOLLTEST, ist dein Konzept nicht zum allgemein gültigen Weltmechanismus erklären. Jetzt könntest du mir natürlich noch mit der rationalistischen Wissenschaftsmasche kommen, dass wir erwiesenermaßen alle nur eine vorübergehende Biomasseaggregation sind, die für ein paar Jahrzehnte jauchzend oder depressiv auf diesem Globus grundsätzlich sinnbefreit umherkriechen. Je nachdem, was uns in diesen vermaledeiten Genen und auf Basis von einer Handvoll frühen Erfahrungen eben so mitgegeben wurde. Und dass wir mit dem Ziel ausgestattet sind, biophysische orgiastische Entladung, auch über die reproduktive Fernsteuerung hinweg, zu erjagen. Gängiges Konzept, spendet Sinn- wie Verantwortungsbefreiung in einem und soll einem auch zu ruhigem Nachtschlaf verhelfen. Funktioniert nur irgendwie schlecht, wie du an deinen Träumen und deinen seltsamen Attacken von Einsamkeitsdurchbrüchen selber siehst. Man kann zwar die Bewusstwerdung des Fühlens für den größten Teil der Zeit abspalten, es nicht mehr wahrnehmen oder sich sogar gänzlich taub dafür machen, aber man kann nicht damit aufhören. Das Fühlen wirkt im Hintergrund weiter, denn das Fühlen und ganz genau genommen das Lieben ist uns als biologische Notwendigkeit eingeschrieben. Du kannst den sensiblen Nervenenden deiner Finger auch nicht verbieten, Berührung weiterzuleiten, sondern du kannst nur versuchen, die bewusste Wahrnehmung der Empfindung zu unterdrücken. Paul, warum ist es so wichtig für dich, deine Natur so zu verleugnen?«

Als ich geendet habe, bleibt es für einige Zeit still. Pauls Gesicht ist eine undurchdringbare Maske. Die Lippen sehr schmal, sehr fest aneinander gepresst. »Schmerz,« sagt er dann, und seine Stimme kommt ganz aus einer Tiefe, in der viel Qual gespeichert scheint. »Wenn du immer wieder verbrannt wirst, ist es dir am Ende lieber, es dabei wenigstens nicht mehr zu spüren.«

Jetzt sind wir endlich am Punkt.

»Was hat Anna damit zu tun?«, frage ich jetzt sehr vorsichtig. »Welche Rolle spielt sie hier?«

»Sie berührt mich, wenn ich es zulasse. Es ist die Art, wie wir einander halten. Sie kann sehr nahe sein, und dann spüre ich wieder, dass sie sich zurückzieht. Hinter ihrer Zartheit ist sie sehr straight, hart trifft es wahrscheinlich besser. Auf jeden Fall kann ich sie nicht handhaben.« Er bricht ab, scheint Gedanken oder doch mehr Gefühlen nachzugehen. »Ich kann es entweder nur zulassen und laufen lassen oder aber abbrechen. So wie es bisher war, ist es nicht mehr stimmig, in dieser Version von Rotkäppchen trifft den Jägersmann im tiefen Wald zum Stelldichein. Man kann ja nicht jedesmal aufs Neue überrascht tun!«, fasst er zusammen.

»Also flüchten oder standhalten?«, formuliere ich die Frage.

Paul blickt mich jetzt sehr gerade und direkt an. Aber er wirkt immer noch sehr verschlossen. »Ich brauche keinen weiteren Schmerz mehr in meinem Leben«, macht er sehr hart klar. »Paul, das wovon du sprichst, hat nichts mit Anna und damit, ob sie und du überhaupt etwas Gemeinsames gestalten könnten, zu tun. Hier geht es alleine um dich. Hinter deiner Aufblähung steht die Angst, nicht zu entsprechen, und die Wut gegen beide Elternteile. Natürlich konnte es dir nie gelingen, die Grundkränkung deiner Mutter zu lösen. Da konntest du dich anstrengen, wie du wolltest. Gleichzeitig war dein Vater mit seinem ›anderen Leben‹ ebenfalls schlecht erreichbar. Und der ganze Verrat lief sehr lange hinter deinem Rücken. Das ist keine Konstellation, um ein vertrauensvolles Selbstbild entwickeln zu können, aber eine ausgezeichnete Matrix dafür, noch fassadenhafter als dein Vater zu werden und an Frauen Rache üben zu wollen, nachdem du dein Fühlen abzuspalten gelernt hast, um ihnen nicht weiter ausgeliefert zu sein. Ja,

Paul, Frauen sind verdammt gefährlich. Sie üben eine Magie aus, die Väter von ihrer Familie wegzieht, und man kann sie nicht zufriedenstellen. Am besten man lässt sich nicht auf sie ein, sondern verführt und demütigt sie, um sich besser zu fühlen.« Das war jetzt viel auf einmal, aber durch viele vorhergehende Arbeitssitzungen bereits vorbereitet und nun unter dem Brennglas der gegenwärtigen Situation mit Anna unausweichlich entzündet worden. Für einen Moment habe ich das Gefühl, er könnte jetzt endgültig den eisernen Vorhang vor seiner Lebensbühne zugehen lassen, die Therapie mit irgendeinem markigen, gut formulierten und mich ins Fleisch schneidenden Kommentar für nutzlos erklären und gehen. Aber er klingt heute zm ersten Mal weicher, als er schließlich antwortet: »Superficiell spreitendes Melanom. Deswegen bin ich zu dir gekommen.«

Schmerz akzeptieren und konstruktiv überwinden, statt Fixierung in Wehleidigkeit, Opferstatus und Leiden

Wir fürchten ihn, tun alles, was in unserer Macht steht, um ihn zu vermeiden, sind dafür konziliant und verbiegungsbereit, umschmeichelnd oder locken mit Dienstbarkeit bis hin zu eigener Unterwerfung und Selbstverleugnung. Oder aber wir werfen uns in ein Kleid von Unverwundbarkeit, sind schillernd, gängelnd, unwiderstehlich anziehend, geben arrogante Unerreichbarkeit vor oder sogar scheinbares Desinteresse, das umso mehr reizen und Begehrlichkeit beim Gegenüber wecken soll. Wir sind letztendlich bereit, alles zu tun und jedes Register zu ziehen, um Schmerz zu vermeiden, jenen brennenden Schmerz eines möglichen Liebesverlusts, der die alte Narbe unseres frühen Liebesmangels wieder aufreißt. Die Fühltaubheit, die Abspaltung der Wahrnehmung unseres Fühlens und die Selbsteinmauerung können zur Endstation unseres Leidenswegs werden. Denn so sehr wir auch alles unternehmen, um uns vor möglichem Schmerz zu schützen, so sehr schaffen wir in einem magischen Wiederholungszwang dennoch beständig Situationen und Beziehungskonstellationen, die uns gerade wieder mit diesem schrecklichsten unserer Albträume, nämlich abgelehnt zu werden, in der einen oder anderen Form konfrontieren.

Auch wenn wir uns zähneknirschend und hellsichtig am Ende einer Beziehung vornehmen, in der nächsten »alles ganz anders zu machen« oder in der Wahl des Partners nun Einsichten gewonnen haben, die gewisse Typologien für die Zukunft ausschließen werden, so konstruiert sich in einem geheimen Bauplan das Set unserer Überzeugungen und Glaubensgrundsätze in der nächsten Beziehung aufs Neue. In einem frischen, vielleicht anders gestrichenen Rahmen, doch nach analogen Spielregeln, in denen wir maximal die Rollen tauschen, aber das Stück der Kränkungen und Schmerzen eine Reinszenierung findet.

Unsere Haltung zu Schmerz und unser Umgang mit Schmerz sind die entscheidenden Aspekte, um diesen Mechanismus stabil zu halten. Wenn wir uns nochmals die Szenerie unseres »ersten Spielzimmers« vor Augen führen, so müssen wir konstatieren, dass die meisten von uns eine solide Grundtraumatisierung zum Thema Schmerz erfahren. Es gelingt uns in einer nicht ausreichend für uns sorgenden und uns nicht ausreichend verstehenden Umgebung eben nicht, unsere Bedürfnisse nach Zugehörigkeit und Liebe deutlich zu machen und für deren Erfüllung zu sorgen. Hilflos, wie wir sind, sind wir ohnmächtig dem Schmerz eines gefühlten Liebesmangels und im schlimmsten Fall dem als existentiell bedrohlich erlebten Schmerz von Ablehnung ausgeliefert. Zweifelsohne ein traumatisches Ereignis, auch wenn es in der »Normalität« eines kulturhistorisch begründeten Spielzimmers abläuft. Naheliegend ist natürlich auch, dass es zu unserem höchsten Anliegen wird, Schmerz zu vermeiden, manche von uns eine regelrechte Schmerzphobie entwickeln. Schmerz und seine Vermeidung wird dann zum eigentlich raumfüllenden Thema, und nicht mehr die Gestaltung von Beziehung mit einem Gegenüber, in der eventuell natürlich auch Schmerz entstehen könnte. Unsere Haltung zu Schmerz wird unnatürlich, panisch, oft irrational, wie gesagt schmerzphobisch. Wir verhalten uns dann wie jemand, der das berühmte Gras wachsen hört und beständig alarmiert ist oder machen uns im Extremfall sogar fühltaub, schneiden uns also ganz von der Möglichkeit einer tiefen, emotionalen Interaktion mit einem Liebespartner ab. Wir sind damit einem Menschen vergleichbar, der nach einem schmerzhaften Erlebnis mit einem unsensiblen Zahnarzt nicht mehr bereit ist, seinen Fuß in eine Zahnarztpraxis zu setzen. Selbst wenn die Destruktion seiner Zähne bereits für jeden sichtbar ist. Die meisten anderen versuchen, so Kraft und grundsätzliche Hoffnung reichen, den Weg des »kontrollierten Schreckens« zu gehen, indem sie mit Enthusiasmus und einem inneren »Zertifizierungskatalog« der Partnervariablen Beziehungen beginnen, um sich trotz dieses Sicherungssystems gegen Schmerz bald in ihrer altbekannten Leidensszenerie wiederzufinden. Das wird dann in der Therapie unter großer Verzweiflung häufig so geäußert: »Ich bin in diese Beziehung nicht so einfach hinein gestolpert, sondern habe mir das sehr genau angeschaut. Ich habe mich doch sehr bewusst und überlegt dafür entschieden und verstehe überhaupt nicht, wieso es mir jetzt wieder so schlecht geht.« Ein seltsamer, ein geheimer Mechanismus muss da wohl dahinter stehen und demonstriert wieder einmal, dass die so gut durchdachten logischen Zugänge unserer Kontrollgesellschaft dort, wo Lebendigkeit ins Spiel kommt, versagen. Wir beschäftigen uns schlichtweg mit dem Falschen, wenn unser zentrales inneres Kriterium ist, unsere Energie in den Aufbau einer vermeintlich gegen Schmerz abgesicherten Konstellation zu investieren.

Der ohnmächtige im Gegensatz zum selbstmächtigen Menschen ist schmerzphobisch und gleichzeitig gerade damit schmerzfixiert, ist festgefroren in seinem ursprünglichen traumatischen Erleben der Auslieferung und reproduziert diese »Wahrheit seiner Realität« immer wieder. Er vermag sich nicht von der Schmerzabwehr zu lösen, die seine Energien blockiert, aufzehrt und im schlimmsten Fall in einem emotionalen Ausbrennen in die Fühltaubheit mündet, und seine Wahrnehmung auf sich selber auszurichten. Deswegen bleibt dem ohnmächtigen Menschen auch nur der Weg des Leidens, der Wehleidigkeit, der Opfergemeinschaft. Und für die Abfuhr der emotionalen Frustration und des neuerlich erlittenen Liebesmangels die Schuldzuweisung an den anderen, die sich gegenüber willfährigen Freundinnen nächtelang beliebig und in minutiösen Indizien- wie Beweisketten zur eigenen Rehabilitation und Weißwäscherei referenzieren lässt.

Aber natürlich ist auch dies nur ein schaler, ohnmächtiger Akt, denn Ohnmacht ist eben auch der Plafond des ohnmächtigen Menschen. Was bleibt ist ungestillte Sehnsucht nach Nähe und unerträgliche Angst vor Verletzung. Und am Ende für viele nur mehr die Fühltaubheit als Ausstieg aus der Lebensqual. Dieser Bahnhof mit Namen »Endstation Sehnsucht« wird von zahllosen Sorten schräger Figuren bevölkert. Jede Menge Angeber, die meinen, nur durch ungünstigen Zufall hier gelandet zu sein und mit fanatischen Blicken in Fahrplänen nach nirgendwohin blättern, ziemlich schrille Huren jeden Lebensalters und auch solche, die sich mehr mädchenhaft wie Pensionatstöchter geben wollen. Jede bereit für das Äußerste, das ein Kunde verlangen könnte, so er sie nur von hier mitnähme. Ganze Trauben von Fühltauben in den unterschiedlichsten Aufmachungen, die »Lauten« zumeist im wichtigtuerischen Outfit von Geschäftsleuten, mit prallen Aktentaschen, vollgestopft mit sinnlosen Papieren, deren verschwitzte Hemdkrägen und vom vielen Schreien oftmals verräterisch krächzende Stimmen Zeugnis ihrer Angst geben. Zusammengesunkene, lumpige Gestalten mit leeren Blicken auf den Wartebänken, zu müde zum nochmaligen Aufstehen, solche mit schmutzig-fleckiger Kleidung, die das schon lange nicht mehr merken und an ihren braunen Papiersäcken mit unterschiedlichsten Flaschen hängen. Andere, die sich den Anstrich von weltmännischem Getue geben, ihre Satinanzüge glattstreifen, einander mit Sektgläsern zuprosten und dennoch genau dieselbe Angst im Blick tragen, wie die anderen. Und jene, die ganz verloren ihre metallenen Einkaufswägen rastlos vor sich her schieben, um für ihre sinnlos angehäuften Güter einen guten Ruheplatz zu finden.

Sie alle bevölkern diesen Bahnhof mit Namen Endstation Sehnsucht und warten auf einen Zug, der ihnen schon vor langer Zeit vor der Nase davongefahren ist. Sie können es nicht fassen, dass er nie mehr zurückkommen wird, die Gleise silbrig und leer vor ihnen liegen und die Lampen auf der Anzeigentafel längst verloschen sind. Erst dem selbstmächtigen Menschen, dem es gelungen ist, seine ICH-Sättigung zu erreichen, den eigenen Blick und seine Wahrnehmung bei sich und nicht beim anderen als Ausgangspunkt zu halten, wird es möglich, Schmerz nicht mehr zu fürchten und ihm gleichzeitig ausgeliefert zu sein, sondern ihn in seiner wahren Bedeutung zu erfassen.

Warum empfinden wir überhaupt Schmerz? Das könnten wir an dieser Stelle durchaus begründet fragen. Warum ist uns diese quälende, schreckliche Qualität der Empfindung überhaupt in unsere Funktionsweise eingeschrieben? So viel persönliche Lebensfreude wird vernichtet, so viel Unheil gestiftet, alleine dadurch, dass wir Schmerz empfinden können. Ist es nicht vielleicht sogar berechtigt, jetzt die Frage zu stellen, ob nicht die Fühltaubheit eine eventuelle evolutionäre Weiterentwicklung im Sozialbereich sein könnte?

So verlockend diese These anmuten mag, so erdrückend ist die Datenlage aus Empirie wie wissenschaftlicher Referenzforschung, die in die entgegengesetzte Richtung weist. Der Mensch, der liebevolle Einbettung vermisst, entbehrt der wesentlichsten, sein Menschsein begründenden Partiale. Dies gilt selbst für die polierteste, vordergründig selbstbewussteste Fassade. Er altert schneller, ist anfälliger für Erkrankung und weist bis in die

Wundheilung schlechtere Parameter auf, denn die Fühltaubheit wirkt im Hintergrund weiter und entfaltet ihre unheilvollen, die Lebendigkeit bis in den physischen Bereich hinein zersetzenden Kräfte der Selbstzerstörung. Was sich nicht für die Lebendigkeit mit all ihren Anforderungen entscheidet, ist es nicht wert zu leben und limitiert sich schrittweise selber. Das ist die Botschaft einer auf zunehmende Komplexität ausgerichteten Evolution. Das Fühlen für einen anderen Menschen, das Lieben zu verleugnen und abspalten zu wollen, gleicht einem Verstoß gegen ein ehernes Grundgesetz und zieht unnachgiebige Ahndung nach sich.

Der Schmerz verfolgt, wir müssen dieser Tatsache ins Auge sehen, wie alles in der Evolution Geschaffene eine nicht zu verleugnende, tiefere Aufgabe. Schmerz macht uns darauf aufmerksam, dass an unserer »Außengrenze« ein Geschehen wirksam ist, das uns schaden könnte. Schmerz, unsere persönliche Schmerzgrenze, ist eine Warnung, eine Aufforderung zu handeln. Auch der selbstmächtige Mensch möchte Schmerz in seinem Leben vermeiden und wählt Situationen und ein Gegenüber, mit dem er sich verbindet, mit Bedacht. Doch vermag er möglichem Schmerz in einer realistisch-unbefangenen Form zu begegnen. Er erkennt die Warnung und kann den Appell, nun selbstverantwortlich handeln zu müssen, lesen. Dies ermöglicht ihm auch, über Wehleidigkeit oder Selbstmitleid hinauszuwachsen und nicht in Schuldzuweisungen und sinnlosen Kämpfen hängenzubleiben.

Als Kind hatte ich, angeleitet durch einen Großvater, der mich gerne als Jungen gesehen hätte, sehr früh ein Taschenmesser. Zahlreiche Erinnerungen habe ich daran, wie er und ich unzählige Stunden damit verbrachten, unterschiedliche Muster in die frische grüne Rinde von Zweigen zu schnitzen, die wir aus Gebüschen schnitten. Die Schlangen, Dreiecke, Quadrate, Wellenlinien, Punkt-Strich-Ornamente und sogar Spiralen hoben sich bei entsprechend feiner Klingenführung filigran und leuchtend vom darunterliegenden weißlichen Holzteil ab. Oft habe ich mich dabei in meine erst ihre Biegsamkeit und ihr Geschick erwerbenden Kinderfinger geschnitten. Ein heller Schmerz, meist auf der Fingerbeere ein paar Blutstropfen mehr als auf den Stellen der Beugeseite der Finger. Und eine weitere Lehre, wie das Messer richtig für den geforderten Schnitt zu halten ist. Nie wäre es mir eingefallen, auf das Messer oder den Zweig ärgerlich zu sein. Ich war es, die hier schnitzte, niemand anderer. Und mein Großvater machte dies auch immer klar. Freundlich, nachsichtig, Zuspruch und Ermunterung und neue Anleitung gebend, aber genauso eindeutig. Es lag und blieb an mir, dass es gelingen konnte.

Der selbstmächtige Mensch hat dies verinnerlicht, dass alles in seinem Leben bei ihm liegt, seiner Selbstverantwortung unterliegt. Schmerz bedeutet für ihn ein Signal der Passungsdifferenz. Er stellt diese lediglich zwischen sich und seinem Gegenüber für diese Situation fest und bemüht sich offenen Herzens und mit größtmöglicher Wahrhaftigkeit, das Problem zu beseitigen. Doch er hat auch begriffen, dass Lebendigkeit natürlich auch dem Tod ausgesetzt ist und auch Beziehungen ihren Tod finden können. Er versteht, dass Lebendigkeit nicht kontrolliert, sondern ihr nur mit allen Sinnen zur Sinnfülle verholfen werden kann. Und dass daher jeder Moment ein gelebtes, selbst zu verantwortendes Geschenk ist, auch wenn sich dies oft ohne eigenes Zutun durch zahllose Umstände verändern mag. Und manchmal kommt es ganz besonders dick.

Es war Ende Juni, aber unglaublich heiß. Der Typ vom Flachdach gegenüber von meiner Praxisküche hatte massig zu tun, um die Pflanzen in Schuss halten zu können. Mehrmals sah ich ihn, wie er dutzende Gießkannen von einem zum nächsten Pflanzenkübel schleppte. So wie der dabei tat, musste er sich seine Gartenaktivitäten ursprünglich wohl einfacher vorgestellt haben. Hoffentlich dachte er jetzt über ein Bewässerungssystem für das nächste Jahr nach und nicht daran, das Ganze wieder aufzugeben.

Die Tauben am Blechsims drüben sahen irgendwie sehr jung und frisch, viel schlanker als die vom Frühjahr aus. Ob das schon die Jungen waren? Ging sich wahrscheinlich nicht aus. Wahrscheinlich eher die Alten, die jetzt von der Aufzucht der Brut ausgezehrt waren. Zwischen Paul und Anna hatte es in den letzten Wochen auch Entwicklung gegeben. Sie hatten geredet. Sehr offen, ganz ohne Deckung und sehr klar. Beide hatten einander eröffnet, dass sie einander zu berühren vermochten, dass ihnen dies sowohl gefiel, sie eine unberechenbare Lebendigkeit fühlen ließ, sie aber gleichzeitig auch immer wieder beängstigte und, wie ihnen auffiel, verschiedene Abwehrstrategien mobilisierten.

An dieser Stelle hatten sie ein gewisses emotionales Achselzucken des Bedauerns aneinander wahrgenommen, etwas, das wechselseitiger Nachsicht und Führung bedurfte. Aber allein deswegen, weil sie es miteinander offen teilten, hatte es eine neue Dimension des Verständnisses und der Intimität bewirkt.

Paul hatte es in einer Sitzung für sich mit einem Balancieren auf Trittsteinen durch einen Lava-See beschrieben. Anna verglich es mit dem Überqueren einer Schlucht auf einem Drahtseil. Sie gingen es weiter sehr langsam an. Doch die Qualität dieser Langsamkeit hatte sich geändert, diente nicht mehr einem Rückzug in eine anonymisierende Deckung ihrer Mauern, sondern bewusster Verarbeitung des jeweiligen, davor liegenden Erlebens. Und sie redeten, immer wieder. Beide hatten sie feststellen müssen, dass authentische Begegnung ein fordernder Prozess für sie war, begleitet von den zahllosen Klippen alter Erlebnisse, gängiger Erwartungen und »normaler« Rollenanforderungen. Staunend kamen sie überein, dass sie sich »neu zu erfinden« hatten, wollten sie tatsächlich Bezug zueinander finden und nicht in alte Muster verfallen.

Aber es schien, samt ein paar zu erwartenden Irritationen und Missverständnissen, gut zu laufen. Der Drahtseilakt lebendiger Hingabe, das Springen von Stein zu Stein durch das Lava-Meer alter Selbstverlustängste schien im Spiegel von erfahrbarer

Beibehaltung von Autonomie zu gelingen. Freudvollen, gestalterischen Bezug zueinander zu leben, ohne sich selber verleugnen zu müssen oder in »Spiele« abzugleiten, wurde damit realisierbar. Die schon erlangte ICH-Sättigung, das Grundgefühl, einander nicht zu »brauchen«, sondern in jedem Moment ein freies Wollen als Basis zu spüren, wirkte für Paul und Anna wie ein Schild: Es verlieh ihnen die Möglichkeit, sich ohne Angst zu vollkommener Offenheit und Weichheit zu bekennen und gleichzeitig Unbeugsamkeit und Härte zu zeigen, wo ihr eigenes Sein verletzt zu werden drohte.

Das ist letztendlich die Empfindung von Glück, die höchste Erfüllung, die Gemeinsamkeit zu bieten hat, innig verbunden zu sein und dennoch ganz bei sich selber. Öfter ertappte ich mich bei der Gedankenakrobatik, ob Paul und Anna es wohl schwerer hätten, wenn sie einander mit Anfang 30, als zwei gerade der Fühltaubheit entwachsene, noch jüngere Menschen zum Zeitpunkt eines ernsthaften Familiengründungswunsches und nicht bereits in ihren mittleren Lebensjahren begegnet wären. Wäre es schwieriger, eine allein sich aus der Begegnung und der Entwicklung der eigenen Liebesfähigkeit gestaltende Beziehung zu leben, wenn jetzt die großen Lebensthemen wie berufliche Existenzbegründung oder »Kinderkriegen« auf dem Spielplan stehen würden?

Auf den ersten Blick mutete das wohl so an, doch anderseits entwickeln sich die harten Ablagerungen solider Lebenserfahrung des etwas Älteren leicht zu einer für ihn selber undurchdringbar erscheinenden Mauer. Das eine wie das andere, jedes Lebensalter trägt die Möglichkeit zu lebendigem Leben in sich. Entscheidend ist, ob man bereit ist, den durchaus steinigen Weg zum eigenen ICH zu gehen, seine Masken vom darunterliegenden Gesicht abzieht, selbst wenn sich eine Wundfläche zeigt. Paul und Anna schienen dort angekommen zu sein und es schien, dass ich zufrieden in die Sommerpause gehen konnte.

Ungewöhnlich lang war sie gewesen, meine Sommerpause, fast zwei Monate, die ich mir heuer genommen, ja verordnet hatte. Es war für mich wichtig gewesen, diese Zeit frei fließen lassen zu können. Alle paar Jahre ergibt es sich, dass es besonders bedeutend wird, aus der »Uhrzeit« die »rechte Zeit« zu machen, das rechte Zeitmaß für jene das Leben formenden Dinge zu finden. Eben jenes, das sie brauchen, um ihre Entwicklung zu nehmen oder auch dann, wenn Tieferes an die Oberfläche der Bewusstwerdung drängt.

Diesmal hatten die Ereignisse an der »Oberfläche« ihren Weg in die Tiefe genommen und ihren Tribut an alltagsberuhigtem Nachspüren und Auseinandersetzung gefordert. Ein Todesfall in meiner Familie, eine schwere, nachhaltige Veränderung mit sich bringende Krankheit im engsten Familienkreis, die Enttäuschung über einen Menschen, der sich als Lebensohnmächtiger und damit als unzuverlässig heraus gestellt hatte wollten bewältigt sein. Aber auch andere Menschen, die mit unterschiedlichen Agenden in meinem beruflichen wie privaten Kontext vielfach sehr freudvoll und zukunftsweisend aber auch unklar fordernd anklopften und für die vor mir liegende Periode verschiedene neue Projekte, riefen nach Integration und achtsamem Nachempfinden.

Und jetzt war ich wieder zurück, hatte dieses erste wohlige Gefühl sorgsam auf sein Vorhandensein geprüft und bei seinem Auftauchen dann in vollen Zügen genossen, das es bedeutete, nach mehreren Wochen die so vertraute Tür zu meiner Praxis wieder aufzusperren. Ich hatte die tausendfache Gewohntheit durch meinen langen Vorraum bis zu meinem Sprechzimmer zu gehen mit kurzer, süßer Fremdheit gespürt und dann den mir vertrauten, ja fast mit mir verwachsenen Raum, in dem so viele Menschenseelen in ihrer innersten Architektur bereits Gestalt geworden sind, mit einem Blick von Distanz, die einem nur durch wochenlange Abwesenheit gewährt wird, rasch geprüft, bevor ich von seiner Vertrautheit wieder aufgesogen wurde. Es stimmte, die Fauteuils waren durchgesessen, die Bücherregale ungeordnet und vollgestopft, lagenweise gewachsen über die Jahre. Der Teppich ging noch, aber auch die große Zimmertanne zeigte deutliche

Alterungserscheinungen. Gar nicht anzufangen von den englischen Leinenvorhängen, sicher schon mindestens fünfzehn Jahre aus der Mode. Und wer meinen Schreibtisch sah, brauchte neben den Stapeln von Fachzeitschriften, Spickzetteln, handschriftlichen Notizen und Aktenordnern mit Kopien von Gerichtsakten und Schriftsätzen einen soliden Hang zu kreativem Chaos, um nicht in Verwunderung zu verfallen.

Egal, Gewohnheit vermittelt einen hohen Wohlfühlquotienten, das war mein »Bau«. Eine sterile Designerpraxis mit Wasserspender und Flatscreen im Vorzimmer ist einfach nicht meines, repräsentiert mich nicht. Ich arbeite mit Menschen, ganz an ihrem tiefsten Grund, das ist manchmal etwas staubig, verknittert, braucht Kurven und keine geraden strikten Linien vom Reißbrett, sogar ein wenig Erde, die beim Gießen raushüpft und von meiner kurzsichtigen Putzfrau hie und da übersehen wird.

Ich würde also wieder nichts ändern. Stattdessen schlug ich meinen roten Terminplaner auf, überblätterte viele ungewohnt leere Seiten, um dann beim dichtbeschriebenen Kalenderblatt dieser Woche zu landen. Es ging los.

Anna kam Mitte der Woche. Sie hatte sich einen Abendtermin ausgebeten. »Sehr dicht zur Zeit in der Kanzlei«, sagte sie sofort ihren Situationsbericht. Sie sah in ihrem hellen Etuikleid, das sich von der sommerdunklen Haut aufregend abhob, sehr sexy aus. Doch hinter ihrer Bräune wirkte sie seltsam blass und unruhig. Eine Dissonanz, die ich nicht zu deuten wusste, nur atmosphärisch wahrnahm. Sie war fast drei Wochen mit ihren Kindern auf Sardinien gewesen, spielte mit dem Gedanken, sich dort ein Sommerhäuschen zuzulegen. Die Zeit mit den Kindern war sehr intensiv gewesen. Ihre jüngere Tochter hatte eine erste Sommerliebe erlebt, wie sie schmunzelnd und dabei mit Wehmut berichtete. Ihr Sohn hatte viel Anschluss an sie gesucht, die ältere Tochter wäre ihr in diesen drei Wochen als fast erwachsen bewusst geworden. In Summe hatte sie ein sehr befriedigendes Gefühl im Hinblick auf ihre

Kinder. Sie selbst hatte nicht gearbeitet. Das erste Mal seit … – sie konnte sich nicht mehr erinnern. Paul erwähnte sie nicht. Als ihren derzeitigen Arbeitsfokus für die Therapie legte sie eine, wie sie spürte, dringend notwendige neue Positionierung gegenüber ihrem Beruf und der weiteren Entwicklung ihrer Kanzlei fest. Sie hatte alles erreicht, was man als Anwältin erreichen konnte. Große Kanzlei und entsprechende Umsatzzahlen, Reputation, namhafte Schlachten geschlagen und diese gewonnen, sogar Publikationen geliefert und in entsprechenden Gremien respektiert und auch standespolitisch gut verkabelt.

Alles war auf weiteres Wachstum ausgerichtet. Mit ihrem Arbeitsanfall könnte sie locker einen weiteren Anwalt beschäftigen. Und gleichzeitig spürte sie nagende Zweifel. War das, was sie tat, überhaupt sinnvoll? Oder was davon? Welches Recht vertrat sie? Wie erfolgte Rechtsprechung? »Manchmal habe ich den Impuls, das Diktiergerät gegen die Wand zu werfen, einfach raus aus dieser Maschinerie zu wollen. Dann komme ich mir wie ein Handlanger vor. Was an meinem Beruf macht Sinn?« So formuliert sie die bedrängende Frage. Annas Anliegen ist echt und wichtig. Das spüre ich, und wir arbeiten die nächsten Wochen daran.

Aber wo ist Paul, frage ich mich immer wieder?

Er hat seine erste Sitzung durch seine Assistentin pflichtgemäß zwei Tage vorher abgesagt. Hat mit Hinweis auf zwei Kongresse, auf denen er Vorträge zu halten hat, um einen Termin in einem Monat gebeten. Nun, auf dem zweiten Kongress, werden wir einander sehen, natürlich nur aus der Ferne. Da werde ich selber auch auf einem Podium sitzen. Vielleicht ein unverfängliches kleines Fachgespräch im Kollegenkreis, zu einem der angebotenen Themen. Wir lassen ja alle gerne unsere Federn etwas schillern.

Aber es wird mir Gelegenheit bieten, ihn zu spüren und, wenn alles gut läuft, in einer »situativen Fußnote« an unser Treffen zu erinnern. Dann sollte er weniger leicht auskönnen. Irgendetwas ist da im Busch, bei diesem Burschen. Sein Muster der Flüchtigkeit, wenn ihn etwas berührt, kenne ich nur zu gut.

Es funktioniert. Über einen dukatengroßen Punschkrapfen zu einer Tasse Kaffee und ein paar schlaue, gemeinsame Fachgesprächssätze in einer Traube Kollegen hinweg, habe ich nonchalant auf unser »Treffen« übernächste Woche hinweisen und meiner »Freude« darüber Ausdruck verleihen können. Das funktioniert. Nochmals absagen geht jetzt nicht. Er weiß, dass ich weiß, dass er flüchtig ist. Eine weitere Blöße gibt er sich nicht. Unverbindlichkeit ist die »Tugend« von Feiglingen und Schwachen. So tief sinkt er nicht.

Pünktlich am darauffolgenden Dienstag ist er zur vereinbarten Stunde da. Er ist nicht nur pünktlich, sondern geladen. Das wird schon deutlich an der Art, wie er heute meinen langen Vorraum, mein »diagnostisches Kabinett«, wie ich es nenne, durchpflügt. Achilles ist in der Schlacht um Troja nach dem Kampf mit Hektor wohl genauso ins Lager zurückgekommen. Blutrausch würde man diese Stimmung wohl am treffendsten nennen. Auf dem Kongress vor zehn Tagen war der kollegiale Umgangston in der Fachdiskussion vergleichsweise zärtlich gewesen. Die Mauern von Troja hat er vorsorglich auch gleich mitgebracht. Hinter denen sitzt er jetzt restlos eingebunkert und fährt maximal mit seinem Streitwagen in Imponiergehabe auf und ab. Ich würde ihn für einen Porschefahrer halten. Er fixiert mich. Man könnte es als ein Niederstarren empfinden. Sein Gesicht wirkt heute sehr starr, geschlossene Fassade. Das Fleisch muss ganz hart sein. Wenn man ihn sanft streicheln wollen würde, hätte man jetzt sicher das Gefühl, eine Bronzebüste zu berühren. Seine Nasolabialfalten erscheinen wie zwei Risse, das Kinn, obwohl in seiner Anatomie nicht übermäßig betont, wirkt hart. Kälte, Fremdheit, Distanz, Unberührbarkeit, arroganter Vernichtungswunsch. Er produziert Unbehagen, Einschüchterung. Und er treibt es weiter, lässt mir keine Chance, mich darauf einzustellen, denn gerade läuft ein Schmelzen über seine Züge. Jetzt wo er meint, mich in die Ecke einer aufgescheuchten Verunsicherung getrieben zu haben, zaubert er Freundlichkeit hervor und lässt nur in seiner Stimme einen schneidenden Ton zurück. Damit ist er in seiner Aggression nicht mehr überführbar. Würde ich ihn darauf ansprechen, würde er behaupten, einfach »klar« zu sein und mir unterjubeln, dass ich mir »etwas einbilde« und beleidigt bin. Und er macht es auch gleich klar: »Ich denke, wir sind am Ende der Therapie«, meint er nun lächelnd mit dieser offiziellen Unnahbarkeit in der Stimme. »Alles hat eben sein Ende.« Er lächelt wieder. Er gibt sich jetzt entspannt, lehnt sich Raum nehmend in den Polster zurück. Die Spannung im Raum ist spürbar. Selbst meine Zimmertanne scheint ihre Äste einrollen zu wollen. Es ist die Dissonanz zwischen der Freundlichkeit der unteren Gesichtspartie und der Kälte in den schmalen Augen, sowie der Stimme. Er IST ein Kommunikationsmagier, allerdings auch im malignen Fach.

Nun, wenn ich muss, beherrsche ich das ebenfalls, auch wenn es mich jedes Mal mit einem diffusen Gefühl von Traurigkeit erfüllt. Jetzt muss ich. »Großartig, Paul«, strahle ich ihn mit der analogen Kombination fröhlicher Kälte an, nicht ohne in offiziell geschäftsmäßiger Form gleich weiter fortzufahren: »Du kennst das Reglement. Sinnvoll wäre jetzt, diese letzte Stunde noch für eine Reprise zu nutzen.«

Er scheint durch meinen sichtbaren Mangel an Widerspruch etwas irritiert zu sein. Kränkt ihn vielleicht sogar die Vorstellung, dass ich froh sein könnte, ihn aus der Praxis zu haben? »Du bist zu mir gekommen, da dich die Diagnose deines Melanoms tief verunsichert hat«, setze ich fort. Das mit der »Verunsicherung« hört er gar nicht gern, und ich hätte es natürlich auch anders formulieren können. »Du hast es zugelassen, dich mit deiner Fühltaubheit und deiner tiefen Einsamkei – auch das sitzt – zu konfrontieren, sie dir eingestanden und hast danach zunehmend begonnen, Verantwortung für dich selber zu übernehmen, statt andere Menschen aggressiv zu instrumentalisieren. Was nebenbei gesprochen bereits wenig Unterhaltungswert für dich hatte. Und du hast erlernt, was du brauchst, um zu deiner selbständigen ICH-Sättigung zu gelangen.« Ich mache eine kurze Pause, atme tief durch, immer weiter bemüht, die Balance zwischen meinem lächelnden Mund und einer auflistenden distanzierten Geschäftsstimme zu halten. Meine Augen dürfen nicht mitlächeln. Das gelingt, wenn ich vor meinem inneren Auge das Bild eines arktischen Schneefelds heraufbeschwöre.

Er meint, dass ich aufgegeben habe, jetzt einfach bei seinem Abgang mitspiele. Wir machen eine Zusammenfassung seines erfolgreichen Prozesses, schütteln einander die Hände, und das wars. Das ist sein Angebot und er meint, ich hätte es akzeptiert. »Ich habe sogar das Motorradfahren für mich wiederentdeckt«, kommt er mir jetzt auch noch entgegen. »Deine Geschichten davon haben mich angeregt, an meine Jugend und den Spaß, den ich damit hatte, erinnert. Ich hatte damals allerdings nur einen Roller. Ist wirklich eine feine Sache, sich das Hirn etwas freizublasen. Ich wollte es zuerst mit Radfahren versuchen, aber dann habe ich all die 50-jährigen Idioten gesehen, die wie die Besessenen die Radwege befahren, weil ihnen irgendwer eingeredet hat, dass der Testosteronspiegel von der Quadrizepsgröße abhinge. Und dann habe ich es gelassen.«

»Man kann auch wie ein Idiot Motorradfahren«, antworte ich jetzt mit der Stimme eines Keramikmessers. »Hirn freiblasen musst du von jemand anderem haben.« Das war eine Kampfansage. Ich lasse ihn nicht durchkommen, mit einem trotz unserer eindeutigen Rollenverteilung etwas kollegial anmutenden Abschlussmenuett einer erfolgreichen Psychotherapie. Was er hier vorbereitete, war ein solider TherapieABBRUCH. Was war passiert? War überhaupt etwas passiert? War die Sommerpause einfach zu lang gewesen? So paradox es angesichts der für einen selbstmächtigen Menschen erschließbaren Lebensintensität auch erscheinen mochte, so sehr entsprach es der Beobachtung, dass auch der psychische Apparat nicht durch Erkenntnis allein bewegbar war, ihm so etwas wie eine synaptische Masseträgheit innewohnte und gelebte Autonomie ihre Übung brauchte. Anmutiges Schwimmen wollte eben gelernt sein und Einbrüche in der »Glaubensstärke an sich selber« brauchten, gerade am Beginn des Prozesses, viel Zuspruch.

Erst später, wenn das gefühlte Bekenntnis zur eigenen Liebesfähigkeit unbeirrbarer wird, erschließt sich einem die Textstelle des Dichters Rumi: »Jenseits allen Übels und aller Mühsal liegt ein Feld ... ich werde auf dich dort warten ...«

Meine letzte Bemerkung war angekommen, das Visier nun gänzlich heruntergeklappt. Ich musste meinen Part jetzt durchhalten. »Nun, Paul, über unsere unterschiedliche Haltung zum Motorradfahren und was dies mit unserer ICH-Sättigung zu tun haben könnte, brauchen wir hier nicht zu reden«, setzte ich also weiter fort, »wesentlich ist nur, wenn wir an unserem heutigen Vorhaben einer Zusammenfassung noch festhalten wollen, dass du dir ausreichend Felder und eine entsprechende Haltung erschlossen hast, um nicht nur durch dein Leben gut durchbeschäftigt zu sein, sondern dir Selbstannahme und Selbstnährung zu geben verstehst. Du brauchst also andere nicht mehr als ›Selbstobjekte‹ zu missbrauchen, sie zu instrumentalisieren, mit ihnen zu spielen, sie zu kränken oder zu demütigen, auch Frauen nicht, sondern kannst nun frei und gestaltend deine Liebesfähigkeit freudvoll entfalten und damit das tun, was uns als Sinnerfüllung immanent ist. Deine Beziehung mit Anna, der gestaltende Prozess, in dem ihr seid, gibt ja Zeugnis davon. Fein, großartig. Ich denke, du hast Recht, wir sind an unserem Ziel angekommen.«

Damit lehne ich mich nun meinerseits zurück. Die Spannung im Raum ist zum Schneiden, es würde mich nicht verwundern, ein elektrisches Summen zu hören. Wir fixieren uns. Die Dissonanz zwischen der verbalen Ebene und der Gesamtatmosphäre könnte nicht größer sein. Unser Schweigen macht es noch schärfer spürbar. Schließlich atme ich tief ein, blicke ihm gänzlich offen und gerade in die Augen und liefere mich ihm vollkommen aus, indem ich alles auf die Karte eines direkten Ansprechens setze. Soll er mich doch wegbomben, für lächerlich erklären, seine arrogante Klinge geschliffener Verbalisierung aus ihrem Etui ziehen: »Und wenn dies alles so ist, Paul, wie wir jetzt festgestellt haben und wir am Ende der Fahnenstange angekommen sind, auf der das Banner deines lebendigen Lebens weht: warum, verdammt nochmal, warum musst du dann heute diese Show hier abziehen, diese Rollenkombination eines vorverurteilenden Großinquisitors mit einem Straßenclown geben? Wieso bist du dann nicht spürend und offen und kannst sagen, was eigentlich Sache ist?«

Pauls Reaktion ist heftig, doch da ich auf Schlimmes eingestellt bin, nicht unerwartet. Er springt auf, und für einen Moment denke ich, dass er mich jetzt anbrüllen wird. Vielleicht wünsche ich es mir sogar, denn dann könnten wir danach damit arbeiten. Doch er hält inne, wendet sich abrupt von mir ab und tritt an eines der Fenster meines Praxisraums. Die Zimmertanne steht jetzt zwischen uns. Es vergehen Minuten. Ich habe das Gefühl, mich jetzt nicht einmischen zu dürfen. Dort wo er jetzt ist, muss er alleine sein. Schließlich dreht er sich wieder in den Raum. Unsere Augen begegnen einander. Ein ganz anderer Blick, sehr jung, sehr schmerzlich, sehr tief. Die harten Linien in seinem Gesicht wirken jetzt viel weicher. Er streicht sich mit dieser gewohnten Geste durch das Haar, lässt die Hand im Genick, als würde er den Kopf stützen wollen. »Nicht heute, heute geht es nicht.« In seiner jetzt so vollen Stimme schwingt viel Traurigkeit. »Ich werde auf dich zukommen … bald …« Damit eilt er aus meinem Sprechzimmer.

Wenige Momente später höre ich die äußere Praxistür in ihr Schloss fallen. Sie klingt mir heute wie eine Tressortür. Ist jetzt alles verloren?

Sich dem Leben anvertrauen, um dem Tod freudvoll entgegenzuwachsen

Ist die letzte Übung die schwierigste oder ergeben sich die Tanzschritte am Ende ganz leicht, wie fast von selbst, aus dem bereits verinnerlichten Rhythmus und einem längst kein Bewusstsein mehr erfordernden, vertrauten Ablauf?

Unbestritten ist, dass wir dem Tod, unserem Tod entgegengehen, unser ganzes Leben damit gleichzeitig unser Sterben in sich trägt. Als Ärztin habe ich wahrscheinlich mehr Menschen sterben gesehen, als dies der Mensch durchschnittlich erlebt. Viele alte Menschen, für die wir das von außen gesehen als normal empfinden, so sie nicht gerade unsere Angehörigen sind. Aber auch junge Menschen mit schweren Erkrankungen, sogar Kinder, ein paarmal Frauen während der Geburt und Kinder, deren Seelen sich noch intrauterin, während des Geburtsprozesses oder knapp danach, aus den noch ungeborenen oder gerade den Mutterleib verlassenden Körpern wieder verabschiedet haben.

Das Sterben ist ein seltsamer Prozess. Vielfach erschien es mir, als würde dort, wo dieses Geschehen vom Betreffenden realisiert wurde, es die Handschrift des Lebens in sich tragen, als würden die Leben, die sich in ihrer Liebesfähigkeit erfüllt haben, auch leicht und akzeptierend in einem letzten Klippensprung in den Tod hineinwachsen.

Lieben als unsere Urkraft zu entdecken, die alles bis in den Tod hinein zusammenhält und zu immer neuer, konstruktiver Form zu verbinden vermag, wird dabei zu gelebter Selbsterkenntnis des eigenen SEINS. Beziehungen, Bezug zu einem Gegenüber zu leben, ist unser menschliches Übungsfeld. Für selbstmächtige Menschen ersetzt die Disziplin der Selbstverantwortung die alten so gängigen Kontrollmuster. So wird uns klar, dass alles »Leiden am anderen« unseren eigenen Konstruktionen entspringt, wir die Botschaft von Schmerz als Handlungsimpuls erkennen müssen.

Beim Lieben müssen wir zu jenem kleinen Jungen oder Mädchen aus dem ersten Spielzimmer zurückkehren und unsere ICH-Sättigung selbst erlangen, um es in uns wieder entdecken zu können. Jeder auf seine Art. Ich brauche dafür Raum und Zeit für mich, muss mich verinnerlichen können, muss viel die Berührung von Natur spüren, Stunden aufs Meer schauen, um den Rhythmus der Wellen als Lebensrhythmus wieder in mir selber zu finden, muss nächtelang ungestört schreiben können, eingebettet in meiner kleinen Wohnung in diesem mittelalterlichen italienischen Dorf, nur begleitet vom Glockenschlag der Dorfkirche, dem toskanischen Nachthimmel und den sporadisch kämpfenden Katzen auf den roten Terrakotta-Dächern neben meinem Fenster. Ich muss an manchen Tag an die Grenze meiner derzeitigen Belastungsfähigkeit gehende Ausfahrten mit dem Motorrad auf schmalen Straßen bewältigen, die als »Straße ohne Namen« im Nirgendwo enden und voll von Asphaltaufbrüchen und Schlaglöchern sind, bis sie in staubige Wege übergehen, um dabei das Denken auch loslassen zu können und die Überwindung meiner eigenen Wehleidigkeit als herausforderndes Thema zu spüren. Und ich muss kochen dürfen, für viele, alle Kinder und all jene, die sie in ihrer juvenilen Kommunikationsfreude hier so an Freunden anschleppen, lange Abendessen im milden Schein von zahlreichen Kerzen mit völlig ungeplanten, dichten Diskussionen und innigen Begegnungsmomenten mit den mir nahen Menschen.

Wenn ich in dieser Weise ganz auf mich hinhorche und gehorche, also folgsam bin, dem was ich für mich tun muss eben Folge leiste, dann spüre ich, wie die Puzzlesteine meines Lebens ganz von allein an ihren rechten Platz fallen. Manchmal fallen sie langsam, manchmal auch schmerzhaft aber heilsam, und dann beginne ich zu wissen, wen oder wo ich vielleicht zurechtweisen muss, wo ein »Nein« angezeigt ist. Ich kann es nehmen, dass manches nie aufhören wird, sondern nur milder werden wird, über die Jahre, und dass es einfach gilt, weiterzuatmen, wie mir ein weiser Mensch einmal mit einem tief aufrichtigen Lächeln und viel Liebesfähigkeit in der Stimme geraten hat.

Und dann irgendwann, wenn ich es nie vermuten oder gar erwarten könnte, möglicherweise, wenn ich in der tiefstehenden Sonne plötzlich blind und mit aufwallender Urangst aus einer anfangs unsichtbar engen Kurve herausbeschleunige oder meinen Blick auf die Seite drehe und die gerade noch im blaugrauen Licht wahrnehmbare Hügellinie mich mit ihrer Endgültigkeit berührt; oder wenn mir eine mir völlig unbekannte Frau in einer zigarettenschachtelgroßen Bar tief im Hinterland und ganz oben, nach dutzenden Serpentinen, in einem Dorf aus einer Handvoll Häusern zum Espresso einfach ein Stück Schokolade legt und meint, ich würde dies jetzt brauchen, und sich diese achtsame Geste spontaner Empathie in ihrer Geschenkhaftigkeit fast schmerzhaft anfühlt – dann spüre ich ganz stark, dass ich im Leben, meinem Leben, angekommen bin und dass es gut ist.

Dann fühle ich diese Fähigkeit, für mich selbst zu sorgen, als Sicherheit und dass ich nichts zu fürchten habe, weiß, dass ich den Mut finden werde, mich zu exponieren, wenn es angezeigt ist, selbst wenn ich mich damit angreifbar oder sogar lächerlich machen sollte, und dass mein Stolz sich gerade darauf begründet, dieses Risiko einzugehen. Dann spüre ich für einen kleinen, mich wie ein aufleuchtender Blitz durchdringenden Moment diese Gefügtheit von allem, dass alles mit allem verbunden ist und Bezug zueinander hat und dennoch »sein eigenes« sein muss, um gerade diese, seine Aufgabe erfüllen zu können. So wie in Beziehungen zwischen Mann und Frau. Dann beobachte ich als »Menschenjägerin« die feinen spontanen Gesten des Umgangs von Kindern, Männern, Frauen, Paaren, Alten, und dann scheint es mir so, als würde jeder nach einem Einzigen streben: diese seine Liebesfähigkeit zu leben. Dann bin ich sicher, dass all der Neid, die Bosheit, Maßlosigkeit oder Selbstsucht nicht Zielsetzungen sind, sondern Begleitumstände eines Mangels an Achtsamkeit im Umgang miteinander, dass das sogenannte Böse nicht einem dualistischen Prinzip entsprechend einfach als das Gegenteil des Guten immer existieren muss, um diesem erst Rahmen zu verleihen, sondern das Böse als das »noch nicht Gute« zu sehen ist. Ich spüre dann, dass es an uns liegt, mit der Entfaltung unserer Liebesfähigkeit dies in unsere Beziehungen und unsere Umwelt zu tragen. Manchmal ist es ein »Liebe-voller« Blick, manchmal einfach eine Umarmung, bisweilen eine entsprechend ehrliche Intervention, die viel bewirken können. In diesen Momenten der Gefügtheit herrscht Lebensruhe in der Seele. Ein wohlig annehmendes Bewusstsein, dass jeder Atemzug mich unaufhaltsam meinem Tod näher bringt, ein stilles, ruhiges Wissen, ganz ohne Angst, ein Gefühl, dass auch das etwas ist, das seiner ERFÜLLUNG zustrebt. Und dass es genauso erstaunlich, wie die beiden Kirchenglocken meines kleinen italienischen Dorfs, die zu verschobenen Zeitpunkten die Stunden anschlagen, dennoch zur RECHTEN Zeit erfolgen wird. Ich brauche hier gar nichts zu tun, nur meinen Dienst zu finden, denn das Leben leitet mich.

Es ist bereits Ende September, unglaublich, das kommende Wochenende wird bereits in den Oktober, diesen Monat des unaufschiebbaren Herbstes, fallen. Die letzten Wochen waren noch unerwartet warm gewesen, ein Geschenk für jemanden wie mich, der für die meisten Dinge, die ihm Spaß bereiten, draußen sein muss. Und auch heute ist das ein Tag, der die Kraft hat, einen gefühlsmäßig gut ein ganzes Kalenderblatt zurückzuversetzen. Mein roter Terminplaner sagt mir, dass ich günstigerweise früher Schluss mache, schon am späten Nachmittag. Da sollte sich noch ein kleiner Ausritt ausgehen.

Die Tauben am Blechsims gegenüber turteln ungeniert. Hey, es ist Herbst, meine Lieben, da geht sich keine neue Brut mehr aus. Haben Tauben eigentlich ein Sexualleben losgelöst von Fortpflanzung? Auf jeden Fall sind die beiden drüben jetzt für mich eindeutig die »Ursprungstauben« vom Frühjahr. In meinem psychosozialen Konzept gehen sie sich so, wie sie gerade tun, als Bruder und Schwester einfach beim besten Willen nicht aus. Der ausdauernde Hobbygärtner vom Flachdach macht sich auch gerade wieder an seinen Pflanzen zu schaffen. Jetzt ist die erste »Herbstarbeit« dran. Verblühte und vertrocknete Triebe abschneiden, manches ausholzen, anderes zurückkürzen. Er scheint ziemlich systematisch und routiniert mit seiner Gartenschere zu hantieren. Bald wird er die schweren Pflanzenkübel mit den vier Palmen und noch zwei weitere sehr südlich anmutenden Gewächse hinein in den schuppengroßen Aufbau als Schutz gegen die Winterkälte schleppen müssen. Ich habe das kleine Häuschen immer für den Versorgungsraum des Aufzugs gehalten, bis ich feststellte, dass es im Hinterhaus gar keinen Lift gibt. Auf jeden Fall beneide ich ihn nicht. Stattdessen laufe ich auf meinen eigenen Balkon hinaus. Jetzt stehen wir sozusagen beide im Freien. Das macht es etwas unmittelbarer, als ich über die zehn Meter des Hinterhofs zu ihm hinüberbrülle, dass ich ihm für die Pflanzen und ihren Anblick seit diesem Frühling schon lange danken möchte.

Er hat mich gar nicht bemerkt und erschrickt sichtlich, als ich so unvermutet hinüberschreie. Als ihm der Zusammenhang klar wird, hält er in seiner Arbeit inne, richtet sich auf und schaut zu mir herüber. Die Gartenschere hält er lässig, wie ein Sheriff seinen Colt, in der Hand. Seine Körperhaltung passt jetzt auch gerade dazu. Ich muss lachen. Wir stehen auf ungefähr derselben Höhe, er am Dach, ich auf meinem Balkon. Er hat bemerkt, dass mich seine kleine Parodie amüsiert und grinst mich auch an, sagt, dass es ihn freut, dass seine Pflanzen noch jemandem außer ihm gefallen und ich die Mühe, die das Ganze kostet, wertzuschätzen weiß. Irgendwie ein guter Typ, schießt es mir durch den Kopf, ungefähr in meinem Alter, groß, breiter Rahmen, noch Schultern, auf denen Muskeln sitzen müssen, kaum ein Bauchansatz. Er trägt ein blaugraues T-Shirt mit dezentem Aufdruck, Shorts, die zu einer Expedition passen könnten, Gott sei Dank keine Goldkettchen ums Handgelenk oder den Hals, nur ein paar Lederbänder, wie mir scheint. Hat eine Ausstrahlung von Ruhe, ruhiger Sicherheit, unaufgeregt, scheint keine Wirkung zu suchen. Er schiebt einen zerfransten Strohhut, der wie eine Parodie wirkt, ins Genick und wischt sich über die schweißnasse Stirn. Dabei fällt die Sonne auf sein gut markiertes Kinn und einen dunklen, grau durchsetzten Dreitagesbart. »Heiß heute, echt fein«, meint er. Dann fragt er mich, ob ich nicht zu einem Kaffee rüberkommen möchte und weist auf ein kleines weißes Tischchen und die beiden Stühle hinter sich.

»Ich habe Sie noch nie dort Kaffee trinken gesehen«, versetze ich, weil ich noch Zeit gewinnen möchte. Will ich diesen Fridolin überhaupt näher kennenlernen, eventuelle Referate über die Qualitäten von Gartenerde und die Segen spendende Wirkung von Substral über mich ergehen lassen? Er grinst wieder. Um draußen zwischen den Pflanzen zu sitzen, komme er nur in der Nacht, dann, wenn die ganze Stadt schläft. Das ist eine Antwort nach meinem Geschmack. Wir verabreden uns für später. Aber jetzt kommt zuerst noch Anna.

Annas Sommerbräune ist überraschend schnell unter der Schreibtischlampe langer Kanzleitage verblasst. Wieder springt mich eine Assoziation von »Getriebenheit und Unruhe« an, als wir die Sitzung beginnen und ich ihre Einstiegsatmosphäre zu erfassen versuche. Das Thema rund um ihre Kanzlei haben wir die letzten Wochen rauf und runter bearbeitet.

Heute kommt sie plötzlich auf Stephan, ihren ersten Mann zu sprechen. Nach Jahren der Funkstille hat er im Frühjahr begonnen, intensiv den Kontakt zu den Kindern zu suchen. Zuerst habe sie seine Bemühungen mit großer Skepsis verfolgt, aber da es den Kindern mit dem neuen Engagement ihres Vaters gut zu gehen schien, wollte sie dem nicht im Wege stehen. Und sie waren heute alle drei alt genug, sich selber ein Urteil bilden zu können. Er hatte sich augenscheinlich stark verändert, war gereift, verantwortlich, nicht mehr so selbstbezogen. Ihre ältere Tochter hatte einmal fallen gelassen, dass er ihr etwas von einer Therapie, die er gemacht habe, erzählt hätte. Und knapp vor dem Sommer, gerade als Paul und sie eine wirkliche Öffnung zueinander erlebt hatten, war er bei ihr vorstellig geworden, hatte sie zu einem Abendessen gebeten, nur um sich wegen der Kinder abzusprechen. Sie hatte eingewilligt, misstrauisch, aber auch vorsichtig hoffnungsvoll, denn ein Teilen der Erziehungsverantwortung für die Kinder wäre ihr immer ein Anliegen gewesen. Es hatte sie stets bedrückt, ihren Kindern keinen Vater geben zu können.

Es war ein entspannter Abend mit einem ganz neuen und doch sehr vertrauten Stephan gewesen, sehr freundschaftlich. Sie hatte sich sehr wohl gefühlt. Sie beschlossen, als Eltern in Zukunft eng abgestimmt zu bleiben – und dann hatte Stephan begonnen, sie zu umwerben, unaufdringlich, ohne Forderung, präsent, empathisch, so wie sie es sich immer von ihm gewünscht hatte.

Anna hatte sich in plötzlicher Verwirrung wiedergefunden. Die Begegnung mit Paul war frisch und intensiv, einer neuen Direktheit und Lebendigkeit verpflichtet und in einer Art ihre Authentizität und Wahrhaftigkeit fordernd, wie noch nie zuvor. Doch wo sollte sie hinführen? Hier galt es, alles neu zu erfinden. Das trug viel Ungewissheit und Anstrengung in sich. Auf der anderen Seite stand nun Stephan, ein Stephan, nach dem sie sich jahrelang vergeblich gesehnt hatte, der der Vater ihrer Kinder war, mit dem sie über alle erlittenen Kränkungen hinweg eine enorme Vertrautheit und sichere Bekanntheit verband und der nun geläutert wie der richtige Schuh auf Aschenputtels Fuß zu passen schien. Der alte Sirenengesang tat seine Wirkung.

Damit hatte die Situation eine unaushaltbare Komponente bekommen. Wollte sie der Begegnung mit Paul und sich selber in der ihren Bezug zueinander begründenden Qualität treu bleiben, so musste sie, so paradox dies anmutete, Paul von der Situation mit Stephan in Kenntnis setzen. Und sie tat es. »Als ich ihm davon erzählte«, berichtet sie, »war es, als würde ich in einer Filmkulisse sitzen, die sich vollkommen um mich herum auflöste und anders arrangierte, während ich sprach. Paul hat sich wie ein Chamäleon verändert, obwohl er dabei natürlich gleichzeitig völlig gleich blieb. Es ist schwer zu erklären. Ich spreche von der Atmosphäre, dem Bezug zueinander. Es war, als würde sich alles auflösen, so als wäre diese Intimität zwischen uns nie vorhanden gewesen, als hätten wir das, was wir miteinander erlebt haben, nie erlebt. So als ob ich es nur geträumt oder mir eingeredet hätte. Er war völlig nah und freundschaftlich, hat mir gratuliert und gewünscht, dass Stephan und ich jetzt als Familie wieder zusammenfinden könnten. Und gleichzeitig hat er sich plötzlich wie ein Fremder angefühlt, wie einer, der mich nie gespürt hatte, nie mit mir und in mir gewesen war, ganz so, als wäre nie etwas zwischen uns gewesen. Vollkommen geschlossen, unerreichbar hinter einer unsichtbaren Mauer, die er nicht einmal zugegeben hätte. Vielleicht ein Freund oder sogar nur ein Fremder, einer der, wenn ich jetzt begonnen hätte, nach seinen Gefühlen zu fragen, gemeint hätte: ›Kleines, wir hatten eine nette Affäre, da war nichts anderes. Es gibt nichts anderes in diesem Leben, sei nicht naiv. Und jetzt ist eben der Zeitpunkt zum Aufwachen gekommen.‹ Und vielleicht hat er ja recht und alles war nur ein besonders intensiv inszeniertes Spiel.« Anna schweigt. Ihre Verwirrung ist spürbar.

»Und Stephan?«, frage ich nach. Anna winkt ab. Stephan und sie waren einander wieder nahe gekommen. Doch die Qualität der Begegnung hatte Anna vieles verdeutlicht, vor allem, dass sie nicht mehr bereit war, auf Rollenspiele einzugehen. »Es geht einfach nicht mehr. Stephan ist heute reifer und vordergründig weniger selbstbezogen, aber wäre er eine Frau, würde man ihn ›zickig‹ nennen. Er trägt Kategorien in seinem Kopf, die er erfüllt haben will, um sich wichtig genommen zu fühlen, und die eine Frau bedienen können soll, sonst packt er alte Spiele aus. Er braucht beständig Bestätigung, damit er sich geliebt fühlt, im normalen Umgang wie im Bett. Es ist einfach wie ein Filter, unter dem das gesamte Leben betrachtet wird. Und ehrlich gesagt, was soll das für eine sexuelle Begegnung sein, wenn einen der Mann danach fragt, ob es gut war?«, beendet sie ihre Erzählung. »Das ist nicht mehr mein Leben. Ich weiß, WIE es sich anfühlen kann.« In ihrer Stimme liegen Festigkeit, Entschiedenheit und gleichzeitig Traurigkeit. »Lebendigkeit kann man nur schonungslos eingelassen und mutig leben«, setzt sie fort, »aber ich habe es verbockt.« Jetzt ist auch die Traurigkeit klar verortbar. »Paul behandelt mich wie eine Fremde oder, was noch ekelhafter ist, wie eine gute Bekannte«, fügt sie hinzu, »aber wahrscheinlich ist das sowieso besser so. Es war einfach zu intensiv. Es hat immer totale Präsenz gefordert. Und wahrscheinlich ist das nur ein Traum für ein paar Nächte und nicht realitätstauglich.«

»Hm, Anna, was realitätstauglich ist oder nicht, entscheidet ihre Liebesfähigkeit und Glaubensstärke daran, ihre Fähigkeit, sich einzulassen und zu bekennen, was sie leben wollen«, schalte ich mich jetzt ein. »Ich weiß nicht, ob sie bekommen, was sie wollen, ob Paul dem gewachsen ist oder nicht, aber hier geht es um SIE, nicht um Paul, um das was SIE bereit und fähig sind zu leben und dafür einzutreten, mit Paul oder mit einem andern Mann. Es gibt tausende Optionen und EIN Gegenüber ist genug. Doch der Passende kann Sie nur erkennen, wenn Sie auch da sind.«

Anna denkt lange nach. Ihr Blick hängt, wie immer in diesen Situationen, in meiner Zimmertanne fest, meinem über Jahre bewährten, stillen Co-Therapeuten. Sie spürt nach und strafft sich dann sichtlich. »Ich werde mich exponieren«, meint sie schließlich mit einer Stimme, die diesen schwebenden Ton leichter Trance hat. »Ich hatte gerade das Bild des Lebensstroms vor mir, ein breiter Fluss, an manchen Stellen reißend und gefährlich. Man kann die Strömung nicht verändern, aber man kann lernen sie zu lesen, sich in ihr zu bewähren, die eigenen Bewegungen richtig anzupassen und der Anforderung und der ständigen Veränderung nicht mehr mit Angst, sondern mit Zuversicht und immer mehr auch mit Genuss zu begegnen. Und dann gelangt man an eine Stelle, an der ein Wasserfall auf einen wartet. Jetzt muss man sich entscheiden. Da wird Todesangst, nein Lebensangst spürbar, wenn man an der Klippe steht und in die Gischt hinunterblickt. Man kann an dieser Stelle rasch ans Ufer schwimmen und seitwärts flussabwärts marschieren, aber man verpasst eine wesentliche Lebensprüfung, bleibt damit eng und ein schlechter Schwimmer. Ich will am Klippenrand stehen, im Vertrauen zu mir bleiben, den Blick heben und auf den Regenbogen heften, den ich im Wassernebel sehe, und springen.« Jetzt lächelt sie ganz von innen.

Paul hält Wort. Es ist der erste wirkliche Herbsttag Mitte Oktober, für den wir unsere Sitzung vereinbart haben. Regnerisch und kalt. Der Sommer ist nur mehr eine blasse Erinnerung. Jetzt ist es schnell gegangen, leider. Eine Härte für Menschen wie mich, in deren Blut irgendwann viel südliches Genmaterial gemischt wurde. Die Sehnsucht nach Sonne und Licht lässt mich kaum aus. Aber ich habe Strategien entwickelt, es mir gemütlich zu machen.

Paul hat genug Distanz gewonnen, um davon sprechen zu können. Er hat eine Geschichte mit dem Titel »Anna und Paul« in seinem Kopf geschrieben, die er mir nun abliefern möchte. Auf dem Weg zwischen Eingangstür und Sprechzimmer versucht er mit Neuigkeiten aus der Szene eine kollegiale Atmosphäre anklingen zu lassen. Ein gewisser S. hätte eine Patientin sexuell missbraucht. Für jemanden, der in standespolitischen Gremien tätig ist, eine blöde Sache, vor allem, weil sie jetzt Stunk macht. Blöder Kerl, hätte er es länger laufen lassen. Mein Interesse bleibt nur mäßig, eigentlich nur so weit angedeutet, dass es nicht als unhöflich gelten muss. Aber soll er nur parlieren wollen. Die Galgenfrist dieser zehn Meter gönne ich ihm. Doch hinter der vor uns liegenden Doppeltür liegt der Tempel schonungsloser Selbstkonfrontation. Oder die Arena, ganz wie er will, aber heute will ich ihn nackt.

Er versucht keine Spiele mit mir, sondern präsentiert, nein repräsentiert soliden Lebenszynismus, jedoch als gediegenes, akzeptiertes Weltbild: »Also, um wie versprochen auf den Punkt zu kommen«, beginnt er. Er wirkt dabei offen und entspannt, blickt mir voll ins Gesicht. Was jetzt kommt ist ehrlich, wahrscheinlich eine Sprachmetapher, in die er es gießen wird, aber kein Versuch, mich zu manipulieren, sondern das, wovon er überzeugt ist. »Rotkäppchen läuft durch den dunklen Wald, wie immer auf dem Weg zur Großmutter«, setzt er fort. »Mit Wölfen hat's die Kleine nicht mehr so richtig, hat sich die Burschen eine Zeit lang zum Frühstück reingezogen, aber es aufgegeben. Ist ihr einfach zu langweilig. Da tritt der Jäger in ihren Weg. Rotkäppchen ist ziemlich perplex. Natürlich hat sie von seiner Existenz bereits gehört und vermutet, dass er sich im Märchenwald herumtreiben müsse, aber ihm zu begegnen ist dann doch eine andere Sache. Der Jäger seinerseits ist auch recht angetan. Er hat ein Faible für zarte Mädchen, wie uns ja aus der Geschichte von Schneewittchen gut bekannt ist, als er sich kurz entschlossen an seinen Standeseid, nicht nur Jäger sondern auch Heger zu sein, erinnert und diesen über seinen Auftrag, sie zu töten gestellt hatte. Nun, er lädt also Rotkäppchen in sein Jägerhaus zum Tee. Und da sie irgendwie so herzlich miteinander zu lachen vermögen, befällt ihn große Lust, ihr sein Spielzimmer zu zeigen. Dort amüsieren sie sich dann noch viel prächtiger, was beiden gefällt, sie beide aber auch beunruhigt. Obwohl Rotkäppchen vorgibt, nur auf dem Weg zur Großmutter zu sein, wenn sie ihm nun im Wald begegnet, und er seine Jägerei als Grund vorschiebt, gerade da herumzulungern, wo Rotkäppchen des Weges kommt, ist beiden klar, dass sie gerne miteinander spielen, ein ziemlich seltsames altes, neues Spiel. Irgendwann bekennen sie das einander auch. Aber beide haben ein dunkles Geheimnis, das sie einholt. Der Jäger besitzt einen ganzen Wandschrank voll mit Gläsern, in denen er die Herzen all des Wilds, das er erbeutet hat, fein säuberlich in Reihen, Regalbrett für Regalbrett aufgefädelt, verwahrt. Denn er ist sehr grausam geworden, in seiner einsamen Jägerhütte tief im Wald, seit der Geschichte mit Schneewittchen, die sich als echte Zimtziege erwiesen und ihn ziemlich abserviert hat. Und Rotkäppchen, die ja außerhalb des Märchenwalds wohnt, ist dort bereits einem anderen versprochen. Irgendwann tut sie dann auch etwas, was dem Jäger klar macht, dass sich alle zarten Mädchen in böse Königinnen verwandeln, so man in ihre Dienste tritt, und er hält es für das Beste, sie zu meiden. Schluss der Geschichte.«

Paul lehnt sich zurück. Kaum eine Regung ist in seinem Gesicht abzulesen. Case closed.

»Nettes Märchen, das du mir hier erzählt hast, Paul. Was genau willst du mir damit sagen?«, gebe ich ihm zur Antwort. »So wie ich es verstehe, heißt hier das Ende: Und wenn sie nicht gestorben sind, dann leben sie unglücklich bis an das Ende ihrer Tage.«

Meine Hartnäckigkeit strapaziert ihn, obwohl er mich ursprünglich sicher auch deswegen ausgewählt hat.

»Also dann ganz im Klartext.« Er beugt sich in seinem Fauteuil etwas zu mir vor, so als wolle er eine konspirative Stimmung zwischen uns hervorrufen, mir einen dreckigen Witz erzählen oder aber auch ein Geheimnis: »Ich hab sie gevögelt, und es war sehr gut. Bisweilen war nicht klar, wer hier wen gevögelt hat. Wirklich fantastisch. Und das wars. Mehr ist da nicht, weil es mehr nicht gibt. Und wenn das Vögeln fein ist, es sich gut anfühlt, gut riecht, gut schmeckt und im Timing passt, ist das an und für sich schon optimal. Mehr kann man sich nicht wünschen, als es auszukosten und dann den Laden wieder dicht zu machen.«

Jetzt grinst er mich an. In seine harte Diktion verschanzt, fühlt er sich immer sicher, meint Terrain damit zu gewinnen.

»Und sonst?«, frage ich vage, »was ist mit dem, was sonst noch zwischen euch gelaufen ist, du gespürt und geäußert hast?«

Er winkt ab. »Man lässt sich hinreißen, ist in der Situation unbedacht, überschießend. Vielleicht, wenn man ein unbeschriebenes Blatt wäre, aber ...« Er lässt den Satz hier enden.

»Was du sagst, Paul, macht mich sehr nachdenklich ... nachdenklich, ob dir die Therapie hier wirklich weitergeholfen hat«, gebe ich jetzt offen zu. »Was ist mit deinen sporadischen nächtlichen Überflutungen mit Einsamkeitsgefühlen, deinen Albträumen, den gesundheitlichen Ängsten, derentwegen du mich aufgesucht hast?«

Er stutzt kurz, hält aber an seinem Text fest. »Die Arbeit hier mit dir hat mir wirklich viel gebracht. Ich war ein echt arrogantes Arschloch, das verstanden hat, so ziemlich jeden zu instrumentalisieren, um auf diese Art Bestätigung und Selbstwert zu bekommen. Und ich hatte, obwohl ich meine ganze Kindheitsgeschichte rauf und runter für eine Habilitation referieren konnte, nicht begriffen, dass ich noch immer nicht Verantwortung für mich selber übernommen hatte. Diese Geschichte mit der ICH-Sättigung ist wirklich der neue Dreh- und Angelpunkt meines Lebens geworden. Selbst für mich und meine Bedürfnisse sorgen zu können, diese milde Art einer mütterlichen Qualität für sich selber zu entwickeln, war sehr neu und heilsam und hat mich erstmals in meinem Leben wirklich autonom, nämlich frei vom Wunsch, Wirkung erzielen zu müssen, gemacht. Es hat mich versöhnt, und ich brauche auch Frauen nicht mehr zu kränken oder zu demütigen. Keine neuen Gläser mehr auf den Regalbrettern, du verstehst schon?«

Er unterstreicht den letzten Satz mit einem bekräftigenden Kopfnicken. Ich halte mein Kinn auf meiner Hand abgestützt und merke gerade jene Spannung im Kiefer, die ich immer dann fühle, wenn ich den Drang verspüre zu antworten und gleichzeitig weiß, dass es besser ist, dem Gegenüber in seinem Prozess noch Raum zu geben. Nägel zu beißen wäre jetzt eine Alternative, aber das kommt nicht gut.

»Ich werde nur mehr mit offenen Karten spielen, keine Trophäen mehr,« setzt er fort. »Darf ich Ihren Rock hochschieben, gnädige Frau, und sie vögeln? – Das ist es, ganz ohne irgendein Spiel oder Schnörkel. Und dann passt es eben oder eben auch nicht.«

Natürlich nimmt er meine Skepsis wahr. Fürchtet er, dass ich ihm sein ganzes schönes Gedankengebäude einreißen könnte oder will er mich einfach ehrlich überzeugen? Ist das der Stand seines Weltbilds, ist er damit eben an den Rand seiner Erdkreisscheibe angelangt und fürchtet beim nächsten Schritt in den existentiellen kosmischen Abgrund zu stürzen? Innerlich seufze ich. Die Welt ist doch eine runde Sache, trau dich einfach hinzuschauen. Aber bekanntlich hat der Wechsel vom geozentrischen zum heliozentrischen Weltbild schon seinerzeit viele Ängste und Gegner mobilisiert. Jetzt wirkt er wie ein Jahrmarktverkäufer, als er weiter fortfährt: »Was deine Fragen angeht: keine Albträume, keine Einsamkeitseinbrüche, keine Krankheitsgefühle mehr. Der Patient ist auf stabilem Kurs, Frau Doktor. Schlaf ausgezeichnet, Appetit ebenso, keinerlei Probleme mit der Verdauung, minimalste erektile Dysfunktion, vollkommen altersentsprechend und wie gesagt nicht ins Gewicht fallend. Mit anderen Worten, ich fühle mich total lebendig.«

»Sich lebendig fühlen und lebendig sein, sind zwei völlig unterschiedliche Dinge, Paul«, knurre ich jetzt ziemlich harsch. Er stutzt, hält im Lauf seiner Demonstration inne. Irgendeine Saite habe ich mit dieser Bemerkung angeschlagen. »Wenn du dir beim Motorradfahren, wie du einmal erwähnt hast, das Hirn rausbläst und es dank der guten Materialeigenschaft deiner Maschine, ihrer Gutmütigkeit gegenüber Idioten und glücklichen Straßenverhältnissen überlebst, fühlst du dich sicher rasend lebendig. Das bewirkt allein der Adrenalinkick. Ist eine einfache Rückkopplungsschleife unserer Biologie: Gefahr – Adrenalinausstoß – nachfolgender Systemcheck ohne Schadenserhebung – Glücksgefühl. Das ist etwas für Idioten und hat nichts mit lebendigem Leben zu tun. Lebendiges Leben kommt von innen, aus einem Gefühl von eigenständiger Grundgeborgenheit heraus liebesfähig und mutig begegnungsbereit ohne Kontrolle zu sein. Das ist etwas sehr Ruhiges, ganz adrenalinbefreit.« Ich bin jetzt wohl etwas heftig geworden, denke ich mir noch, doch für Paul hat es gepasst. Er wird plötzlich sehr offen und reißt seien Mauer ein.

»Ich weiß«, sagt er dann ganz langsam und mit einer großen Bedächtigkeit, »ich spür den Unterschied. So wie du das beschreibst, erlebe ich es in manchen unvermuteten Momenten, oft gerade dann, wenn ich bereits innerlich beschlossen habe, jetzt aufzuhören, beim Schlagzeug spielen. Dann spielt es sich einfach. Und in manchen Momenten mit Anna war es auch so, vollkommen ungeplant, ohne zu wissen, was ich tat, einfach im Strömen zu sein.«

»Paul, Annas Geschichte mit Stephan, dass sie hier etwas zu klären hatte, hat dich gekränkt. Du bist innerlich in Konkurrenz gegangen und hast dich degradiert gefühlt und sie voll eigener Wehleidigkeit postwendend als Strafe von der Klippe stoßen wollen, statt auf das Leben zu vertrauen. Wenn Stephan der ›Richtige‹ für sie ist, selbst wenn sie sich an ihm wieder verletzen will, dann ist dies ihre Entscheidung, dann musst du trauern statt zu verleugnen, was du empfindest, und dich wieder einzumauern. Es geht hier nicht um Anna. Es geht alleine um DICH und deine Liebesfähigkeit. Vielleicht kann Anna das nicht mit dir leben, aber nur wenn du es dir zugestehen kannst und es lebst, wird das passende Gegenüber zu dir finden können. Wir bleiben Zeit unseres Lebens abhängig vom Wasser, vom Sauerstoff in der Luft, von der Schwerkraft und von der Liebe, die wir anderen geben und von ihnen empfangen. So sind wir einfach gebaut. Da gibt es kein Rütteln daran.«

Als er mir jetzt antwortet ist wieder dieser ganz junge Ausdruck in seinen Augen, eine Tiefe und Weichheit, die einen dazu anhalten könnte, ihn einfach umarmen zu wollen: »Wir treffen einander nächste Woche zum Abendessen. Anna hat mich um den Termin gebeten. Ich weiß nicht, was sie will, aber jetzt weiß ich, dass es für mich Zeit ist, endlich erwachsen zu werden.«

Allerheiligen steht vor der Tür und damit die Herbstferien. Draußen ist es eindeutig grau. Die erste nassfeuchte Donaukälte, die

Pelzmäntel, auch wenn sie verpönt sind, zu angenehmen Begleitern macht. Die Tauben zeigen sich nur selten. Hocken wohl in ihren Mauernischen, Flügel an Flügel, um die Kälte abzuwehren. Turteln auf dem heißen Blechdach ist jetzt auch für sie eine ferne Erinnerung. Das Flachdach gegenüber sieht kahl aus, jahreszeitenbereinigt nenne ich das. Mein »Gärtnerfreund« hat tatsächlich eine knappe Woche später die vier riesigen Pflanzkübel und die beiden weiteren südlichen Gestrüppe in den kleinen Schuppen, der ja kein Lifthäuschen ist, verfrachtet. Ich habe ihn dabei beobachtet. Ich hatte Recht! Ziemlich viel Fleisch rund um die Schulterpartie und kräftige Arme, an denen die Muskeln wie dicke Schiffstaue hervortraten, als er die Wahnsinns-Container von ihren Plätzen wegschleppte. Diese muskelstarke Männlichkeit gefällt mir, hat etwas sehr Urtümliches, aber nur wenn sie unaufdringlich ist, verhalten, in einer Art von nebenbei. Eigentlich braucht es nur so viel Muskeln, dass einen ein Mann hochheben und in seinen Armen ein paar Stufen tragen kann, denke ich mir. Auch so ein Klischee, aber es fühlt sich gut an, richtig, zumindest für mich.

Ich drücke mir einen Nespresso der Stufe Ristretto in meine Lieblingstasse, ärgere mich wieder einmal, dass mir der Kotzbrocken George Clooney dabei einfällt und blättere in meinem roten Terminplaner. Es ist ein Montagmorgen. Zeit, Überblick über die Woche zu gewinnen. Anna und Paul fallen mir mit ihren Terminen auf. Sie hatten ein denkwürdiges Abendessen, wie sie beide berichtet haben, eines, für das die Nacht zu kurz zu werden schien. Jetzt haben sie den feinen Faden ihres Bezugs zueinander wieder aufgenommen und spinnen ihn mit neuer Zartheit, authentisch und achtsam miteinander und jeder mit sich selber. Allein der Wahrhaftigkeit verpflichtet, ein Raum ohne Plafond, wie es Anna benannt hat. Bis uns die Endlichkeit einholt, sei uns die Unendlichkeit der Leichtigkeit des Seins gewährt, hat Paul das mutige Motto festgelegt. Ich wünsche ihnen das Beste, dass sie ihre Liebesfähigkeit miteinander freudvoll gestalten können.

Ich habe einen feinen Tag vor mir, gehe ein wenig an Hand der vorliegenden Namensliste durch, welche Anliegen hier auf Bearbeitung warten.

Mein Handydisplay meldet sich mit einer SMS. Es ist der Garten-Fridolin, der im zivilen Leben Ralf heißt. Ob ich spontan Lust hätte, heute Abend zum Essen zu kommen? Er würde kochen. Er lässt es offen, wen er sonst noch einlädt. Spannend. Es war ein netter Kaffee vor ein paar Wochen, drüben auf dem Flachdach. Wir haben über mehr als nur Gartenerde und Substral geplaudert. Mein Eindruck war durchaus richtig. Guter Typ, unaufgeregt, ohne dabei wirkungsbezogen zu sein. Einer, der zu denken versteht und sich auch fühlen traut. Wie sehr ist noch nicht klar. Wir haben auch viel miteinander gelacht. Warum also nicht. Bis mich die Endlichkeit einholt, sei auch mir die Unendlichkeit der Leichtigkeit des Seins gewährt …

Epilog

Kunst, egal ob es sich um Musik, Malerei, sonst eine der bildenden Künste oder Literatur handelt, ist jener gesellschaftliche Raum, in dem die Auseinandersetzung mit den großen anstehenden Fragen geschieht. Kunst ist ganz nah am Pulsschlag dessen, was als kollektive Wahrheit empfunden wird. Kunst ist damit gesellschaftliche Gewissenserforschung und zugleich jener Experimentalbereich, in dem der Mensch im vollen Potential seiner kreativen Kompetenz sich müht weiterzuwachsen, die an seine Existenz gestellten aktuellen Themen zu bearbeiten und für große Grundfragen die Antwort der jeweiligen Epoche zu finden. Kunst vermag uns dabei zu berühren, führt uns in weit tiefere Bereiche unseres Sein als einfaches kognitives Verständnis und schlägt jene feine Glocke der Resonanz in uns an, die uns zu eigener Auseinandersetzung führt. Manchmal ist sie ästhetisch, oft gerade das Gegenteil, manchmal bedient sie sich eines Regelwerks, oft sieht sie sich, will sie authentisch sein, gezwungen, gerade damit zu brechen, muss brüskieren und vertrauensvoll provozieren, um ihrem Auftrag, Lebendigkeit in ihrer neuen Form abzubilden, genügen zu können.

Ich halte Film für die wesentlichste Kunstform unseres Zeitalters einer ornamentalen Bildkultur. Schon alleine deswegen, weil im Film Musik, lebendiges Bild und Sprache in einer prozesshaften, holistischen Form vereinbar sind. Auf »Dornröschen« begründe ich mein Bekenntnis einer unausrottbaren Hoffnung, dass wir als Gesellschaft, trotz aller gegenteiligen Zeichen an der Wand, dennoch auf dem richtigen Weg sind. Nicht jenes jedem Kind bekannte Märchen ist ein Puzzlestein meiner Hoffnung, dass das, was wir derzeit in unserer Gesellschaft erleben, nur Kinderkrankheiten auf dem Weg in eine strahlende Transformation sind. Sondern jener gerade erst erschienene Film, der denselben Stoff unter dem Titel »Maleficent« zur Ausgangsbasis einer ganz neuen Geschichtsschreibung nimmt.

Zur Wiederholung für alle, die die Märchenbücher ihrer Kindheit schon lange mit dem wehmütigen Lächeln erwachsener Besserwisser vom Regal genommen haben: Dornröschen war die Geschichte von jener Königstochter, die von einer bösen Fee bei ihrer Geburtsfeier verwunschen wurde. Diese war, aus im Kindermärchen unhinterfragten Gründen, als einzige Fee nicht zum Geburtsbankett der Königstochter eingeladen worden. Eigentlich klar und nachvollziehbar, dass sie ziemlich sauer gewesen sein muss. Jedenfalls lautete der Fluch, dass Dornröschen sich an ihrem 16. Geburtstag an einer Spindel stechen und daran sterben sollte.

Die letzte gute Fee kann das dann noch gerade in einen todesähnlichen Schlaf umwandeln, was sich allerdings, wenn man den neuen Film gesehen hat, als historische Fälschung entpuppt, da Maleficent es selber war, die den Fluch umwandelte. Wahrscheinlich waren der letzten Fee im Märchen einfach die guten Wünsche ausgegangen, weil das Balg schon alles hatte. Im uns allen bekannten Märchen ist es dann so, dass sich natürlich trotz aller Vorsicht die Verwünschung erfüllt, hundert Jahre vergehen müssen und dann endlich ein herumstromernder Prinz mit großem Selbstbeweisungsdrang vor dem völlig mit Dornenhecken zugewachsenen Schloss auftaucht. Schließlich hatten die ja hundert Jahre Zeit gehabt, üppig zu wuchern. Der Prinz, wie gesagt einer, der sonst keiner geregelten oder höhere Reflexion erfordernden Tätigkeit nachgeht, zückt also sein Schwert, schlägt in Ermangelung anderen verfügbaren Zoffs alles kurz und klein und kämpft sich im Schloss über schlafendes Personal hinweg bis zu Dornröschens Kemenate vor.

Schon etwas verschwitzt und schwer atmend steht er also endlich vor dem Bett des nach hundert Jahren sicher ziemlich angestaubten Dornröschens und küsst die ihm völlig wildfremde Maid, die ja genau genommen auch irgendeine Hofdame sein könnte, falls auf ihrer Zimmertür nicht zufällig »Prinzessin« gestanden ist, sofort leidenschaftlich. Daraufhin erwacht Dornröschen natürlich planmäßig. Dann gibt's noch eine Einstellung mit einer Kutsche, in der Dornröschen und der Prinz in den Sonnenuntergang fahren und die gesamte Traube des Hofstaats gerührt zum Abschied winkt. »Und sie lebten glücklich bis ans Ende ihrer Tage.« Damit fällt der Vorhang, und wir schlagen das Märchenbuch zu. Ich muss bekennen, dass mich gerade dieses Märchen bereits als Kind mit großer Unzufriedenheit erfüllte, es mir ziemlich auf den Geist ging. Und ich bin der Überzeugung, dass es zahlreichen Kindern meines und ähnlicher Jahrgänge, der damaligen Keimzelle der heute in die Entscheidungsränge vorgerückten Generation, ähnlich gegangen sein muss. Zu viele Fragen blieben hier einfach offen: Das völlig passive Dornröschen fühlte sich für die frühen Töchter der Emanzipation gar nicht mehr gut an, so einfach besinnungslos in seinem Leben herumliegen, bis einen ein Typ wachküsst. Das ungelenke, beziehungslose Rabaukentum des Prinzen, das nicht einmal einen Ballsaal zum Kennenlernen vorsah, und dann noch die übliche unausweichliche, repräsentative Zweisamkeit, ohne jeden Hinweis auf alltagspraktische Umsetzung. Darin konnten selbst Kinder der 60er- und 70er-Jahre nicht mehr ein Zukunftsszenario für ihre angestrebte Beziehungsführung erblicken.

Maleficent, in Gestalt der naturgewaltig atemberaubenden Angelina Jolie, 2014 einem breiten Publikum vorgestellt, greift den Stoff an seiner Wurzel, der entscheidenden sozialpsychologischen Frage: »Warum wünscht Maleficent der gerade geborenen Königstochter Böses?« Der Film entwickelt eine faszinierende Interpretation.

Als Zuschauer werden wir in eine Zeit weit vor Dornröschens Geburt zurückgeführt, als Maleficent selber noch ein kleines Mädchen ist und gleichzeitig die vielversprechendste junge Fee eines magisches Sumpfs. Hier sind die Kräfte der Natur in Einklang und Harmonie miteinander, erfahren Achtung und Respekt und werden vor den ausbeutenden Zugriffen der Menschen geschützt. Die Wächter greifen einen Menschenjungen auf, der aus einem Teich einen Edelstein gestohlen hat und führen den Räuber Maleficent vor. Maleficent überzeugt ihn, dass seine Gier das Gleichgewicht stört, und er gibt den Stein daraufhin freiwillig heraus, worauf sie ihn zu seiner Überraschung wieder zurück in den Teich wirft, damit er daheim und das Gleichgewicht wiederhergestellt ist.

Ein seltsames Band zarter Freundschaft beginnt sich zwischen dem Menschenjungen und der jungen Fee zu entwickeln, als Stefan, der Junge, seinen Ring, das Zeichen seiner materialistischen Welt, von sich wirft, nachdem sich Maleficent an ihm verbrannt hat.

Jahre vergehen, und Maleficent ist zu der mächtigsten Fee und Beschützerin des Naturreichs herangewachsen. Die Schwingen ihrer riesigen Feenflügel tragen sie mit großer Lebensfreude und der Sicherheit ekstatischer Hingabe durch die Lüfte ihres gleichgewichtigen Naturparadieses. Stefan ist seinerseits inzwischen seinem Ehrgeiz erlegen und zu einem erfolgversprechenden Karrieristen am Hof des alten Königs geworden, obwohl auch er sich bisweilen an den zarten Kuss zwischen Maleficent und ihm in seiner Jugend erinnert. Der König ist von einem tiefen Hass gegen Maleficents Naturreich erfasst, das sich seinem Zugriff entzieht und seine Macht nicht anzuerkennen bereit ist. Ein Feldzug wird vorbereitet und scheitert kläglich. Durch eine schwelende Wunde gedemütigt und an sein Lager gefesselt, schwört er, jenen zu seinem Nachfolger zu machen und ihm die Hand seiner Tochter zu geben, der Maleficent besiegt.

Dieser Versuchung von Ruhm, Macht und Reichtum kann Stefan nicht widerstehen. Er nutzt das alte Herzensband zwischen sich und Maleficent und als diese sich ihm vertrauensvoll in seinem Arm dem Schlaf hingibt, beraubt er sie ihrer Flügel, die ihre Freiheit und damit ihre eigentliche Macht symbolisieren. Erst dieser existentielle Verrat lässt Maleficent zur dunklen Fee werden, die sich nun mühsam, auf einen Stab gestützt, durch das sich in eine kahle, kalte Schreckenslandschaft verwandelnde Naturreich schleppt. Die Geschichte nimmt ihren Lauf. Stefan bekommt den Thron und die Hand der Königstochter, und Dornröschen wird geboren. Hier berührt der Film die uns bekannte Geschichte von Dornröschen, als Maleficent von den Ereignissen im Schloss informiert bei der Geburtsfeier ungebeten und machtvoll Rache suchend erscheint und ihren Fluch ausspricht: Unabwendbar und unauflösbar durch jede Macht soll sich Dornröschen an ihrem 16. Geburtstag an einer Spindel stechen und in einen todesähnlichen Schlaf sinken, der, so der einzige ergänzende Lichtblick, nur durch den Kuss wirklicher aufrichtiger Liebe aufgehoben werden kann.

Die übliche hektische, brutale Jagd nach jedem Spinnrad im Land beginnt, und was nicht auf großen Scheiterhaufen sein Ende findet, wird im tiefsten Verließ des Schlosses zu Bergen getürmt und hinter eisenbeschlagenen Türen mit mehrfachen Schlössern sicher verwahrt. Ein schönes Symbol für unsere durch lachhafte Überregulation bestimmte sowie von Kontroll- wie Sicherheitssystemen überquellende Gesellschaft, die jede Kraft und jedes Vertrauen in eine situative Lösungskompetenz verloren zu haben scheint und jeden Eventualfall vorbereitet und zertifiziert haben möchte.

Trotz seines großen Reichtums und seiner Macht entpuppt sich das materialistische System, das Stefan verkörpert, als so schwach und unter echter Anforderung so wenig selbstbewusst, dass er meint, seine Tochter, die im Film nicht Dornröschen sondern Aurora heißt, im eigenen Schloss nicht sicher vor der drohenden Gefahr schützen zu können. So weiß er sie skurrilerweise lieber im tiefsten Wald unter der Obhut dreier nicht wirklich intelligenter Feen versteckt. Diese ziehen dann auch prompt in unmittelbare Nähe von Maleficent in ein zwar malerisches, aber genauso windschiefes Häuschen, und erweisen sich als Nannys so wenig für die Kinderbetreuung geeignet, dass sogar Maleficents versteinertes Herz immer wieder angerührt wird und sie eingreift, um das Schlimmste rund um die kleine Aurora zu verhindern.

Die Wege von Maleficent und der kleinen, ihr mit argloser Offenheit begegnenden Prinzessin, kreuzen einander beständig. Aurora sieht in Maleficent ihre gute Fee und ihr eigenes Glück in einem Leben im Naturreich. Und auch Maleficent muss, anfänglich widerstrebend, wahrnehmen, wie ihr eigenes Band zu Aurora immer enger wird und ihr erstarrtes Herz mit neuer Wärme zu schlagen beginnt. Doch die Dinge müssen ihren Lauf nehmen. Selbst Maleficent verfügt nicht über die Kraft, den einmal ausgesprochenen, ewigen Fluch noch aufzuhalten. Aurora ist inzwischen zu einer mit etwas naiver Natürlichkeit ausgestatteten typischen Märchenwaldbeauty herangewachsen und dem für ihre Altersgruppe unvermeidbaren ersten Prinzen, der auf seinem weißen Pferd im Wald abhing, kurz begegnet. Hätte vielleicht die Potenz zu einer altersentsprechenden, ersten verschämten Annäherung an das andere Geschlecht gehabt. Wie Fünftklässler, die Hände haltend miteinander ein paar Wochen gehen und die ersten paar Seiten des Biologiebuchs zusammen studieren. Vielleicht auch eine leichte Tändelei, ohne ein wirkliches Feuerwerk des einander Erkennens, aber wie gesagt ganz nett. Doch der Prinz will weiter zum Schloss und Aurora zurück zu den Tanten.

Durch das Ungeschick der drei Feen, die Auroras 16. Geburtstag vorbereiten und darüber streiten, wann genau sie die Königstochter denn zu ihrem Vater ins Schloss zurückzubringen haben, erfährt Aurora vorzeitig, wer sie in Wirklichkeit ist. Die Prophezeiung nimmt ihren Lauf. Enttäuscht von Maleficent eilt sie zum Schloss, um sich ihrem Vater in die Arme zu werfen, der sich inzwischen in einen innerlich zerbrochenen, grausamen Potentanten verwandelt hat und gerade einen neuen Vernichtungsfeldzug gegen Maleficent plant. Fast hat es den Anschein, als könne sogar das Erscheinen seiner Tochter in diesem Mann nichts mehr anrühren. Die Begrüßung bleibt ohne fühlbare Wärme, ja sie wirkt sogar steif und ganz so, als wäre sie lediglich ein Unterpfand seines nahenden Sieges. Er will seine Tochter nur sicher in einem Gemach verwahrt wissen.

Maleficent ringt ihrerseits in der Zwischenzeit mit ihrer schmerzvollen Sorge um Aurora. Der Fluch droht sich unaufhaltsam zu erfüllen. Gleichzeitig fühlt sie, dem Drang ihres wieder schlagenden Herzens nachgeben zu müssen, um alles in ihren Kräften Stehende dagegen zu unternehmen, selbst wenn die Konfrontation im Schloss für sie selber den Untergang bedeuten könnte. Mit dem somnambulen Prinzen im Schlepptau und gefolgt von ihrem treuen Diener, der längst schon zu einem Begleiter im Herzen geworden ist, reitet sie in rasender Jagd, um Aurora zu Hilfe zu eilen.

Aurora ist ihrerseits zur Exploration dieser neuen Welt des Materialismus aufgebrochen und wird in traumwandlerischer Unbewusstheit ihrer Bestimmung zugeführt. Entsprechend der Prophezeiung sticht sie sich an der böse glitzernden Spitze der Spindel eines Spinnrads und fällt in einen todesähnlichen Schlaf, aus dem sie nur mehr der Kuss der wahren Liebe zu errretten vermag.

Doch Maleficent ist nicht bereit aufzugeben, windet sich mit ihrem Begleiter und dem selbst narkotisierten Prinzen durch eine Dornenhecke aus den für Feen so gefährlichen Eisendornen, die jeden Zutritt vom Schloss für sie verunmöglichen soll, und dringt unbemerkt ins Schloss ein. Der Prinz soll Aurora wachküssen. Doch auch hier am Lager der zu ewigem Schlaf verdammten Prinzessin wirkt er unbeholfen und zu keiner tiefen Emotion fähig. Sein Versuch, zu dem ihn die drei verzweifelten Feen, in deren Obhut Aurora aufgewachsen ist, nötigen, bleibt erfolglos. In diesem Moment tiefster Verzweiflung erfüllt sich Maleficents vollkommene Katharsis und sie beugt sich über Aurora, um ihr im letzten verabschiedenden Kuss auf die Stirn ihre Hingabe an die Liebe zu ihr zu bezeugen. Erst diese absichtslose, erwartungsfreie Geste, die ihre Anerkennung des liebenden Prinzips in ihr selber Gestalt werden lässt, erweckt Aurora zu neuem Leben.

Nun gilt es, die Flucht aus dem dunklen Schloss zu bewerkstelligen. Doch Stefan stellt Maleficent, die Aurora den Rücken freizuhalten trachtet. Es gelingt ihm und seinen Männern, sie in einen engen Kordon von Metallschildern als Arena zu sperren. Ein Entrinnen ist unmöglich, der Kampf auf Leben und Tod zwischen dem narzisstisch materialistischen Prinzip in Gestalt von Stefan und Maleficent, die das Naturprinzip von Gleichgewicht und Lieben repräsentiert, beginnt. Schließlich vermag Stefan mittels Eisenketten, die der Fee ins Fleisch brennen, Maleficent zu Boden zu bringen. Alles scheint verloren, Stefans Todesstoß für Maleficent steht unausweichlich bevor.

Doch Aurora ist auf der Flucht durchs Schloss in jene Kammer vorgedrungen, in der sich Stefan in dumpfem Zwiegespräch seines ihn zerfressenden Selbstzweifels in den vielen vergangenen Jahren immer wieder zurückgezogen hatte und in dem er Maleficents geraubte Flügel gleich einer Reliquie in einer Vitrine aufbewahrt hält. In Auroras Gegenwart erwachen die Flügel zu neuem Leben, sprengen die sie umgebenden Wände, finden ihren Weg zu der niedergerungenen, ihren Tod erwartenden Fee und lassen sie wieder in ihre Kraft finden. Der Kampf entwickelt sich neu, und auf der höchsten Burgzinne besiegt Maleficent Stefan schließlich. Und Maleficent schont sein Leben, denn wirkliches Liebesvermögen bedarf keiner Rache mehr. So wendet sich Maleficent von Stefan ab, kehrt ihm den Rücken. Unfähig, die ihm gebotene Möglichkeit einer Umkehr zu nützen, stürzt sich Stefan nun hinterrücks auf sie, wobei sein Angriff ins Leere geht und er selbst vom Turm seiner Hybris stürzt und auf dem harten Pflaster des Bodens zerschellt.

Tief berührt hat mich dieser aufs Erste so banal anmutende Film. Ich schaute ihn mir um den Preis einer zehn Euro teuren Kinokarte in einem weichen Plüschkinosessel mit einer 3D-Brille auf meiner Nase im Kreis aller meiner Kinder an. Der Film hat dann noch zu stundenlangen anschließenden Diskussionen geführt.

Maleficent, die dunkle Fee, in den ersten Filmsequenzen ein ursprünglich segensreiches Naturkind, ein Kind, das »geliebt zu werden« in seinen frühen Jahren erfahren haben muss, da es voll Liebe und Achtsamkeit durch die ihm anvertraute, es umgebende Welt geht und fliegt. Dieses Kind erlebt das bittere Trauma des Verrats durch den narzisstischen, seine innere Lieblosigkeit kompensieren wollenden Stefan. Auch Aurora, die weggegebene Prinzessin, ist genauso wie der Prinz Repräsentantin eines liebesschwachen Elternhauses und im Ergebnis stark unbewusst. Doch, und dies ist der entscheidende Unterschied zu ihrem Vater König Stefan, sie sucht nach der »guten Fee«, um auf das Lieben, das in jedem Kind angelegt ist, vertrauen zu lernen. Und es ist das Prinzip des Liebens, des freien aus sich und auf sich begründeten Lieben-Könnens, das kein Taktieren oder Lächerlichkeit kennt, das nichts braucht oder will, sondern sich einfach, selbst in großer Traurigkeit, bekennen kann, zu sich zu stehen vermag, das hier die treibende positive Kraft ist.

Dieses Lieben, nicht das geschlechtliche, das nur ein Ausdruck unter anderen ist, das sich einfach verschenkende, in sich ruhende und vertrauende ist es, das Aurora zum Leben erweckt, jene Morgenröte einer neuen Ära erahnen lässt, die in ihrem Namen beschworen wird. Stefan hingegen vermag die tiefe Wunde seines Narzissmus, seiner Selbstbezogenheit und seine Ersatzfixierung auf das Materielle, das äußeren Erfolg und Reichtum als Pflaster über diese ewig schwelende, eitrige Verletzung klebt, nicht zu überwinden, zu lebendigem Leben zu wachsen und richtet sich damit selber.

Wenn wir eine alte Erinnerung des Geliebt-Werdens aus unserer frühen Kindheit in uns tragen und uns vom Leben verletzt und im Lieben verraten fühlen, so müssen wir die Kraft finden, wie Maleficent zu werden, unser Herz wieder zu öffnen, langsam und behutsam, und achtsam und nährend mit diesem inneren Kind in uns umgehen, entgegen unserer Zweifel. Wir müssen uns vielleicht Narzissten wie Stefan auf diesem Weg stellen, mit ihnen kämpfen und uns in unserer Glaubensstärke bewähren. Wir dürfen darauf vertrauen, dass sie sich selber mit ihrem eigenen Leben richten, wenn sie wirklich Verlorene sind. Und wenn in ihnen nicht einmal ein leiser Ton eines Verwandlung bietenden Liebens anzuschlagen ist, so müssen wir sie, durchaus mit schwerem Herzen, gehen lassen und ihrem Schicksal überlassen.

Wenn wir wie Aurora sind und in einem liebesschwachen Elternhaus aufwachsen mussten, so müssen wir uns auf die Suche nach unserer »guten Fee« machen, nach einer der vielen Möglichkeiten, die uns das Leben in seiner das Grundprinzip des Liebens realisierenden Großzügigkeit immer wieder bietet, um aus unserer Hypnose und den falschen Suggestionen einer reduktionistisch-materialistischen Welt erwachen zu können. Wir müssen nur offen dafür sein.

Dies ist die Botschaft des Films Maleficent, der subtilen Neuerzählung des Märchens Dornröschens, die Transformation und nun von uns geforderte Neuentdeckung des Konzepts der Liebe. Einer Liebe, die über die geschlechtliche Liebe zwischen zwei Menschen zu auf sich begründeter Selbständigkeit hinauswachsen können muss, nicht mehr zusammengeklammert von ökonomischen Notwendigkeiten, äußerer Moral oder Konvention, selbstbegründet aus ihrer eigenen Fähigkeit zur Erkenntnis lebendigen Lebens.

Entdecken wir die Kraft des Liebens in uns, neu und umfassend, als ein Prinzip, das zwei autonome Menschen in wechselseitigem speziellen Erkennen und Öffnung füreinander in ganz persönlicher und inniger Form zu verbinden weiß. Aber entdecken wir sie darüber hinaus auch als eine neue und umfassende Haltung des Liebens, zu der erst der selbstmächtige Mensch befähigt ist, einem Lieben, das keines anderen Menschen als Instrument oder Erfüllungsgehilfen bedarf, eines Liebens, das nichts braucht, sondern aus sich heraus geben kann, in Hingabe und Vertrauen, auf sich selbst begründet und durch sich selbst bereits erfüllt.

Martina Leibovici-Mühlberger
DIE
BURN
OUT
LÜGE
WAS UNS WIRKLICH SCHWÄCHT.
WIE WIR STARK BLEIBEN.
edition a

Martina Leibovici-Mühlberger
Die Burnout Lüge

Die Art von Burnout, die unser Gesundheitssystem immer öfter diagnostiziert, gibt es in Wirklichkeit nicht. Das Phänomen Burnout ist eine Erfindung der Gesellschaft, die sich damit nicht dem wahren Problem stellen muss: Wir haben die Kontrolle und Reglementierung der Lebendigkeit auf die Spitze getrieben. Burnout-Patienten sind Vorreiter eines Systemcrashs, doch wir sehen die Warnung nicht. Die Gesundheits- und Wellnessindustrie verdient viel Geld mit der Diagnose Burnout, doch sie macht alles nur noch schlimmer. Denn Ruhe, Entspannung und Ausgliederung aus der Arbeitswelt sind der falsche Weg. Work, pray, love!, empfiehlt die renommierte Ärztin und Psychotherapeutin Martina Leibovici-Mühlberger zur Vorsorge und Heilung: Wir müssen das, was Leben ausmacht, das Dynamische, Unvorhergesehene, Herausfordernde, wieder zulassen.

ISBN 978-3-990010-62-4
224 Seiten, EUR 19,95